本书研究获国家自然科学基金项目 (41261045、41461041、41661020) 和
教育部新世纪优秀人才支持计划 (NCET-05-0819) 等资助

岩溶山地乡村聚落空间格局演变
与人地关系耦合效应研究

——以贵州省为例

李阳兵　罗光杰　王世杰　白晓永/著

科学出版社

北　京

内 容 简 介

本书按照地貌分布格局—聚落分布格局—人口分布格局—土地利用分布格局—人地耦合效应的研究思路，以基于长时间序列高精度影像的贵州岩溶山地乡村聚落演变为研究对象，探讨了峰丛洼地区等特定的地貌、土地资源空间组合格局下，岩溶山地聚落分布与变迁特征的一般规律与特殊性、影响因素与内在动力及其生态响应的复杂性与多样性特点，构建基于聚落演变过程的岩溶山地聚落空间优化模式。

本书可供地理学、环境科学、地理信息科学和土地规划等学科领域的研究人员及相关高等院校师生参考阅读。

图书在版编目（CIP）数据

岩溶山地乡村聚落空间格局演变与人地关系耦合效应研究：以贵州省为例/李阳兵等著. —北京：科学出版社，2018.3
　　ISBN 978-7-03-056961-5

Ⅰ.①岩… Ⅱ.①李… Ⅲ.①岩溶区–乡村地理–聚落地理–研究–贵州
Ⅳ.①K927.3

中国版本图书馆 CIP 数据核字（2018）第 050094 号

责任编辑：林　剑／责任校对：彭　涛
责任印制：张　伟／封面设计：无极书装

科学出版社 出版
北京东黄城根北街 16 号
邮政编码：100717
http://www.sciencep.com

北京京华虎彩印刷有限公司 印刷
科学出版社发行　各地新华书店经销
*
2018 年 3 月第 一 版　开本：787×1092　1/16
2018 年 3 月第一次印刷　印张：12 3/4
字数：300 000

定价：128.00 元
（如有印装质量问题，我社负责调换）

前　　言

聚落是人类为了生产和生活的需要而集聚定居的各种形式的居住场所，也可称之为居民点。乡村聚落变化是一个由其自然资源条件、区位可达性及社会经济基础条件综合影响下的区位择优过程，应根据不同区域驱动因子的不同发展态势，探寻不同的农村居民点优化模式。岩溶山地聚落在长期的发展过程中，聚落呈现多样化演变过程，在聚落的自发演变过程中，自然、交通相对较好和原来规模相对较大的聚落发展较快，地处偏僻、可达性差的小聚落因人口逐渐流失而空心化、衰败，位于生产生活条件较差的峰丛洼地区聚落甚至消亡，在这种情况下，急需开展岩溶山地聚落体系空间结构整合研究，为西南岩溶山地乡村土地利用规划和整理、生态系统建设和石漠化土地整治提供参考。本书的价值在于通过学科交叉开拓与提高乡村地理科学研究的视角与方法，拓宽对乡村聚落演变的认知和促进山地土地利用变化学科体系的完善，为西南岩溶山地乡村聚落规划管理、空间格局优化和生态环境保护实践提供案例研究。

贵州省是我国西南岩溶山地分布的集中地区，岩溶出露面积占全省土地面积的63.1%。本书选择贵州省岩溶山地的典型区域，基于高精度的遥感影像和实地调查，以贵州省岩溶山地聚落，尤其是峰丛洼地聚落为研究对象，系统探讨了岩溶山地聚落格局与规模演变、人地耦合效应、相应的土地利用多样性与生态效应及聚落空间重构与整合。目的在于用新的研究方法较为全面地、深入地反映岩溶山地村级聚落景观格局及其生态响应的复杂性与多样性特点，对这一地区生态恢复提出新思考，为其村级景观规划、生态系统的管理和石漠化土地的治理提供依据。研究结果将有利于促进岩溶山地农村统筹发展与生态环境恢复，对解决该地区"三农"问题，建设社会主义新农村和全面建设小康社会具有重要意义。

本书理论与实践相结合，通过定量表达峰丛洼地区村级景观尺度上乡村聚落格局分布的基本特点及其近50年演变过程，阐明峰丛洼地区特定的小地貌、土地资源空间组合格局下，峰丛洼地区聚落分布与变迁特征的一般规律与特殊性，揭示驱动峰丛洼地区乡村聚落与人口变迁的外在影响因素与内在动力，揭示峰丛洼地区村级聚落演变及其生态响应的复杂性与多样性特点，剖析聚落演变与生态响应相互之间的互馈机理，构建基于聚落演变过程的岩溶山地聚落空间优化模式。

　　本书得到国家自然科学基金项目（41261045、41461041、41661020）和教育部新世纪优秀人才支持计划（NCET-05-0819）等的资助，得到了贵州师范大学地理与环境科学学院等的大力支持，借此机会表示感谢！在本书写作过程中引用和参阅了大量国内外学者的相关论著，贵州师范大学熊康宁教授、重庆师范大学邵景安教授和西南大学王成教授等也给予了颇多宝贵意见，博士研究生黄娟等参与了部分数据的整理和分析，在此一并表示诚挚的谢意！由于作者水平有限，书中难免存在不妥之处，敬请各位专家和读者批评指正。

作　者

2017 年 8 月

目　　录

|第1章| 绪　　论

"聚落"一词，起源较早，《史记·五帝本纪》有"一年而所居成聚，二年成邑，三年成都"，其注释中称："聚，谓村落也"；《汉书·沟洫志》有"或久无害，稍筑室宅，遂成聚落"[1]。因此，有研究者推断聚落的本意是指人类居住的场所，相当于英文中的"settlement"一词[2]，同时也有研究者认为：古代的"聚落"并不包含表示古代城市的"城""都""邑""都市""都会"等意义[3]。

在近现代，聚落泛指一切居民点，既包括乡村居民点（乡村聚落），也包括城市居民点（城市），狭义的聚落指乡村聚落。乡村聚落和城市一样，也是人类活动的中心，是人们生产、生活、休息和进行政治、文化活动的场所。陈国阶等认为，乡村聚落指各种乡村居民点，既包括乡村中的单家独院，也包括由多户人家聚居在一起的村落（村庄）和尚未形成城市建制的乡村集镇，有时还包括建于野外和自然保护区的科学考察站以及城市以外的别墅区或度假村[4]。由此可见，在我国，乡村聚落是比村落高一级而又低于城市建制镇聚落景观系统，它包括了除城市以外的所有村庄和自然集镇。

本书研究所指的岩溶山区聚落是指处于岩溶地区的乡村聚落，它包括除具有城市功能以外的镇、乡、村范围内的所有居民点。景观上主要指这一区域内的建筑物，以及在聚落内更小尺度上的各种构筑物、道路、绿地和水源地等物质要素；在功能上其主要指为以农业活动为主要活动的各种生产活动提供空间场所。

1.1　国内外聚落研究现状

村落是农村人群的聚居地。从生态学角度看来，村落是以农村人群为核心，伴生生物为主要生物群落、建筑设施为重要栖息环境的人工生态系统。它是农业生态系统与人类生态系统相结合的复合系统和农村生态系统的重要亚系统[5]。村落可称为自然村落或行政村落。自然村落是在一定的社会发展水平、农田生产力和资源环境基础上演化而成的，在景观上表现出一定的分布现象；行政村落的大小是基于当时的社会生产力、农耕、土地管理、农村政策而人为划分的。

乡村聚落一直是乡村地理学的研究重点。1990 年以前乡村聚落研究以形态、位置、景观、演变、规划等方面为主；1990 年以后的研究在空间结构、分布规律、特征、扩散等方面得到了加强[6]。范少言和陈宗兴提出乡村聚落空间结构的研究重点应放在规模与腹地、等级体系与形态、地点与位置、功能与用地组织、景观类型与区划方面，可以从宏观整体、村庄个体、住户单元 3 个层次对其特征进行研究[7]。

1.1.1 分布格局

对居民点空间分布格局及其影响因子的分析,可揭示人类活动与景观形成和演化的机制,是探讨景观格局与人类生态过程相互关系的重要途径[8]。金其铭发现江苏乡村聚落按形式可分为团聚状和条带状两类[9]。王智平探讨了不同地区村落系统的生态分布特征,发现山麓平原村落呈均匀分布,低平原村落呈随机分布,滨海平原村落呈集聚分布,山区丘陵村落积聚分布在谷底、山脚、山麓边缘以及丘岗地带,村落规模因不同地形而异[5]。李雅丽等发现陕北乡村聚落的空间结构有树枝型、串珠型、均衡型、星点型、子母型等[10]。汤国安和赵牡丹利用地理信息系统(GIS)技术对陕北榆林地区乡村聚落的空间分布规律进行了探讨,显示乡村聚落有明显的沿水系分布的特征[11]。刘洪鹄等研究了东北漫岗区村落的分布特征,认为地理环境因素和人的选择性、能动性共同决定了东北漫岗区村落呈狭长形沿坡分布[12]。陈勇等对岷江上游聚落分布规律进行了研究,发现聚落分布与耕地分布具有趋同一致性[13]。张军等分析了地形和水源对聚落的影响,发现三江并流区居民点分布的密度明显呈现随海拔升高而降低的趋势[14]。王成等分析了太行山区河谷面积、农田等对聚落的影响,发现本地区河谷内的居民对河谷土地具有很强的依赖性[15]。姜广辉等发现北京山区农村居民点分布格局受坡度、高程、农用地以及城镇和交通等自然环境、生产环境和社会经济环境的综合影响[16]。杨兆平等发现在岷江上游干旱河谷对居民用地空间结构影响最大的是耕地的分布[17]。杨山采用仿归一化植被指数法提取无锡市城乡聚落空间信息[18]。

1.1.2 扩展与演变

在对乡村聚落扩展与演变的研究中,有学者发现,人口增长、收入增加、家庭规模变化、交通条件改善、农村地区工业化成为乡村聚落演变的重要推动力[19]。例如,对桐庐县的研究表明,地形等自然环境条件决定了桐庐县农村居民点的总体空间格局,但城镇发展、交通条件、政策引导对桐庐县农村居民点空间格局变化有着重要的影响[20]。苏州市郊的村镇分布具有明显的水乡特征,河流、湖泊对它们的形态、规模和发展有深刻影响,但近十几年来这一控制因素逐渐被公路所取代[21]。北京山区农村居民点分布格局受坡度、高程、农用地以及城镇和交通道路等自然环境、生产环境和社会经济环境的综合影响,但其分布变化则更多的与农用地、距城镇的距离和交通条件紧密相关[16]。在三峡库区,农村居民点对耕地占用的依赖性逐渐减轻,农村居民点用地变化区域差异比较大,农村居民点的规模在逐渐扩大,由居住分散逐渐向居住集中发展,农村居民点紧凑度相对较低,集约利用的潜力较大[22]。乡村聚落演变有向公路集中的趋势,而可达性被认为是土地利用/土地覆被变化的最重要的驱动力[23,24]。随着山区新的道路建设,就像取决于村落自然资源的可利用性一样,土地利用变化和地方农业发展机遇现在更多地取决于村落到市场、医疗中心和学校的难易程度[25,26]。

城市化进程的快速推进给城市空间带来显著变化的同时，也对乡村聚落空间产生了不同程度的冲击和影响。邢谷锐等指出城市化对乡村聚落空间演变的影响因素主要体现在城市用地扩展、城乡人口流动、产业结构变化、基础设施建设以及居民观念转变等方面，同时根据自身发展趋向与城乡空间演变特征的差异性，将乡村聚落空间演变的类型归纳为主动型、被动型和消极型，并对其发展演变特征分别进行总结分析[27]。周国华等认为，农村聚居演变的一般过程可以划分为初期阶段、过渡阶段、发展阶段、成熟阶段4个阶段，在不同的发展阶段，乡村聚落体系、聚居规模、聚居形态、聚居功能、聚居文化、聚居环境等均呈现出不同的特征[28]。但总体来看，"现象—问题—对策"式的应用研究依然占主体，而"趋势—机制—调控"式的探索型研究相对较少，特别是对农村聚居未来发展趋势缺乏科学、系统的研究。

与聚落扩展相对应，一些地区随着城市化进程的加快，乡村聚落的空心化也十分明显。我国广大农村地区的村庄中心建设用地（主要是宅基地）出现废弃和闲置，形成空心化村庄（简称"空心村"），这一现象区别于国外村庄演化发展的特征[29]，在很大程度上它是我国城乡二元结构特殊社会体制塑造的独特乡村聚落空间形态。有学者认为我国的"空心村"是在城市化滞后于非农化的条件下，由迅速发展的村庄建设与落后的规划管理体制的矛盾所引起的村庄外围粗放发展而内部衰败的空间形态的分异现象[30]。近年来，我国"空心村"现象呈现逐步加剧的态势，一方面造成土地资源的严重浪费，另一方面给农村生态环境带来不利影响。

程连生等提出了反映聚落空心化的5种过程模型：①村核带增长过程；②村核带膨胀过程；③缓冲带增长过程；④缓冲带膨胀过程；⑤新扩带增长过程。其还将聚落空心化水平划分为4个等级：①快速空心化聚落；②稳步空心化聚落；③潜在空心化聚落；④缓慢空心化聚落[31]。龙花楼等认为一般状态下空心化村庄发展演化所表现出来的阶段性，大致与经济社会发展的时段特点相对应[32]。

1.1.3　乡村聚落及其演变的生态效应

以聚落为中心，农户日常的生产活动和薪柴采集对其周边存在一定的干扰。对亚马逊地区的研究发现，农户人口特征（持续居住时间、可利用成年劳动力）对土地利用结果（如一年生作物耕种、牧场牲畜）产生重要影响[33]。在大部分自然村落中，对森林分布有直接影响的人为活动主要就是薪柴的采集[34]，低收入农户比境况较好的农户更依赖于社区森林[35]，农业扩展集中在价值较少的森林类型[36]。村落大小（农户数）、离村落的距离、与其他村落的接近程度作为主要因子影响村落对周围的森林干扰，小村落周围400 m干扰开始减少，大村落围围超过800 m干扰开始减少，几个村落干扰重叠的区域受到的干扰程度更大[37]。在印度中部的老虎保护区，与保护区内的分散村落相比，位于保护区外人口密集的村落通过路网与区域市场联系更多，也造成更多的森林砍伐和森林破碎化[38]。

山地乡村聚落的生态功能大于生活功能和生产功能[39]。农户生计行为的变迁决定本地生态系统的演化路径及结果[40]。研究发现农户生计多样化，特别是在城镇的非农工作，有助于生态恢复；同时，生态恢复也有助于农户收入增加[41]。自然和社会经济因子，如农业和非农工作收入的差异、劳动市场的变化、农产品的相对价格、农业结构与政策及不能实施现代化的土地利用等（由于土地坡度大，或缺乏到较遥远地区的道路，聚落地理上的、文化上的与世隔离），都会触发农户迁移和弃耕[42]。如何推动农户传统生计的变迁，使农户生计行为从原来的破坏生态型转向保护生态型，推动人地系统的良性循环，将是未来生态脆弱区生态恢复的重点科学问题之一[43]。

传统乡村景观结构和功能的变化主要由城市化过程、农业强化和土地利用扩展的组合所导致[44]。不管是在一个单一的住宅尺度，还是在区域尺度，居民点规模的增加，都会产生明显的生态效应。农村、郊区的蔓延，包含了房屋、商贸、工业、基础设施和其他类型的人为活动的发展，因此，可把居民点增加作为农村、城郊蔓延的多种生态效应的代表[45]。有学者确立了乡村聚落生态环境预警模型[46]，但不像大多数非人为干扰，聚落扩展对景观结构和功能的效应可能是持续的[47]，因此，了解聚落演变对其周边土地利用/土地覆被的影响就显得非常重要。同时人口密集景观内的小尺度空间变化是丰富的和复杂的，且复杂性随时间而增加，常规的土地覆被成图方法（尤其是像素大于 3 m 的）并不适于对其精确度量，而因为它们的小尺度空间和复杂性，度量这些变化的原因和后果仍然是一个挑战[48]。

1.1.4 聚落空间格局优化

乡村聚落的变化表现在数量、规模和空间分布 3 个方面，且是一个相互关联的统一过程[49]。乡村聚落变化是一个由其自然资源条件、区位可达性及社会经济基础条件综合影响下的区位择优过程，应根据不同区域驱动因子的不同发展态势，探寻不同的农村居民点整理模式。聚落功能需要一定的聚落规模才能满足适度效益标准——"经济门槛"，而经济门槛具有明显的地域性。乡村聚落的时空演变过程极为复杂，虽然通过建立动态模型反演乡村聚落的时空演变过程难以达到十分精确，但对深入揭示乡村聚落演变的机制、特征与规律，深化乡村聚落演变过程研究具有重要的意义。

坡地聚落是西部地区在特殊的山区条件下人地关系长期作用的表现形式。随着西部地区的人口增长，区域人地系统的人口压力日趋紧张，导致坡地聚落表现出向上、向下迁移的不同迁移过程，以适应调整中的人地关系。应通过市场机制为主、政府扶持为辅的方式，引导人口和聚落向下迁移，减轻人口压力，促进西部地区的整体发展[50]。对于少数几个分布在高山、陡坡或与水源相距甚远不便于正常生产活动的规模较小的聚落，以及特殊的独家村聚落，应当深入研究后制定合理的对策对其进行重建或迁建等，以减少自然景观格局的破碎化，促进生态环境整体协调发展[51]。

曹象明和周若帮结合黄土高原沟壑区的自然地理特点，以陕西淳化县为例，分析黄土高原沟壑区小流域村镇体系的空间分布特征，提出"两沟夹一塬"单元是黄土高原沟壑区基本的自然与社会经济组织系统，应以城镇发展为核心，逐步形成适合于地域特征的"枝状"村镇体系空间结构体系[52]；并对分散的村镇适当迁并，使黄土丘陵沟壑区乡村聚落规模达到2000人以上[53]，充分发挥城镇的集聚效益，逐步形成黄土高原沟壑区"大分散—小聚合"的村镇体系格局；调整散乱的聚落生活空间结构，以便转移人口，解决环境人口超载问题，并进一步做好乡村聚落的迁村并点工作[54]。刘颂和郭菲菲根据景观格局特征和驱动力研究，将广饶县的乡镇发展模式划分成4类，即传统城镇化型、新兴快速城镇化型、保持或衰退型以及生态敏感型；针对广饶县不同的乡镇发展类型，对广饶县乡村居民点用地规划提出集聚发展、撤并发展、控制发展3项基本优化措施[55]。

1.1.5　研究展望

对乡村聚落的研究总体来看，"现象—问题—对策"式的应用研究依然占主要部分，而"趋势—机制—调控"式的探索型研究相对较少[27,56]，基于村域、农户等微观视角的研究相对缺乏，基于利益相关与互动关系的农村聚居的空间格局过程与机理研究缺乏[57]。而加强对以村域为研究单元的相关分析更有利于深入解释不同类型乡村聚落的空间演化[58]。

国内外学者的研究主要集中在乡村聚落所体现的人地关系上，在一定程度上忽视了小流域尤其是山地内乡村聚落与生态环境的因果关系。把人地关系的思考点放在聚落，在于聚落既是人类生存的物质依托，也是生存空间的标志，聚落选址融汇了人类生存方式与环境选择的基本要素。在农业生产方式下，聚落周围就是农田，耕地与聚落的距离一般在1h的路程之内，聚落与农田之间的位置关系决定了聚落的环境选择，也就是农田的环境选择，因此透过聚落演进不仅可以洞察人类社会进化轨迹，更重要的是在于获取环境信息。

农村居民点作为农村社会基本的聚落空间地域单元和居住形式，不再是原来意义上从事单纯个体农业生产的传统聚落，而正在朝着多元化的方向发展，农民居住条件更能综合地反映农业、农村、农民的发展状况，已成为农村各种发展活动的经济、社会和组织基础。2000年农村居民点用地占中国总建设用地的67.3%，但很多研究注意到城市扩展带来的耕地损失，而忽视了农村居民用地研究[59]。在中国农村居民点扩展而占用农业用地的速率和驱动力、农村土地动态及其生态效应等问题并没得到足够的重视[60]。因此，未来研究的主要趋向应为：乡村聚落体系与职能的研究；城镇化、工业化过程中乡村聚落演变趋势预测研究；不同社会经济发展水平、不同尺度和不同地形下的乡村聚落研究；乡村聚落转型与重构研究；乡村聚落理论研究和跨学科多元化交叉研究[61]。

1.2　岩溶山地聚落研究现状

简单的荒漠化理论已不适于理解萨赫勒地区复杂的多样性的格局、农户对环境条件变化的灵活反应及人口增长[62]，在西南岩溶山地也是如此。西南岩溶山地作为重要的水源涵养区和水土保持重点区，镶嵌其间的乡村聚落景观格局是其水土流失和自然生态环境破坏严重的根源之一，也是构成山区景观生态质量整体退化的主要问题。如何才能改变整个岩溶山区现有乡村聚落景观格局，使其最大限度地减少对自然生态环境的侵扰和破坏，重要途径之一就是在分析乡村自然村落景观格局空间分布规律与演进机理的基础上，划分村落类型，并归纳各类型的特征，分析不同地域层次上村落的经济发展问题；分步骤、分区域、分类别、有重点地缩减、调整人类活动，尤其是使农户迁出地的生态破坏和石漠化恶化趋势得到有效缓解。而从农民本身出发，针对不同农民的需求（出行、耕作、服务），构建不同村落集聚模式，不但能集中人力、物力和财力，改善农村的基础设施和农民的居住环境，更重要的是能促进农民持续增收及社会和谐、稳定和健康发展。

西南岩溶山地由于地质、地貌的差异十分明显，同时少数民族聚集，城乡聚落的结构、规模、密度、分布特点与东部地区存在差异。岩溶地区独特的聚落是基于岩溶地貌环境而存在的，并因此表现出特定的空间结构。岩溶地质地貌，不仅降低了土地人口承载力，也显著地扩大了该地区人口分布的不平衡性[63]。总的来说，岩溶山地聚落分散，规模大小不等，聚落分布受耕地、地形地貌影响明显[64]，有学者在研究岩溶盆地聚落分布格局时，提出了盆地模型：较差的土地或荒地围绕着肥沃的中部土地，聚落分布在中部盆地的边缘，通视性影响了聚落格局，在能见度和土地利用强度之间存在相关关系[65]。周晓芳等认为喀斯特农村地区聚落集聚程度可概括为：高原盆地区>高原山地区>高原峡谷区[66]。在喀斯特峰丛洼地区，人口聚落的空间分布格局和规模与土地生产能力的空间格局和规模基本一致，呈明显的正相关关系[67]。朱文孝等将喀斯特山区乡村划分为峰丛外地枯水半开放型、峰丛洼地缺水封闭孤立型等[68]。赵星等划分了喀斯特聚落文化类型[69]。

综上所述，目前的研究对岩溶山地聚落分布特点有所认识，但对其机理解释不够；很少从聚落格局演变角度来研究土地利用格局变化和人类–环境作用过程，对聚落分布格局及这种分布格局下的生态响应缺乏关注；对聚落变迁及其相应的机制、聚落与人口耦合演化模式的研究仍是空白；以至于目前远未能阐明岩溶地区村落分布演变与生态格局和生态退化之间的相互关系以及与村落优化管理的关系。

在西南岩溶山地，目前缺乏高精度的乡村聚落空间格局演变的研究，更没有把这种村级聚落景观格局演变与村落周边土地利用/土地覆被联系起来。因此，本书选择贵州省岩溶山地的典型区域，基于高精度的遥感影像和实地调查，探讨近50年来贵州省岩溶山地自然村落空间演进特征及其与村落周边土地利用格局和生态系统的响应关系；综合考虑不同农民需求与后顾生计来源保证，构建既满足农民需求，又有利于土地利用优化和生态安全的农村居民点集聚新模式。研究目的在于用新的研究方法较为全面地、深入地反映贵州省岩溶山地村级聚落景观格局及其生态响应的复杂性与多样性特点，对这一地区生态恢复提出新思考，为其村级景观规划、生态系统的管理和石漠化土地的治理提供依据。研究结果将有利于促进岩溶山地地区农村统筹发展与生态环境恢复，对解决"三农"问题，建设社会主义新农村和全面建设小康社会具有重要意义。

1.3 研究框架

表1.1列出了2002~2014年国家自然科学基金委员会支持的聚落研究项目，涉及聚

落景观文化、聚落形态特征、聚落演变、聚落脆弱性与易损性、功能演化、格局演变、空间重构与优化和人地关系耦合等方面，而且有关聚落空间重构和人地关系耦合的研究逐渐增多。但从其中可以看出对西南岩溶山地聚落演变与景观生态效应的研究仍是薄弱环节。因此，作者在广泛的国内外文献调研的基础上，构建了岩溶山地聚落空间分布格局演变及其优化的研究框架。

表 1.1　2002～2014 年国家自然科学基金委员会支持的聚落研究项目

年份	关键词	项目批准号/申请代码	申请人	项目名称	单位	学科名称
2014	聚落	41361038/D010202	周智生	藏区寺院与乡村聚落共生形态演化机制研究	云南师范大学	社会、文化地理学
		41301193/D010204	张继飞	聚落生态位与农户生计视角下岷江上游聚落空间演进与调控	中国科学院水利部成都山地灾害与环境研究所	乡村地理学
		41301587/D011002	吴彩燕	岷江上游山区聚落与滑坡灾变的链式耦合机制	西南科技大学	自然灾害风险评估与公共安全
		41371185/D010204	丁明涛	岷江上游河谷聚落对泥石流灾变的响应机制研究	西南科技大学	乡村地理学
	居民点	41301188/D010204	邹亚锋	基于多目标蚁群算法的农村居民点布局优化研究	内蒙古大学	乡村地理学
		41301186/D010204	董德坤	典型农区农村居民点空间演变与优化研究	青岛理工大学	乡村地理学
		41301616/D011103	曲衍波	农村居民点多功能演变及其人地系统适应机制研究	山东经济学院	自然资源利用与规划
2013	聚落	41261044/D010204	武友德	云南环洱海地区乡村聚落空间演变机理与优化研究	云南师范大学	乡村地理学
		41261045/D010204	李阳兵	峰丛洼地区乡村聚落变迁及其生态效应——以贵州为例	贵州师范大学	乡村地理学
		41261042/D010204	王录仓	基于灌区尺度的绿洲聚落空间格局及耦合关系——以张掖绿洲为例	西北师范大学	乡村地理学
	居民点	41271111/D010106	张凤荣	基于功能分异的农村居民点系统分类研究	中国农业大学	综合自然地理学
		41271535/D011103	姜广辉	农村居民点布局演变机理及其空间秩序重构	北京师范大学	自然资源利用与规划
		41201175/D010204	谭雪兰	快速城市化进程中的乡村居民点空间布局演变机理与调控研究——以长株潭地区为例	湖南农业大学	乡村地理学
	村落	41271178/D010203	陶伟	快速城市化进程中岭南传统村落空间重构的微观探察：从形态到社会	华南师范大学	城市地理学

年份	关键词	项目批准号/申请代码	申请人	项目名称	单位	学科名称
2012	聚落	41101514/D011002	第宝锋	基于山地灾害风险的聚落脆弱性评价指标与模型	四川大学	自然灾害风险评估与公共安全
		41101164/D010204	丁明涛	岷江上游山区聚落易损性及其灾变阈值	西南科技大学	乡村地理学
		41101161/D010204	陈诚	城乡一体化区域农村聚落功能演化与优化研究——以苏州市为例	中国科学院南京地理与湖泊研究所	乡村地理学
		41171122/D010202	邓运员	中国传统聚落景观基因的数字识别及其信息图谱的构建	衡阳师范学院	社会、文化地理学
		41171148/D010204	彭震伟	转型期长三角地区大城市边缘区农村聚落空间组织模式及其动因研究	同济大学	乡村地理学
		41101552/D011201	于慧	三峡库区农村聚落生态位演化过程与人地关系耦合机理	中国科学院水利部成都山地灾害与环境研究所	资源与可持续发展
2011	居民点	41001108/D010204	宋伟	农村居民点整理潜力测算模型的改进与应用	中科院地理所	乡村地理学
		71003036/G0306	谷晓坤	都市郊区乡村空间重构的微观响应机制研究	浙江工商大学	金融管理
		41001107/D010204	房艳刚	综合现代化过程中乡村民宅景观演化特征、类型差异及其动力机制研究——以华北平原汉族民宅景观为例	东北师范大学	乡村地理学
		41071114/D010204	张小林	发达地区乡村聚落空间格局的转型与重构研究——以苏南为例	南京师范大学	乡村地理学
		41071115/D010204	王青	岷江上游山区聚落生态位图谱与影响尺度	西南科技大学	乡村地理学
	聚落	41071116/D010204	马晓冬	江苏省乡村聚落地域类型、演化机理与优化模式研究	江苏师范大学	乡村地理学
		41001124/D0104	鲁鹏	环嵩山地区史前时期聚落分布时空模式研究	河南省科学院地理研究所	环境变化与预测
		41071350/D011201	刘邵权	三峡库区农村聚落重构经济最佳人口规模与资源环境承载力的关系研究	中国科学院水利部成都山地灾害与环境研究所	资源与可持续发展
		51008204/E080102	李哲	聚落空间信息采集与处理新方法研究	天津大学	建筑历史与理论
		51078158/E080102	李晓峰	汉江流域文化线路上的聚落形态变迁及其社会动力机制研究	华中科技大学	建筑历史与理论
		41071253/D010701	毕硕本	聚落遗址时空演变规律挖掘研究	南京信息工程大学	空间数据组织与管理
	村落	51068009/E080201	毛志睿	循环经济建设下民族传统村落景观转型与保护对策研究	昆明理工大学	城乡规划设计与理论

年份	关键词	项目批准号/申请代码	申请人	项目名称	单位	学科名称
2010	聚落	50978153/E080201	张杰	喀什文化区聚落遗产保护与环境可持续发展研究	清华大学	城乡规划设计与理论
		40971112/D0103	谈明洪	大都市区乡村聚落和景观格局演变的比较研究——以伦敦萨里县和北京市大兴区为例	中国科学院地理科学与资源研究所	景观地理学
		50908181/E0801	黄凌江	西藏传统聚落空间营造的气候响应技术策略及评价	武汉大学	建筑学
		40971114/D0104	韩茂莉	全新世中期以来中国北方农牧交错带（典型地区）聚落与环境研究	北京大学	环境变化与预测
		40961037/D011201	海山	锡林郭勒盟牧区不同类型地区牧民定居模式与可持续发展	内蒙古师范大学	资源与可持续发展
		40971106/D010204	郭晓东	近60年来陇中黄土丘陵区乡村聚落空间演变过程及其驱动机制研究	兰州大学	乡村地理学
2009	聚落	50808147/E080101	岳邦瑞	地域资源约束下的西北干旱区村镇聚落营造模式研究	西安建筑科技大学	建筑设计与理论
		50808081/E080102	潘莹	南方汉民系传统聚落形态比较研究	华南理工大学	建筑历史与理论
	村落	50808131/E080101	李立	基于复杂适应系统和空间句法理论的村落空间优化方法研究——以太湖流域为例	同济大学	建筑设计与理论
2008	聚落	50768003/E080202	余压芳	西南传统乡土聚落景观变迁与保护行为的相关性研究	贵州大学	风景园林规划设计与理论
		50778143/E080101	王军	生态安全视野下的西北绿洲聚落营造体系研究	西安建筑科技大学	建筑设计与理论
		50778117/E080101	王金平	晋商传统聚落的形态特征与可持续利用模式研究	太原理工大学	建筑设计与理论
		40771050/D010201	刘沛林	中国传统聚落景观群系及其景观基因图谱研究	衡阳师范学院	经济地理学
	村落	40771057/D010201	王传胜	生态脆弱地区自然村落空间演进特征与机制研究	中国科学院地理科学与资源研究所	经济地理学
2007	聚落	50608035/E080102	谭刚毅	明清移民通道上的湖北民居及其技术与精神的传承	华中科技大学	建筑历史与理论
		50608061/E080101	宋靖华	基于GA的聚落更新的设计方法研究	武汉大学	建筑设计与理论
		50678119/E0801	常青	我国风土聚落保护与再生的适应性模式研究	同济大学	建筑学

年份	关键词	项目批准号/申请代码	申请人	项目名称	单位	学科名称
2006	聚落	50578105/E0801	张玉坤	明长城军事聚落与防御体系基础性研究	天津大学	建筑学
		40571162/D0104	王心源	基于广义遥感的巢湖流域 6000 - 2000aB.P 古聚落变更对环境变迁的响应研究	安徽师范大学	环境变化与预测
2005	聚落	50468002/E080102	李佰寿	中国朝鲜族民居与聚落模式演变研究	延边大学	建筑历史与理论
		40471031/D010201	韩茂莉	历史时期西辽河流域聚落与环境研究	北京大学	经济地理学
		50478039/E080102	戴俭	北京地区长城沿线戍边聚落形态与建筑研究	北京工业大学	建筑历史与理论
2004	聚落	50368001/E0801	王冬	西南少数民族贫困地区聚落营造学研究	昆明理工大学	建筑学
2003	聚落	50278061/E0801	张玉坤	中国北方堡寨聚落研究及其保护利用策划	天津大学	建筑学
		50268002/E0801	施维琳	西南丝绸之路驿道聚落与建筑的传统和发展研究	昆明理工大学	建筑学
		50279019/E0904	甘枝茂	陕北多沙粗沙区聚落发展的土壤侵蚀效应及防治对策研究	陕西师范大学	河流海岸动力学与泥沙研究
	村落	40271027/D010201	顾人和	王朗自然保护区外围白马人村落文化景观的地理学研究	中国科学院南京地理与湖泊研究所	经济地理学
2002	聚落	40171022/D010201	刘沛林	中国南方传统聚落景观的区域比较研究	衡阳师范学院	经济地理学

1.3.1 研究目标

本书通过定量表达岩溶山地尤其是峰丛洼地区村级景观尺度上乡村聚落格局分布的基本特点及其近 50 年演变过程，阐明在峰丛洼地区等特定的小地貌、土地资源空间组合格局下，岩溶山地乡村聚落分布与变迁特征的一般规律与特殊性，揭示驱动峰丛洼地区等乡村聚落与人口变迁的外在影响因素与内在动力，揭示峰丛洼地区等村级聚落演变及其生态响应的复杂性与多样性特点，剖析聚落演变与生态响应相互之间的互馈机理，构建基于聚落演变过程的岩溶山地聚落空间优化模式。

1.3.2　研究内容

本书按照地貌分布格局—聚落分布格局—人口分布格局—土地利用分布格局—人地耦合效应的研究思路，在贵州省典型岩溶山地区域选择贞丰花江峡谷区、普定县后寨河地区、清镇市王家寨小流域、荔波茂兰自然保护区等作为研究区，地貌包括岩溶峰丛洼地、岩溶峰丛峡谷、溶丘盆谷地等。基于高精度影像和实地调查，在村级景观尺度上定量研究乡村聚落分布与演变机制，揭示生态环境对乡村聚落演变过程的响应。具体研究内容包括以下 4 个方面。

（1）乡村聚落分布与时空演变过程

研究选定的岩溶峰丛洼地区域，在不同小地貌类型、土地资源组合格局下，乡村聚落分布规律与分布格局差异特征，以及形成某种空间分布格局的机理，表征不同岩溶地貌类型区域自然条件、社会经济条件与村落规模、形态变化的关联；揭示研究区域乡村聚落多样性演变（扩展、融合、新生、空心化、衰败、废弃、消亡、维持原状等）在不同地形地貌、耕地资源组合格局下的差异和共性，以及研究区乡村聚落空间格局变迁过程中的空间关联特征。

（2）乡村聚落变迁的驱动因素

研究自然条件、社会经济条件、农户自身诉求和国家相关政策等对研究区域乡村聚落演变（扩展、融合、新生、空心化、衰败、废弃、消亡、维持原状等）的耦合作用过程，以及这种作用过程的共性和差异性；研究不同时间段对乡村聚落扩展、融合、新生等起主导作用机制的差异性；探讨人口流失、生态变差、可达性差、经济条件难改善、农户需求等因素在聚落空心化、衰败、废弃、消亡等变迁过程中的作用。从而揭示驱动峰丛洼地区乡村聚落演变的外在影响因素与内在动力。

（3）乡村聚落、人口演变的耦合模式

考虑到研究区乡村聚落与人口演变的趋势可能不完全一致，特别是村落规模与常住人口两者间的变化可能存在较复杂的组合。因此，在（1）、（2）研究的基础上，研究不同岩溶地貌类型中不同小地貌类型、土地资源组合格局下，聚落人口耦合演变模式的普遍性和特殊性规律，定量评价自然条件和社会经济条件对各种耦合模式所起的作用，剖析不同农户需求与后顾生计保障来源与聚落、人口耦合演变模式的互馈机理。在此基础上，揭示不同组合类型峰丛洼地聚落人口耦合演变是如何适应社会、经济、生态条件的变迁。

（4）乡村聚落演变的生态效应

在上述（1）~（3）研究的基础上，研究乡村聚落人口不同的耦合演变模式特点。例如，村级聚落分布格局、规模，常住人口的数量和农户生计变化导致的峰丛洼地生态响应的复杂性与多样性特点；定量评价选定的不同岩溶地貌类型不同组合格局峰丛洼地中，人口迁出地与迁入地生态系统的演变趋势差异。从而，基于峰丛洼地乡村聚落与人口变迁视角，揭示峰丛洼地聚落人口耦合演变生态效应的一般性特点和特殊性规律。

1.3.3　拟解决的关键科学问题

1）岩溶山地乡村聚落与人口变迁的一般性特点和特殊性规律，以及形成这种一般性特点和特殊性规律的外在影响因素和内在动力等理论问题。

2）选择不同自然条件和社会经济条件的岩溶山地，在村域及以下的各聚落斑块尺度下，基于村域、农户等微观视角，研究岩溶山地乡村聚落人口变迁的规律，从自然条件、社会经济条件、农户自身诉求和国家相关政策揭示其驱动因素，具有重要的理论意义。

1.3.4 技术路线

在贵州省典型岩溶区域选择普定县后寨河地区、清镇市王家寨小流域、荔波茂兰自然保护区、安龙平乐镇和贞丰花江峡谷区作为研究区，包括 5 种不同的地貌、土地资源组合格局：①四周平坝环绕型峰丛洼地群；②连续分布的封闭型峰丛洼地群；③开口型峰丛洼地；④峰丛洼地-谷地-槽谷组合型；⑤岩溶峰丛洼地-峡谷型。同时，5 个研究区在社会经济方面，涵盖了城镇带动（王家寨）、县乡经济辐射（后寨河）、政策性扶贫开发（花江）、自然保护区影响（茂兰）和远离城镇与交通干线的岩溶山地腹地（平乐镇）等不同经济发展类型，道路通达度也有很大差异。以上研究区基本涵盖了我国西南岩溶地区主要自然和社会经济背景类型，是我国西南岩溶山地的典型区域。

本书具体的技术路线如图 1.1 所示。

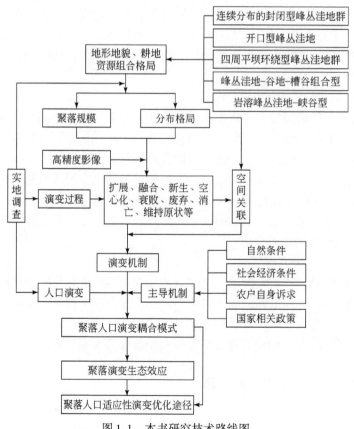

图 1.1 本书研究技术路线图

1.4　本章小结

　　本章在进行广泛文献调研的基础上，评述了岩溶山地乡村聚落的研究现状，总结了进一步研究展望，在此基础上，构建了本书的研究框架。

参 考 文 献

[1] 金其铭. 我国农村聚落地理研究历史及近今趋向. 地理学报, 1988, 43 (4)：311-317.

[2] 刘沛林. 古村落：和谐的人聚空间. 上海：三联书店, 1997, 27.

[3] 陈勇, 陈国阶. 对乡村聚落生态研究中若干基本概念的认识. 农村生态环境, 2002, 18 (1)：54-57.

[4] 陈国阶, 方一平, 陈勇, 等. 中国山区发展报告——中国山区聚落研究. 北京：商务印书馆, 2007, 1-13.

[5] 王智平. 不同地区村落系统的生态分布特征. 应用生态学报, 1993, 4 (4)：374-380.

[6] 周心琴, 张小林. 1990 年以来中国乡村地理学研究进展. 人文地理, 2005, 85 (5)：8-12.

[7] 范少言, 陈宗兴. 试论乡村结构的研究内容. 经济地理, 1995, 15 (2)：44-47.

[8] 角媛梅, 肖笃宁, 马明国. 绿洲景观中居民地空间分布特征及其影响因子分析. 生态学报, 2003, 23 (10)：2092-2099.

[9] 金其铭. 农村聚落地理研究——以江苏省为例. 地理研究, 1982, 1 (3)：11-20.

[10] 李雅丽, 陈宗兴. 陕北乡村聚落地理的初步研究. 干旱区地理, 1994, 17 (1)：46-52.

[11] 汤国安, 赵牡丹. 基于 GIS 的乡村聚落空间分布规律研究——以陕北榆林地区为例. 经济地理, 2000, 20 (5)：1-4.

[12] 刘洪鹄, 刘宪春, 赵晓辉. 东北漫岗区村落的分布特征分析. 生态与农村环境学报, 2006, 22 (1)：15-19.

[13] 陈勇, 陈国阶, 杨定国. 岷江上游聚落分布规律及其生态特征. 长江流域资源与环境, 2004, 13 (1)：72-77.

[14] 张军, 倪绍祥, 于文静, 等. 三江并流区居民点空间分布规律. 山地学报, 2003, 21 (1)：121-125.

[15] 王成, 武红, 徐化成, 等. 太行山区河谷内居民点的特征及其分布格局的研究——以河北省阜平县为例. 地理科学, 2001, 21 (2)：170-176.

[16] 姜广辉, 张凤荣, 秦静. 北京山区农村居民点分布变化及其与环境的关系. 农业工程学报, 2006, 22 (11)：85-92.

[17] 杨兆平, 常禹, 问青春. 岷江上游干旱河谷耕地和居民用地的空间特征. 生态学杂志, 2007, 26 (3)：327-331.

[18] 杨山. 发达地区城乡聚落形态的信息提取与分形研究——以无锡市为例. 地理学报, 2000, 55 (6)：671-678.

[19] 冯文勇, 陈新莓. 晋中平原地区农村聚落扩展分析. 人文地理, 2003, 18 (6)：93-96.

[20] 陈振杰, 李满春, 刘永学. 基于 GIS 的桐庐县农村居民点空间格局研究. 长江流域资源与环境, 2008, 17 (2)：180-184.

[21] 王跃, 陈亚莉. 苏州城郊村镇分布特征. 地理学报, 2005, 60 (2)：229-236.

[22] 周伟, 曹银贵, 王静, 等. 三峡库区近30a农村居民点格局变化与特征分析. 农业工程学报, 2011, 27 (4): 294-300.

[23] Chomitz K M, Gray D A. Roads, land use, and deforestation: a spatial model applied to Belize. The World Bank Economic Review, 1996, 10: 487-512.

[24] Geist H J, Lambin E F. Proximate causes and underlying driving forces of tropical deforestation. Bioscience, 2002, 52 (2): 143-150.

[25] Alther C, Castella J C, Novosad P, et al. Impact of accessibility on the range of livelihood options available to farm households in mountainous areas of northern Vietnam//Castella J C, Dang D Q. Doi Moi in the mountains. Land use changes and farmers' livelihood strategies in Bac Kan Province, Vietnam. Hanoi, Vietnam: The Agricultural Publishing House. 2002, 121-146.

[26] Van deWalle D. Choosing rural road investments to help reduce poverty. World Development, 2002, 30 (4): 575-589.

[27] 邢谷锐, 徐逸伦, 郑颖. 城市化进程中乡村聚落空间演变的类型与特征. 经济地理, 2007, 27 (6): 932-935.

[28] 周国华, 贺艳华, 唐承丽, 等. 中国农村聚居演变的驱动机制及态势分析. 地理学报, 2011, 66 (4): 515-524.

[29] Garcia A I, Ayuga F. Reuse of abandoned buildings and the rural landscape: the situation in Spain. Transactions of the Asabe, 2007, 50: 1383-1394.

[30] 薛力. 城市化背景下的"空心村"现象及其对策探讨: 以江苏省为例. 城市规划, 2001, 25 (6): 8-13.

[31] 程连生, 冯文勇, 蒋立宏. 太原盆地东南部农村聚落空心化机理分析. 地理学报, 2001, 56 (4): 437-446.

[32] 龙花楼, 李裕瑞, 刘彦随. 中国空心化村庄演化特征及其动力机制. 地理学报, 2009, 64 (10): 1203-1213.

[33] Stephen G, Per Z. Household demographic factors as life cycle determinants of land use in the Amazon. Population Research and Policy Review, 2001, 20: 159-186.

[34] Mori A, Takeda H. Effects of undisturbed canopy structure on population structure and species coexistence in an old growth subalpine forest in central Japan. Forest Ecology and Management, 2004, 200: 89-100.

[35] Adhikari M, Nagata S, Adhikari M. Rural household and forest: an evaluation of household's dependency on community forest in Nepal. Journal of Forest Research, 2004, 9: 33-44.

[36] Dalle S P, de Blois S, Caballero J, et al. Integrating analyses of local land-use regulations, cultural perceptions and land-use/land cover data for assessing the success of community-based conservation. Forest Ecology and Management 2006, 222: 370-383.

[37] Karanth K K, Curran L M, Jonathan D, et al. Village size and forest disturbance in Bhadra Wildlife Sanctuary, Western Ghats, India. Biological Conservation, 2006, 128: 147-157.

[38] Nagendra H, Pareeth S, Ghate R. People within parks-forest villages, land-cover change and landscape fragmentation in the Tadoba Andhari Tiger Reserve, India. Applied Geography, 2006, 26: 96-112.

[39] Liu S Q, Chen G J. Function of rural settlement complex ecosystem in mountain area. A case study of raosi village of zuogong county, tibet. Wuhan University Journal of Natural Sciences, 2006, 11 (4): 945-950.

[40] 王成超. 农户生计行为变迁的生态效应——基于社区增权理论的案例研究. 中国农学通报, 2010, 26 (18): 315-319.

［41］ Wang L, Zhang J L, Liu L M. Diversification of rural livelihoods strategies and its effect on local landscape restoration in the semiarid hilly area of the loess plateau, China. Land Degradation and Development, 2010, 21: 433-445.

［42］ Gellrich M, Zimmermann N E. Investigating the regional-scale pattern of agricultural land abandonment in the Swiss mountains: a spatial statistical modelling approach. Landscape and Urban Planning, 2006, 79: 65-76.

［43］ 王成超, 杨玉盛. 基于农户生计演化的山地生态恢复研究综述. 自然资源学报, 2011, 26（2）: 344-352.

［44］ Eetvelde V, Antrop M. Analyzing structural and functional changes of traditional landscapes-two examples from Southern France. Landscape and Urban Planning, 2004, 67: 79-95.

［45］ Lepczyk C A, Hammer R B. Spatiotemporal dynamics of housing growth hotspots in the North Central U. S. from 1940 to 2000. Landscape Ecology, 2007, 22: 939-952.

［46］ 刘邵权, 陈国阶, 陈治谏. 农村聚落生态环境预警——以万州区茨竹乡茨竹五组为例. 生态学报, 2001, 21（2）: 295-301.

［47］ James A, LaGro Jr. Landscape context of rural residential development in southeastern Wisconsin（USA）. Landscape Ecology, 1998, 13: 65-77.

［48］ Ellis E C, Wang H Q, Xiao H S, et al. Measuring long-term ecological changes in densely populated landscapes using current and historical high resolution imagery. Remote Sensing of Environment, 2006, 100: 457-473.

［49］ 郭晓东, 牛叔文, 李永华, 等. 陇中黄土丘陵区乡村聚落时空演变的模拟分析——以甘肃省秦安县为例. 山地学报, 2009, 27（3）: 293-299.

［50］ 马海龙, 樊杰, 王传胜. 我国西部地区乡村坡地聚落迁移的过程与效应. 经济地理, 2008, 28（3）: 450-453.

［51］ 冯文兰, 周万村, 李爱农. 基于 GIS 的岷江上游乡村聚落空间聚集特征分析——以茂县为例. 长江流域资源与环境, 2008, 17（1）: 57-61.

［52］ 曹象明, 周若祁. 黄土高塬沟壑区小流域村镇体系空间分布特征及引导策略——以陕西省淳化县为例. 人文地理, 2008, 23（5）: 53-56.

［53］ 惠怡安, 张阳生, 徐明, 等. 试论农村聚落的功能与适宜规模——以延安安塞县南沟流域为例. 人文杂志, 2010, 3: 183-187.

［54］ 惠怡安, 徐明. 陕北丘陵沟壑区生态修复与农村聚落耦合发展初探. 水土保持通报, 2010, 30（2）: 83-86.

［55］ 刘颂, 郭菲菲. 基于景观格局分析的乡村居民点布局优化研究. 东北农业大学学报, 2010, 41（11）: 42-46.

［56］ 刘彦随, 龙花楼. 中国农业地理与乡村发展研究进展及展望. 地理科学进展, 2011, 30（4）: 409-416.

［57］ 曾山山, 周国华, 肖国珍, 等. 地理学视角下的国内农村聚居研究综述. 人文地理, 2011, 2: 68-73.

［58］ 王传胜, 孙贵艳, 朱珊珊. 西部山区乡村聚落空间演进研究的主要进展. 人文地理, 2011, 5: 9-14.

［59］ Long H L, Heilig G K, Li X B, et al. Socio-economic development and land-use change: analysis of rural housing land transition in the Transect of the Yangtse River, China. Land Use Policy, 2007, 24:

141-153.

[60] Tian G J, Yang Z F, Zhang Y Q. The spatio-temporal dynamic pattern of rural residential land in China in the 1990s using landsat TM Images and GIS. Environment Management, 2007, 40: 803-813.

[61] 朱晓翔, 朱纪广, 乔家君. 国内乡村聚落研究进展与展望. 人文地理, 2016, 31 (1): 33-41.

[62] Mortimorea M, Turner B. Does the Sahelian smallholder's management of woodland, farm trees, rangeland support the hypothesis of human-induced desertification? Journal of Arid Environments, 2005, 63 (3): 567-595.

[63] 李旭东, 张善余. 贵州喀斯特高原人口分布的自然环境因素 I 主要影响因素研究. 西华师范大学学报（自然科学版）, 2006, 27 (3): 256-261.

[64] 贺跃汉, 刘凯, 刘奥东. 桂西北石山区聚落分布及其变化分析. 钦州学院学报, 2011, 26 (1): 120-123.

[65] Sevenant M, Antrop M. Settlement models, land use and visibility in rural landscapes: two case studies in Greece. Landscape and Urban Planning, 2007, 80: 362-374.

[66] 周晓芳, 周永章. 贵州典型喀斯特地貌区农村聚落空间分布研究——以清镇红枫区、毕节鸭池区和关岭—贞丰花江区为例. 中国岩溶, 2011, 30 (1): 78-85.

[67] 周国富. 喀斯特峰丛洼地系统土地利用与人口聚落分布——以贵州为例. 中国岩溶, 1995, 15 (2): 194-198.

[68] 朱文孝, 苏维词, 李坡. 贵州喀斯特山区乡村分布特征及其地域类型划分. 贵州科学, 1999, 17 (2): 120-126.

[69] 赵星. 贵州喀斯特聚落文化类型及其特征研究. 中国岩溶, 2010, 29 (4): 457-462.

第2章 西南岩溶山地特征

2.1 西南岩溶山地自然特征概况

2.1.1 西南岩溶空间分布

在中国西南岩溶地区，特定的地质演化过程奠定了脆弱的环境背景，其地质地貌、水文、土壤、植被等存在不稳定性、先天不足性和敏感性，其区域差异性明显。以挤压为主的中生代燕山构造运动使西南地区普遍发生褶皱作用，形成高低起伏的碳酸盐岩基岩面；以升降为主、叠加在此之上的新生代喜马拉雅构造运动塑造了现代陡峻而破碎的岩溶高原地貌景观，由此产生较大的地表切割度和地形坡度，为水土流失提供了动力潜能；从震旦系到三叠系在该区沉积了巨厚的碳酸盐岩地层，纯碳酸盐岩地层的大面积出露，为岩溶石漠化的发生提供了物质基础。

西南岩溶地区主要分布在以贵州省为中心的云南、四川、广西、湖南、湖北、广东和重庆等省（自治区、直辖市），面积约为 62 万 km²[1]。前期研究按地质年代、分布地域和主要地貌景观特征，将我国西南岩溶区分为以下几个主要地域类型区域[2]：①川西南峡谷—山地亚区（大渡河下游及金沙江下游渡口以下地区）；②滇东溶原—丘峰高原亚区（滇东及黔西）；③黔西溶洼—丘峰山原亚区（川南、黔西及滇东东部）；黔中溶原—丘峰与峰林山原亚区（黔中、黔东南）；④鄂黔溶洼—丘峰山地亚区（湘西、鄂西、川东、黔北）；⑤川东溶洼—丘峰山地亚区（川东）；⑥川鄂溶洼—丘峰山地亚区（川东北、鄂西）；⑦滇东南溶原—峰林高原亚区（南盘江以南，滇东南地区）；⑧黔桂溶洼—峰林山地亚区（黔南及广西中西部）；⑨湘赣溶盆—丘峰山地与丘陵亚区（湘赣的中南部及闽中北区）；⑩滇西褶皱系古生代碳酸岩系岩溶亚区（元江及大理贡山一线以南）。

2.1.2 西南岩溶山地地质地貌特点

西南部碳酸盐岩地层与非可溶岩层的组合情况有两种基本类型，即连续型和互层型。连续型分布在该区东南部的广西、湘南一带，厚达 3000m 的碳酸盐岩由中泥盆统到中三叠统呈连续分布。岩溶层组类型属均匀状碳酸盐岩类型，开阔的及过渡型褶皱为主要构造类型，分布着大面积的峰丛洼地。主要环境问题是地表水源漏失，造成人畜饮水困难；岩溶环境特别脆弱，人类活动引起的石漠化问题十分严重。

互层型分布在该区中部、西部和北部的黔、滇东、川南、鄂西一带,那里碳酸盐岩层总厚度可达 3000~10 000m。主要分布在寒武系—奥陶系及泥盆系—三叠系两个区间,但在这两个区间都常夹有非可溶岩层,如砂岩、页岩和玄武岩等。碳酸盐岩与非可溶岩相对隔水层交替出现,岩溶层组类型为间互状纯碳酸盐岩,以箱状褶皱束为特征,岩溶水也是多层状,为向斜及背斜褶皱型水文地质结构。该区主要问题是:岩溶化地层分布区漏水及石漠化。该地下空间比较发育,也有地表缺水的问题,但泉水比较丰富,所缺的是灌溉用水。互层型分布区自然条件比连续型分布区好,但人口压力更大,石漠化问题也较普遍[3]。滇东北区碳酸盐岩以夹层、互层型为主,土壤分布相对连续、厚度较大;滇东南地区以纯碳酸盐岩为主,土壤分布不连续、浅薄,各区土地退化过程差异较大。纯质、连续分布的碳酸盐岩基底脆弱程度相对于非纯质、不连续分布的碳酸盐岩基底脆弱程度高,更易导致石漠化。

由于各种内外动力作用的控制和影响,区域岩溶地貌既表现出很大的差异性,又具有明显的地带性分布规律。从总体看,区域性的宏观地貌和地区性的地貌组合形态比较集中地反映了区域岩溶发育的基本特点和分布规律,能较好地反映出岩溶发育的地带差异性,同时又能较好地反映地貌演化阶段、岩石类型组合和水土空间分布规律,而这正是探讨岩溶资源利用与生态环境问题的基础。西南岩溶山地以云贵高原为主体,北部、东部和东南部分别为向四川盆地、湘西丘陵及广西盆地过渡的斜坡地带,以中低山为主。从总体地势上看,全区由南向北、由东向西逐步升高,总体上可分为 3 个台面和两个过渡地带,具有显著的地域分异规律,可分为相对和缓的丘原峰林峰丛型、裸露的岩溶中低山和丘陵、岩溶深切峡谷 3 种地貌类型。包括滇东北中山峡谷岩溶和滇东南峰丛山地地区,为云南高原向贵州省山原过渡的斜坡地带;黔西北为岩溶高原山地;黔中常由岩溶剥离面和溶蚀浅盆地组成;黔北、黔东、黔南及其与四川、重庆、湖南、广西等省(自治区、直辖市)过渡的斜坡地带以峰丛连绵的山地峡谷和峰丛洼地为主。峰丛浅洼地地形主要分布在贵州省中部、北部,湖北省西部,湖南省西部,四川省南部,云南省东部,这与河流切割深度相对较小和岩性条件较差(不纯、薄层、有夹层等)有一定的关系。峰丛深洼地主要分布于云贵高原东南边缘斜坡区,峰洼高差可达 300~500m。例如,广西都安的七百弄、南丹、凤山、东兰、大新等县境内的大片峰丛区;贵州省独山县南部、罗甸摆朗河及格必河下游区等。峰丛深洼地的分布,总是与纯质厚层且连续沉积厚度巨大的碳酸盐岩层和相当低的排水量基面联系在一起。

一方面碳酸盐岩与非碳酸盐岩的层组结构不均一性,导致碳酸盐岩产生的岩溶现象具明显的团块状和条带状特征,大面积岩溶区域内镶嵌着非碳酸盐岩景观;另一方面以贵州省为中心的西南岩溶区岩溶地貌发育类型齐全,由分水岭到深切峡谷,呈现出峰林盆地→峰林谷地→峰丛洼地→峰丛峡谷的区带分布,从而新老地貌形态交错镶嵌。以上两类镶嵌景观形成了西南岩溶区岩溶环境的分异特征和阶梯格局。岩石组成结构、地貌生境特征、水热气候条件、土质类型分布、水文地质条件及植被生态群落等多方面均存在明显的差异。

2.1.3 西南岩溶山地气候与植被分异

贵州高原的北面、东面、南面比高原面低,河流侵蚀与切割严重。因此,它的显著气候特征是：全区构成了一个完整的垂直气候带系统，从四周低处向中心高处，依次为南亚热带（东南的罗甸、望溪一带）、准南亚热带（北面的赤水）、中亚热带、山地北亚热带、山地暖温带和山地温带。因此，贵州省植被在空间分布上有明显的过渡性特征，岩溶植被有中亚热带岩溶山地暖性针叶林、中亚热带岩溶山地常绿阔叶林、中亚热带岩溶山地常绿落叶阔叶混交林、中亚热带岩溶山地落叶阔叶林、南亚热带岩溶沟谷季雨林等类型。

桂中、桂北山地处于云贵高原向广西盆地的过渡地带，大多为丘陵、低山，仍属亚热带季风湿润山地气候（约指 23°N 以北除桂东南等非石灰岩山地的广西的全部），是岩溶石山区热量最丰富的地区之一（仅次于云南元江河谷）和降水量最充沛的地方（与云南哀牢山南端相当），除桂东北属中亚热带外，其余大部分属南亚热带。岩溶植被由南向北分别为北热带季雨林、南亚热带季风常绿阔叶林（沿经度向西变化为半湿润常绿阔叶林）、中亚热带常绿阔叶林[4]。

滇东南属于南亚热带和河谷北热带，多雨湿润到河谷半干旱（如元江河谷）的气候均有；金沙江及其支流河谷为南亚热带，半湿润、半干旱气候均有。这两片地区热量丰富。云南高原面主体是半干旱的中亚热带，滇东北为山地北亚热带和山地暖温带。该区东南是以湿润雨林和偏湿性的季雨林为主的热带生态系统，而其南部和西南部则是以偏干性的季节雨林和半常绿季雨林为主的热带生态系统[5]。从南向北依次为雨林和季雨林、季风常绿阔叶林、湿性常绿阔叶林或常绿落叶阔叶林、针阔叶混交林和暗针叶林。

川南、川东山地从总体上看是从长江河谷的准南亚热带（海拔 400m 以下）—河谷中亚热带—山地北亚热带—山地暖温带的一个垂直气候带系列。地带性植被为常绿阔叶林。

从整体看，石灰岩植被的演替是向常绿阔叶林这一地带性植被进行[6]。由于气候与植被类型的地区差异，分别形成鄂西北山地森林型中低等生产力地区、巫山山地森林型中低等生产力地区、滇西北高原森林型中低等生产力地区、黔东湘西山地森林型中等生产力地区、滇北高原综合型中低等生产力地区、沿金沙江下游干热河谷森林型中等生产力地区、云贵高原中部坝地综合型中等生产力地区、桂西北山地综合型中低等生产力地区、滇东北高原森林型中低等生产力地区[7]。

2.1.4　西南岩溶山地生态脆弱性特征

由于强烈的岩溶作用，西南岩溶山地地质、地貌、水文、土壤、植被等存在不稳定性、先天不足性和敏感性，表现为潜在的基底性脆弱。从广义和景观角度看，西南岩溶生态系统是一个典型的多种基质、多层次的景观生态过渡带，即高原与四周过渡的斜坡地带，形成界面性脆弱；在时间序列上，气候要素、水资源量、植被盖度、土地生产力等在季节间、年际变化大，导致波动性脆弱[8]。基底性脆弱、界面性脆弱、波动性脆弱相互叠加使得岩溶山地表现出敏感性强、恢复力弱、退化趋势明显的自然背景特征。喀斯特景观因其特殊的生态背景有别于其他生态环境，对其上发育的土壤和生长的森林发生深刻的影响，使土壤的剖面形态、理化性质、森林组成、外貌、结构等都不同于地带性的土壤和森林，从而构成非地带性的隐域土和隐域植被。

关于岩溶生态系统的脆弱性目前仍无一个确切、统一的定义。靖娟利等用岩性、土层厚度、土地利用类型、植被覆盖率来评价西南部岩溶山区生态环境脆弱性[9]；胡宝清等选取地质地貌指标、气候水热指标、土地利用/土地覆被状况指标、人类社会经济状况指标四大类共16项指标，对广西50个典型岩溶县生态环境脆弱性进行综合评价[10]；李阳兵等从宏观角度把西南岩溶生态系统的脆弱性分为基底性脆弱、界面性脆弱和波动性脆弱[11]；肖荣波等将影响石漠化的因素确定为岩性、降水、坡度和植被4项并以此进行中国西南地区石漠化敏感性评价[12]；王艳强等用地形分布、坡度与植被覆盖度来确定石漠化敏感性[13]；黄秋昊和蔡运龙用植被覆盖率、土壤侵蚀面积百分比、≥25°坡耕地面积百分比等指标评价贵州省的石漠化危险度[14]。上述研究选取的指标多注重地表形态变化或反映的是人为作用对岩溶区生境干扰而引起的生境退化，而对岩溶脆弱类型区的生态结构、生态过程和生态功能退化的描述不够，缺乏对岩溶自然生态系统脆弱性的评价研究，不能体现出岩溶生态系统的脆弱性与其他脆弱生态系统（如农牧交错带、干热河谷区）相区别的特点。

从自然生态角度分析，岩溶生境的脆弱性体现在地表地下双层空间结构形成的水土资源协调性差、造壤能力低且以钙营养居首位、岩溶植被生长缓慢且植被逆向演替快、顺向演替难、生物资源集聚程度低几个方面。从稳定性看，岩溶环境属于一种动态的脆弱系统，它只在环境参数严格限定的值区才持续存在，并且在环境参数或种群值的重大扰乱之下崩溃，是一旦遭到破坏就很难恢复的环境。而这种不稳定性（敏感性）又决定了生物多样性低、生物量小、生物对生境的影响大，以及生物因素受到干扰破坏后的易损性和低恢复性；在无干扰或干扰较轻时，生物因素与非生物因素之间能在较低水平保持相对平衡。人类干扰表现为不合理土地利用导致的土地覆被变化进一步加强了非生物因素与生物因素间的相互影响程度，最终结果是形成土壤、植被、地形间的差异退化，即土地石漠化。因此岩溶生态系统脆弱性可进一步分为生态结构脆弱性、生态过程脆弱性、生态功能脆弱性和人为胁迫脆弱性（图2.1）。

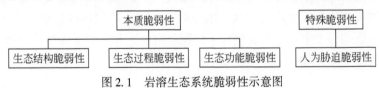

图 2.1　岩溶生态系统脆弱性示意图

2.2　西南岩溶山地人文特征

2.2.1　西南岩溶山地土地利用特点

由于云贵高原地貌破碎及高差起伏较大，土地利用相当分散，表现出局部地域的某种相似性，即以主要种植水稻的坝子为中心，经营坡地与草甸的山区或半山区为边缘，组成众多近似同心圈状分布的经济地理单元。在这些经济地理单元中，坝子经济起到主导与核心的作用，在古代坝子经济明显领先山地经济的情形下尤是如此。至清代，大中型坝子已人满为患，同时传入玉米、洋芋等耐粗放经营的作物，逐渐形成人口向山区迁徙的热潮[15]。

先天性的自然环境特征决定了西南岩溶山地土地利用结构不合理、农业产业结构单一、耕地质量差，山区耕地零星分散，可耕地严重不足，后备耕地资源缺乏，耕地受自然灾害影响较为严重。偏远的农村地区大多是峰丛洼地区，洼地土层浅薄，面积较小，农民大多以开垦坡地来扩大农田面积，增加产量。农耕、放牧和砍伐是最主要的破坏峰丛植被的人类活动：缓坡耕地形成轻度石漠化景观，陡坡地形成中度石漠化景观（因坡面土壤流失，演化为更高等级石漠化景观），峰丛陡坡放牧和砍伐都可能直接形成峰丛上部大面积中-强度石漠化景观。峰丛坡面石漠化景观分异，产生不同的土地利用模式[16]。在西南岩溶山地，目前石漠化地区土地利用模式虽已开始关注综合利用石漠化地区的生物多样性资源，但依然定位于依靠稀缺的土壤资源来保障农村经济系统的持续增长，较少针对工业化、城市化和生态建设影响下的生态经济利用模式。生态功能区建设发展模式、生态旅游发展模式等新的替代生计模式格局下的土地利用模式与石漠化治理策略还停留在理论探讨层面。

近 20 年来，喀斯特山地不同类型土地利用之间相互转化剧烈，耕地被建设用地挤占，林地和草地又被开垦为耕地；生态恢复工程使林地、草地和水域等明显增加[17]。近年来随着工业化和城镇化的扩展，西南岩溶耕地资源日渐减少，耕地资源的减少有不可逆转的趋势，面临着以有限适宜的土地既要保证"吃饭"又要保证"建设"和"生态"的三难局面，人地矛盾依然尖锐，亟须从总体上进行用地调控和协调。因此，研究西南岩溶山地土地利用生态系统的安全性和可持续性，优化区域土地利用格局，实现土地资源优化配置和耕地资源保护与持续利用，其科学意义和现实意义都是不言而喻的。

2.2.2　西南岩溶山地人文特点

生存条件恶劣的岩溶环境以及少数民族落后的习俗，导致消极心理意识和不正确的人地观的形成[18]，其中最突出的特征是保守性、排他性和崇尚个性，缺乏开放性、兼容性和崇尚集体性[19]。封闭落后的文化和思想意识造成低素质的劳动力，居民自觉或不自觉地破坏生态和资源[20]，使以峰丛洼地、峰丛峡谷为主的峰丛岩溶山地处于贫困落后—掠夺资源—环境恶化—进一步贫困落后的恶性循环中，可认为农民观念落后是农村持续贫困的根源之一[21]。岩溶山地的地域文化特征对山区经济发展和生态恢复重建有重要影响，在西南岩溶山地的生态恢复重建和反贫困工作中，应该从更高层次上来认识西南岩溶山区生态退化和贫困问题的本质原因，改变其山地文化属性和贫困文化特性及其形成基础。实现文化转型和重塑，是西南岩溶山地生态恢复和脱贫的根本策略和重要途径。

应该说喀斯特少数民族贫困地区是由长期劣势自然条件形成的失衡的生态系统，与长期的自然经济形成的封闭的人文社会环境和长期的单一经济结构形成的脆弱、低值的经济态势共同组合的一个区域封闭、主体薄弱、供体贫瘠、载体超负的地理综合体[22]。喀斯特县贫困度分布基本与岩溶地貌组合形态相一致，呈现出石山环境区→准石山环境区→全石山环境区递增的规律[23]。

2.2.3 西南岩溶山地社会经济特点

西南岩溶山地具有封闭性、民俗性、难达性、脆弱性和边远性，地形崎岖，交通不便，地区封闭，形成一个半封闭或全封闭的社会环境。与其他区域农村的发展相比，贵州省喀斯特山区农村发展缓慢，缺乏可持续发展的后劲，除了自身脆弱生态环境的限制外，与贵州省在全国的发展水平也具有重要的联系。贵州省作为我国人均 GDP 较低的省份，社会经济发展落后，经济规模小，经济主要集中在贵阳、遵义、六盘水等城市，广大农村区域主要依靠传统农业，尤其是喀斯特山区农村更是相对粗放的传统农业耕作模式，对环境依赖性大。同时，东部沿海经济发达区高报酬的吸引，使农村中青年劳动力大量流失，直接造成喀斯特山区农村可持续发展进程的缓慢。此外，收入水平低，缺乏相应的社会保障，农民通过自主投资发展承担风险能力弱，也直接阻碍了喀斯特山区农村的可持续发展[24]。因此，喀斯特山区农村的可持续发展是一个综合复杂的问题，需要政府综合考虑各方面的因素，树立"以人为本"的观念，将生态环境保护与解决群众温饱问题、脱贫致富结合起来，促进"生态建设—资源保护—脱贫解困—经济发展"的良性循环[25]。我们认为可利用独特的地理和资源条件，在重点发展带动力强、增收显著的加工业、副业和第三产业的同时，加快小城镇基础设施建设，引导农村人口向城镇合理集聚，从增加城镇人口容纳上减轻耕地人口承载压力。

2.3 本章小结

西南岩溶山地乡村聚落格局分布与演变是西南岩溶山地自然环境特征和社会经济特征的缩影。本章概略性论述了西南岩溶山地的自然特征和人文、社会经济特点，为深入研究西南岩溶山地乡村聚落演变提供基础。

参 考 文 献

[1] 吴应科，毕于远，郭纯青. 西南岩溶区岩溶基本特征与资源环境、社会、经济综述. 中国岩溶，1998，17（2）：141-150.

[2] 中国科学院地质研究所岩溶研究组. 中国岩溶研究. 北京：科学出版社，1987.

[3] 袁道先. 岩溶地区的地质环境和水文生态问题. 南方国土资源，2003，1：22-25.

[4] 李先琨，苏宗明，吕仕洪，等. 广西岩溶植被自然分布规律及对岩溶生态恢复重建的意义. 山地学报，2003，21（2）：129-139.

[5] 傅伯杰，刘国华，孟庆华. 中国西部生态区划及其生态发展对策. 干旱地理，2000，223（4）：289-297.

[6] 钟章成. 常绿阔叶林生态学研究. 重庆：西南师范大学出版社，1988.

[7] 徐继填，陈百明，张雪芹. 中国生态系统生产力区划. 地理学报，2001，56（4）：401-408.

[8] 李阳兵，侯建筠，谢德体. 中国西南岩溶生态研究进展. 地理科学，2002，22（3）：365-370.

[9] 靖娟利, 陈植华, 胡成. 中国西南部岩溶山区生态环境脆弱性评价. 地质科技情报, 2003, 22 (3): 95-99.

[10] 胡宝清, 金姝兰, 曹少英, 等. 基于 GIS 技术的广西喀斯特生态环境脆弱性综合评价. 水土保持学报, 2004, 18 (1): 103-107.

[11] 李阳兵, 谢德体, 魏朝富, 等. 西南岩溶山地生态脆弱性研究. 中国岩溶, 2002, 21 (1): 25-29.

[12] 肖荣波, 欧阳志云, 王效科. 中国西南地区石漠化敏感性评价及其空间分析. 生态学杂志, 2005, 24 (5): 551-554.

[13] 王艳强, 朱波, 王玉宽. 重庆市石漠化敏感性评价. 西南农业学报, 2005, 18 (1): 70-73.

[14] 黄秋昊, 蔡运龙. 基于 RBFN 模型的贵州省石漠化危险度评价. 地理学报, 2005, 60 (5): 771-778.

[15] 方铁. 论影响云贵高原开发的社会历史因素. 中南民族大学学报 (人文社会科学版), 2009, 29 (3): 49-56.

[16] 但文红, 张聪, 宋江, 等. 峰丛洼地石漠化景观演化与土地利用模式. 地理研究, 2009, 28 (6): 1615-1624.

[17] 许尔琪, 张红旗. 喀斯特山地土地利用变化的垂直分布特征. 中国生态农业学报, 2016, 24 (12): 1693-1702.

[18] 容丽. 贵州生存环境恶劣的喀斯特地区移民意愿与扶贫思考——以紫云麻山地区为例. 中国岩溶, 1999, 18 (2): 190-196.

[19] 陈钊. 山地文化特性及其对山地区域经济发展的影响. 山地学报, 1999, 17 (2): 179-182.

[20] 陈慧琳. 贵州麻山地区居民的资源环境意识模糊综合评价. 地理科学, 1998, 18 (4): 379-386.

[21] 穆贤青. 贵州贫困地区农业产业一体化经营的制约因素及对策. 山地农业生物学报, 2000, 19 (2): 128-134.

[22] 彭贤伟. 贵州喀斯特少数民族地区区域贫困机制研究. 贵州民族研究, 2003, 23 (4): 96-101.

[23] 胡业翠, 方玉东, 刘彦随. 广西喀斯特山区贫困化综合评价及空间分布特征. 中国人口·资源与环境, 2008, 18 (6): 192-197.

[24] 郑建, 张军以, 邓广山. 贵州喀斯特山区农村可持续发展模式初探. 广东农业科学, 2013, 19: 222-224.

[25] 刘彦随, 邓旭升, 胡业翠. 广西喀斯特山区土地石漠化与扶贫开发探析. 山地学报, 2006, 24 (2): 228-233.

第3章 | 乡村聚落演变与格局优化的基础理论

我国乡村聚落研究复兴30多年以来，无论是在基础理论和方法论上，还是在研究内容的广度和深度上都有了明显发展，研究内容逐步由聚落实体空间向经济、社会等非实体空间拓展，研究深度逐步由对乡村聚落的类型、形态等的研究转向乡村聚落的演变及其驱动机制的研究[1]。当前的乡村聚落逐渐重视对城镇化、旅游开发、社会结构、经济发展、生活质量等非自然影响因素的研究；注重乡村聚落中人地关系的研究，从被动地解释人地关系发展为主动协调人地关系，更加强调乡村聚落的和谐发展与科学发展。本章将对其中的理论研究进展进行梳理与总结。

3.1 聚落演变理论

3.1.1 生命周期理论

生命周期理论指客观事物像生物一样经历诞生、成长、成熟、衰退到灭亡的过程，应用这一理论可以对事物的未来发展做出预测，并可以通过生命周期曲线来描述其发展过程。有研究者认为农户生命周期模型可作为人口环境效应研究的一种方法[2]，乡村景观格局演变周期的预测方法可以为未来乡村景观规划提供参考[3]。

从生态学的角度看乡村聚落的组织功能结构，其也是自然—经济—社会复合系统的区域空间载体，同样存在产生、发展、演变或消亡的过程。乡村聚落景观格局演变同样具有这样一个周期，即乡村聚落景观格局的演变周期，分析乡村聚落景观格局的演变周期，根据生长曲线设置演变周期曲线，进而预测出乡村聚落景观格局在未来演变过程中的变化量。周国华等将农村聚居演变的一般过程划分为初期阶段、过渡阶段、发展阶段和成熟阶段[4]；刘彦随等认为，乡村地域演化符合生命周期演进规律，农村空心化将经历出现、成长、兴盛、稳定和衰退（转型）等阶段[5]；张甜等认为，如果从恢复力视角理解该生命周期，则恢复力所驱动的适应性循环包含的开发、保护、释放、更新4个阶段恰恰也可以构成类似的循环：①在地区发展初期，伴随着乡村的开发，聚落开始逐渐扩展，乡村人口逐渐增长，而路网密度的增大加速了村落居民与外界的交流，乡村社会网络的开放程度随之上升。②由于城市发展速度快于乡村，城乡差距不断加大，乡村经济对居民的吸引力逐步下降，形成了对乡土中国传统文化的沿袭和保护。③随着城市化过程的持续，乡村劳动力大量迁出，聚落空心化现象日益明显，部分质量较低的耕地因不便机械化耕作而被撂荒。④在大量人口迁居城镇后，村镇体系规划和土地整治工程使乡村空间得以重组[6]。

3.1.2 生态位理论

乡村聚落的形成、发展、扩展、变迁发展存在于环境之中，两者存在紧密的互动关系，由此也就衍生出一定的关系状态，这种关系状态被称作乡村聚落的生态位。乡村聚落生态位包含了乡村聚落向人类提供的或可被利用的自然因素（如地质、地貌、气候、水文等）和经济社会因素（如生产条件、生活条件以及各种社会关系）的总和。生态位理论能够较好地反映乡村聚落生态关系的持续变动，其在解释乡村聚落这一自然、社会和经济复杂系统中各组成部分的地位、作用以及系统空间演化与动力机制方面具有一定的理论和现实意义[7]。

已有研究表明，在全国尺度上乡村聚落的局部空间结构表现出明显的宏观地理格局，气候、地形等宏观环境要素可以较好地解释聚落密度、聚落间最近邻体距离以及基于聚落点生成的泰森多边形的地理格局[8]；高程、坡度和坡向这 3 类地形因子对山地聚落生态位的大小、形状和空间分布起着重要的影响作用[9]；乡村聚落的空间分布呈现出一定的交通指向、中心地指向、耕地资源禀赋指向、环境宜居地域指向等指向性特征[10]；交通便利性和个体价值成为左右近年空间组织的主要因素[11]。

3.1.3 人地关系理论

聚落根植于当地的自然地理和社会文化中，其空间演变与发展规律带有强烈的地域特点。总体上，乡村聚落的空间结构受到土地资源供给量与土地利用的难易程度（地形限制）共同影响，反映了宏观尺度上的人地关系规律[12]。聚落作为人类利用自然环境的直接反映，其形成、演变遵循着聚落变迁和人地关系的客观规律，在多种因素作用下不断演变[13]。乡村聚落是人类适应、利用自然的产物，一方面乡村聚落以新的物质体系融合在自然环境中，对环境系统发生作用；另一方面，聚落的内部结构和外部形态也都深深打上了自然条件的烙印。

深刻理解乡村聚落空间结构及其动态变化有助于因地制宜构建高效、可持续的新型农业与人地关系。从长时间角度来看，自然因素和经济社会发展状况共同作用于乡村聚落。自然环境的影响程度在逐渐下降，近邻发达区、交通便利区、环境优美区是聚落选址的重要取向[14]。人地互动是乡村聚落演变的根本因素，它存在于乡村聚落形成、发展、停滞、转型的各个阶段。现阶段人地互动正在发生变化，乡村聚落面临转型，当人地互动趋于平衡时就会形成新的村地关系和空间形态[15]。随着中国城市化速度的不断加快，越来越多的人口向城市迁移，传统乡村聚落逐渐消亡而新型的乡村聚落系统正逐渐产生。因此，在社会主义新农村建设与美丽乡村建设中需要尊重长期人地关系演化形成的历史格局。构建以耕地为主导的农用地调控途径、以农村居民点为主导的建设用地调控途径和以林、园、水域、未利用地为主导的生态用地调控途径，推进土地利用转型与乡村转型协调发展，正是实现人地关系系统沿正向反馈调控的科学选择[16]。

3.2　聚落空间优化与重构理论

3.2.1　"三生空间"理论

生产空间、生活空间、生态空间（简称"三生空间"）相互影响、相互制衡构成整体性的存在。从功能视角和资源要素视角看，乡村聚落的"三生空间"是以建筑物为核心的生活空间，以耕地、园地为主体的生产空间，以林地、草原、河流、山岭等为骨架的生态空间。其中，生活空间具有面积小、海拔低、自然条件好等特点，生产空间更多是半人工生态系统或半自然生态系统，生态空间更多是自然生态系统，表现为典型的天然林、天然草地、天然河流、天然湖泊等[17]。乡村聚落的演变过程，同时也是"三生空间"的空间重构过程。例如，旅游乡村聚落的演变过程中，传统乡村生产生活空间逐步减少，生活—生产和生态—生产复合新型功能空间逐步增加，具体表现为生产空间由村外向村内转型发展，生活空间由分散到集聚的立体扩展，生态空间由斑块分割向整体利用的全面扩展[18]。

优化乡村聚落生产空间、生活空间和生态空间格局是新的发展阶段，是加快乡村生态文明建设和推进乡村新型城镇化进程的重要途径。而"三生空间"优化的关键在于生态空间、生产空间和生活空间的数量配比与空间配置。土地整治作为改变土地利用方式的重要途径，与农村"三生空间"重构存在耦合关系[19]。

3.2.2　共生理论

乡村聚落在某种程度上是农户依据村域环境、政策环境、农户条件等多方博弈后，自身需求与意愿在村域空间上的一种表达，通常被视为一个具有生命基本特征（如新陈代谢等）的有机生命体。为此，有研究者将共生理论引入农村居民点空间重构，构建农村居民点空间重构共生系统，以互惠共生模式为进化的理想状态和最终目标[20]。根据此理论，按照"同类农户资源共享，异类农户资源互补"原则、传统邻里关系回归原则和自然环境、人文环境和人工环境协调的原则，协调共生单元、强化共生界面、完善共生环境和优化共生模式。基于共生策略的农村居民点空间重构既能确保农村居民点的互联互通，又能尊重农户主体地位，实现村域"资源共享、环境共建"，发挥村域资源优势，提高农村居民点利用效率。

3.2.3　RROD 空间结构优化模式理论

有研究者提炼出一种乡村聚居空间结构优化模式——乡村公路导向发展模式（rural road-oriented development model，RROD）。RROD 模式是一种支持乡村聚居适度集中，以解决分散化发展所带来的种种负面影响，并能有效提升乡村聚居质量的新型发展模式[21]。

同时，也有研究者引入"生活质量理论"，从乡村聚落空间功能整合、空间结构优化、空间尺度调控 3 个方面研究乡村聚落空间优化问题，通过聚居区位转换与聚落职能调整，移拆部分衰落村落，保留部分一般村落，扩大部分重点村落，新建部分新型村落，形成"综合村——一般村—特色村"的功能结构等级，构建以乡村公路为链接的聚落体系空间组织模式[22]，试图形成一种有效提高生活质量的乡村聚落空间优化框架与模式，为中国乡村地域空间整合提供新的思路。

3.3 本章小结

当前我国有关乡村聚落的研究大部分是以具体的实证分析为主，仍缺乏深层次理论总结。本章对近年来的理论研究进展，如生命周期理论、生态位理论、人地关系理论、"三生空间"理论、共生理论和 RROD 空间结构优化模式理论做了简要总结。

参 考 文 献

[1] 肖路遥，周国华，唐承丽，等. 改革开放以来我国乡村聚落研究述评. 西部人居环境学刊，2016，31（6）：79-85.

[2] Perz S G. Household demographic factors as life cycle determinants of land use in the Amazon. Population Research and Policy Review, 2001, 20：159-186.

[3] 季翔，刘黎明，李洪庆. 基于生命周期的乡村景观格局演变的预测方法——以湖南省金井镇为例. 应用生态学报，2014，25（11）：3270-3278.

[4] Zhou G H, He Y H, Tang C L, et al. Dynamic mechanism and present situation of rural settlement evolution in China. Acta Geographica Sinica, 2013, 23 (3)：513-524.

[5] 刘彦随，刘玉，翟荣新. 中国农村空心化的地理学研究与整治实践. 地理学报，2009，64（10）：1193-1202.

[6] 张甜，刘焱序，王仰麟. 恢复力视角下的乡村空间演变与重构. 生态学报，2017，37（7）：2147-2157.

[7] 李君，陈长瑶. 生态位理论视角在乡村聚落发展中的应用. 生态经济，2010，(5)：29-33.

[8] 陶婷婷，杨洛君，马浩之，等. 中国农村聚落的空间格局及其宏观影响因子. 生态学杂志，2017，36（5）：1357-1363.

[9] 刘延国，廖彦淞，黄成敏，等. 山地县域聚落生态位分布特征及其与地形因子的关系——以岷江上游为例. 湖南师范大学自然科学学报，2017，40（1）：17-25.

[10] 杨忍，刘彦随，龙花楼，等. 基于格网的农村居民点用地时空特征及空间指向性的地理要素识别——以环渤海地区为例. 地理研究，2015，34（6）：1077-1087.

[11] 杜佳，华晨，余压芳. 传统乡村聚落空间形态及演变研究——以黔中屯堡聚落为例. 城市发展研究，2017，24（2）：47-53.

[12] 陶婷婷，杨洛君，马浩之，等. 中国农村聚落的空间格局及其宏观影响因子. 生态学杂志，2017，36（5）：1357-1363.

[13] 海贝贝，李小建. 1990 年以来我国乡村聚落空间特征研究评述. 河南大学学报（自然科学版），2013，43（6）：635-642.

[14] 娄帆，李小建，陈晓燕. 平原和山区县域聚落空间演变对比分析——以河南省延津县和宝丰县为例. 经济地理，2017，34（4）：158-166.

[15] 金日学，周博生. 从人地互动角度分析苏北地区乡村聚落的演变. 小城镇建设，2016，9：75-80.

[16] 信桂新，杨朝现，魏朝富，等. 人地协调的土地整治模式与实践. 农业工程学报，2015，31（19）：262-275.

[17] 沈茂英. 山区农户"生产–生活–生态"空间及其生计配置研究——以岷江上游大寨乡为例. 决策咨询，2017，（7）：65-69.

[18] 席建超，王首琨，张瑞英. 旅游乡村聚落"生产–生活–生态"空间重构与优化——河北野三坡旅游区苟各庄村的案例实证. 自然资源学报，2016，31（3）：425-435.

[19] 于辰，王占岐，杨俊，等. 土地整治与农村"三生"空间重构的耦合关系. 江苏农业科学，2015，43（7）：447-451.

[20] 王成，费智慧，叶琴丽，等. 基于共生理论的村域尺度下农村居民点空间重构策略与实现. 农业工程学报，2014，30（3）：205-214.

[21] 贺艳华，唐承丽，周国华，等. 论乡村聚居空间结构优化模式——RROD模式. 地理研究，2014，33（9）：1716-1727.

[22] 唐承丽，贺艳华，周国华，等. 基于生活质量导向的乡村聚落空间优化研究. 地理学报，2014，69（10）：1459-1472.

| 第4章 | 岩溶山地聚落分布格局与聚落类型

近年来，对不同地貌类型、不同社会经济背景中的聚落分布格局与演变进行的研究比较多。例如，对中国乡村聚落的密度、大小、空间分布特征和地理环境参数的关系的分析，发现相对于城市面积来讲，聚落受地形和气候的影响更大[1]；张霞等发现地形地貌是构成农村居民点分布格局的基础框架，并制约着农村居民点用地、规模、形状和分布特征[2]。在江苏省，聚落整体分布与地貌类型具有较高的相关性[3]；苏州市郊的村镇分布具有明显的水乡特征，河流、湖泊对它们的形态、规模和发展有深刻影响，但近十几年来这一控制因素逐渐被公路所取代[4]；在江汉平原，村落格局与微地形结构在空间上的相关性较好地体现了人类活动与洪涝等自然灾害间的相互作用[5]；在黄土丘陵沟壑区，乡村聚落分布和演变具有明显的环境指向性[6]；闫卫坡等对山区聚落生态位地域边界的划分方法进行了研究[7]。对影响乡村聚落的社会经济背景研究发现，从近郊到农村腹地土地利用结构差异明显，一些乡村居民点的非农业功能和城市服务功能增加[8]，受城市压力影响的乡村地区面临着发展区扩展和耕地保护这一逐渐增长的冲突[9]。但对乡村聚落的研究总体来看，基于利益相关与互动关系的农村聚居的空间格局过程与机理研究相对缺乏[10]。

贵州省自然环境和社会经济条件空间差异较大，不同的地形地貌和社会经济发展水平下，聚落的格局演变及其影响因素差异明显[11]。深入认识岩溶山地乡村聚落的空间分布、类型，对岩溶山地的新农村建设和生态环境保护具有重要意义。本章旨在探索岩溶山地聚落空间分布格局及聚落类型特征的一般特点。

4.1 岩溶山地不同地貌类型中聚落分布格局的一般特点

乡村聚落是历史上长期形成的，各地乡村聚落的规模、密度与分布因自然条件、社会经济条件、历史发展以及与生活习惯等的不同而有明显差异，它是多种因素综合的产物。聚落的分布往往与特定资源（如水、土、森林或交通要道等）的组合有关。在不同的岩溶地貌类型中，如在各种单一的初级地貌形态中，峰丛洼地、岩溶丘陵、岩溶槽谷、岩溶（谷地）坝子、岩溶峡谷等地貌类型，水、土等资源的数量和质量及其空间组合差异很大，由此往往形成不同的聚落格局。上述初级地貌形态可以形成不同的组合，导致聚落的某些分布格局图式可以在空间重复出现。聚落的分布格局也间接限制了人类活动范围和强度，形成不同的人地耦合关系，当这种关系紧张时，就产生了不同的生态退化（石漠化）格局。因此，有必要研究不同地貌类型中聚落的分布模式。

喀斯特地貌类型有溶丘、盆谷、洼地（坝子）、峰丛槽谷、峰丛洼地和峡谷等，其中洼地、峰丛槽谷和峰丛洼地在空间上往往重复更替分布。这些地貌类型，"正""负"地形比例不一。盆地、洼地、谷地属"负向地形"，它们在土层厚度、水分、肥力等多方面与"正向地形"峰丛、峰林等大为不同，农业生产条件较好，为主要的农耕地。峰丛洼地起伏大，坡度陡，"负荷地形"比例少且往往土层浅薄、适耕地少而分散，多为耕作条件较差的低产田土，除不利于农业生产外，也阻碍交通发展等。据峰丛洼地石山土地类型测算，单位面积上可耕地比例仅占 0.2 ~ 0.3，难利用的石质山地比例可达 0.5 以上，其人口密度为 52 ~ 100 人/km²，是贵州省人口密度较低的地区[12]。

4.1.1　四周浅丘平坝环绕型峰丛洼地群

此种地貌组合类型中，聚落主要在峰丛洼地群四周的浅丘平坝中呈近环带状分布（图4.1）。中部峰丛洼地群村落数量少、规模小，呈低密度散点型分布，近年来农户正逐渐向外（峰丛洼地群边缘）迁移。此种地貌与聚落格局主要分布在贵州省中部高原面，如普定县后寨河流域上游。

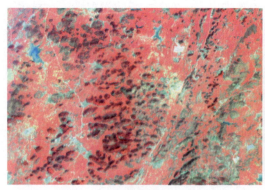

(a)影像特征　　　　　　　　(b)实地照片

图4.1　浅丘平坝环绕型峰丛洼地群聚落分布

4.1.2　连续分布的封闭型峰丛洼地

典型的峰丛深洼地呈同心环带状景观：中心一般有小块田地，边缘缓坡有少量坡耕地和灌木林呈插花分布，外围多为植被稀矮的灌草丛石山（图4.2）。从一个洼地到另一洼地必须翻过洼地间高达几十或上百米的垭口，仅有山间小路相通，相互联系和运输极为困难。此种喀斯特地貌类型中，耕地资源匮乏，如荔波县瑶山乡，该地区土地类型以大面积的峰丛（约90%）和散布其间的洼地/谷地（约10%）组成，峰丛坡度多在35°~40°，高差150~300m，基岩裸露率为70%~90%，土地覆被不连续，基本不宜耕；洼地/谷地分布离散，是主要耕地所在[13]。只有当峰丛洼地底部的面积较大，能够形成足够的耕地资源时，才有零星的、规模较小的聚落分布，居民点接近洼地底部形成低密度散点型聚落形式。此种聚落分布模式中，耕地资源是关键性的限制因素。此种地貌与聚落格局主要分布在贵州省南部向广西过渡的斜坡地带。总体来看，此种地貌中，聚落的分布具有如下特点[14]：①聚落点多分布在洼内（图4.2中洼地包括平底和边坡）；②聚落点分布不均且总体较分散，但有些洼内有密集趋势；③聚落点几乎全部分布在较大洼地中，洼地面积对于有无聚落点分布似乎有一下限。

(a) 紫云宗地乡   (b) 罗甸平岩乡   (c) 茂兰自然保护区缓冲区

图4.2 封闭型峰丛洼地中的聚落

4.1.3 开口型峰丛洼地

此种地貌类型土地资源较丰富，村落在峰丛洼地的开口端呈团簇型集中分布，往往形成较大型的聚落。洼地是支撑聚落存在的土地资源基础，因而在峰丛集中连片地区，无聚落分布。此种地貌与聚落格局主要分布在贵州省中部高原面，如清镇市簸箩村王家寨（图4.3）。

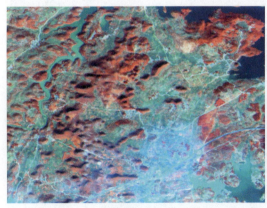

(a)影像特征   (b)实地照片

图4.3 清镇市簸箩村王家寨

4.1.4 峰丛洼地、峰丛谷地和坝子空间组合型

此种地貌类型聚落只在槽谷和坝子里集中分布，形成彼此相连的较大聚落斑块，呈条带状（图4.4，图4.5）；而峰丛洼地区由于交通不便和土地资源有限，聚落分布规模小或无聚落分布。

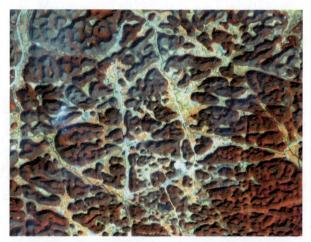

图4.4 独山县南部峰丛-洼地-谷地-槽谷组合型

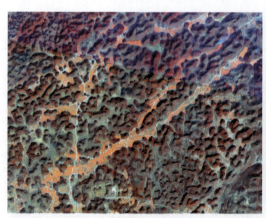

(a)影像特征

(b)实地照片(Ⅰ)

(c)实地照片(Ⅱ)

图4.5 安龙峰丛洼地-谷地组合型聚落分布

4.1.5 岩溶峡谷

此种地貌类型中自然环境恶劣,坡地多,平缓地少,耕地比例很小且多为土层浅薄、干燥的低产旱地,耕地资源有限,聚落斑块总体呈低密度散点型分布,仅沿公路等呈断续的条带状分布,村落规模小,人口少。因土地承载力有限,人地关系紧张,往往形成严重的石漠化。贞丰花江峡谷区即是此种类型的典型代表(图4.6)。

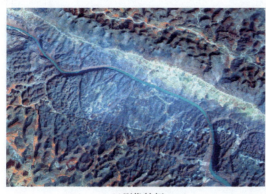 

(a)影像特征   (b)实地照片

图4.6 贞丰花江峡谷区岩溶峡谷组合型聚落分布

4.2 岩溶山地聚落空间分布格局案例研究

4.2.1 研究区概况

后寨河位于贵州省中部高原面,为长江流域和珠江流域的分水岭地区,属于普定县,包括马官、余官、打油寨、陈旗堡、赵家田、下坝、白旗堡等行政村,面积为 62.7km^2。研究区中部为峰丛洼地,四周为浅丘平坝和沟谷环绕,是黔中高原的代表性喀斯特组合地貌。

4.2.2 数据来源

基础数据包括1963年和1978年航片(1m分辨率)、2004年SPOT影像(2.5m分辨率)、2010年ALOS影像(2.5m分辨率)和2015年资源卫星3号高分影像(2.5m分辨率)。依据这5期高分辨率影像,结合实地调查,提取研究区不同时期聚落的时空分布(图4.7)。研究区的聚落斑块数从1963年的89个增加到2015年的819个。需要说明的是,研究区1978年和2004年的两期数据间隔时间较长,但研究区位于西部不发达地区,乡村聚落的迅速变化发生在21世纪前十年的中后期,所以不会对研究结果产生影响。

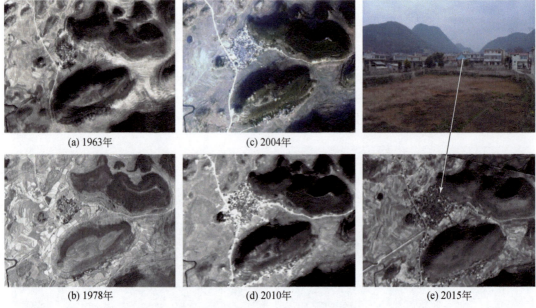

图 4.7　研究区下坝村聚落遥感影像

4.2.3　指标计算

选用平均最邻近指数 R 表征聚落用地总体聚散程度。通过测量每个聚落质心与其最邻近的聚落质心点之间的平均距离，并将该距离值与假设随机分布的期望平均距离进行对比，进而判断聚落空间分布是否集聚[16]。利用 Fragstats 4.2 软件中的移动窗口法（500m×500m），计算研究区 5 个时期乡村聚落的斑块密度和单位面积聚落占地比例，以反映研究区聚落的空间分布模式。

4.2.4　研究区聚落用地分布模式

研究区聚落平均最邻近指数值在 5 个时期段都小于 1（表 4.1），且 1963～2010 年基本是逐年下降，说明研究区聚落总体呈集聚分布特征，且集聚程度不断加强；2015 年因聚落扩展，平均最邻近指数上升，聚落集聚程度有所减弱；标准化 Z 值均小于−1.96，说明研究区聚落分布态势与随机模式差异较为显著。

表 4.1　乡村聚落分布的 ANN 分析结果

指标	1963 年	1978 年	2004 年	2010 年	2015 年
最邻近点平均观测距离	256.80	123.43	87.13	82.64	64.74
最邻近点平均期望距离	402.88	276.76	201.93	193.72	145.42

指标	1963 年	1978 年	2004 年	2010 年	2015 年
平均最邻近指数 R	0.64	0.44	0.43	0.43	0.45
标准化 Z	−6.544	−14.18	−20.49	−23.30	−31.22
P	0	0	0	0	0

从图 4.8、图 4.9 中可以看出，1963~2015 年，研究区聚落斑块密度明显增加，集中在西部的马官到县城的公路沿线、东北部的打油寨—白旗—新寨以及东南部的磨盘山—余官一线。其原因在于 40 余年间，原来的老聚落不断衍生出新的聚落斑块，此种现象在 2010 年后尤其明显。在聚落斑块密度增加的同时，聚落占地面积也在增加，1963 年聚落占微观空间单元（500m×500m）的比例最高为 29.066%，到 2015 年为 78.316%。从空间分布来看，研究区聚落总体呈"外密中疏"的空间特征，环绕中部峰丛洼地分布，1963~2015 年，这一空间格局不断强化。

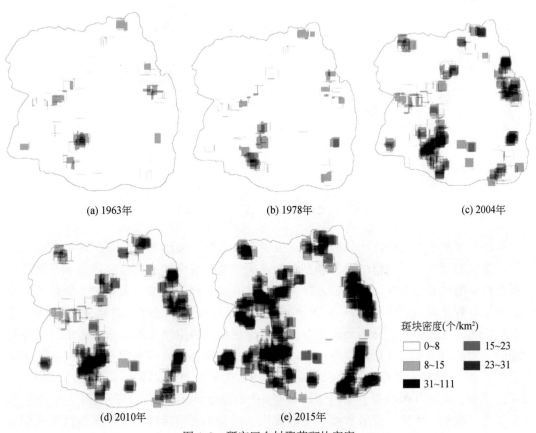

(a) 1963年   (b) 1978年   (c) 2004年

(d) 2010年   (e) 2015年

斑块密度(个/km²)
- 0~8
- 8~15
- 15~23
- 23~31
- 31~111

图 4.8　研究区乡村聚落斑块密度

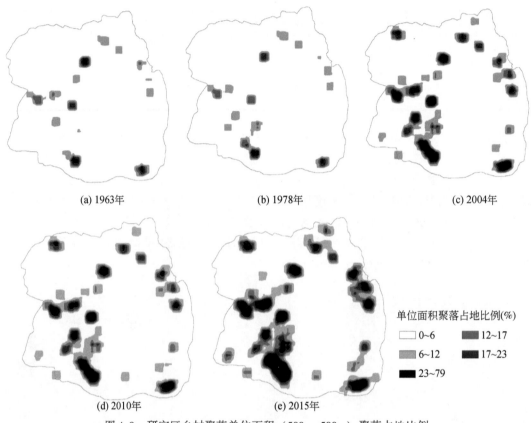

(a) 1963年   (b) 1978年   (c) 2004年

(d) 2010年   (e) 2015年

单位面积聚落占地比例(%)

- 0~6
- 6~12
- 12~17
- 17~23
- 23~79

图 4.9   研究区乡村聚落单位面积（500m×500m）聚落占地比例

4.3   岩溶山地聚落类型

郭晓东等基于 GIS 与统计分析方法，依据聚落形态、地形特征、聚落规模和现状经济特征等因素划分乡村聚落的具体类型，发现大中型、集聚型、商品经济型和半商品经济型乡村聚落主要分布在河谷川道地区，经济发展水平相对较高，而小型、分散型、传统农业型和劳务输出型乡村聚落主要分布在黄土丘陵山区，经济相对落后[17]。吴秀芹等主要以居民点为中心，分析居民点与其周边土地利用的空间构型，重点考虑居民点与沙地的空间位置关系，在聚落类型抽象的基础上，根据其周边的土地格局，提取沙区聚落的模式[18]。谭雪兰等将长沙市农村居民点划分为低密度散点型、低密度团簇型、中密度团簇型、高密度团簇型、中密度团块型、中密度条带型、高密度条带型 7 种[19]。朱文孝等选择地貌、水文、开放程度和村落规模，把贵州省喀斯特山区乡村地域类型划分为河谷盆地丰水开放集中型、丘陵洼地枯水半开放分散型、峰丛洼地缺水封闭孤立型等（以乡村为对象）17 个主要类型[20]，这个分类方案中，喀斯特地貌类型是划分的主导标志。赵星将贵州省喀斯特聚落文化类型划分为谷地聚落、半坡村聚落、溪边村聚落、丘原区聚落、洞穴聚落和屯堡聚落等[21]。

综上所述,对聚落进行类型划分主要从两方面入手:一是主要考虑聚落的自身特征进行分类;二是主要考虑聚落的外部环境进行分类。

西南岩溶山地乡村聚落,地区之间有明显差异,聚落类型的差异实际上就是岩溶山地土地承载力和人地关系差异的反映。对岩溶山地聚落类型划分的目的在于揭示喀斯特山地聚落的差异特征、分布规律和影响因素,为协调喀斯特山地人地关系、优化聚落空间格局、改善生态环境和实现土地资源可持续利用提供科学依据。本节以贵州省普定县后寨河地区、茂兰自然保护区、花江峡谷区和王家寨地区为例,主要考虑聚落所处的外部条件对岩溶山地聚落的类型划分进行深入探讨。

4.3.1 研究方法

根据地貌类型、土地利用特征、规模大小、聚落形态、可达性、土地资源丰富程度、生态退化程度、经济条件等各指标,可对聚落类型进行单指标分类和综合分类。考虑到岩溶生态环境非常脆弱,受自然条件限制的程度相对较大,本节针对峰丛洼地等岩溶山地的乡村聚落类型进行划分,选择耕地丰富程度、生态退化程度和可达性进行分类(表4.2)。具体划分时,分析有聚落分布的峰丛洼地的耕地丰富程度、生态退化程度和可达性,对聚落的类型进行综合划分,这个分类根据聚落周边的人居环境质量对聚落类型进行划分,反映聚落斑块与周边土地利用、生态的空间关系,实际上是聚落的生态位分类。

表 4.2 聚落类型划分评价指标体系

评价指标		类型划分		
一级指标	二级指标	1	2	3
耕地丰富程度	峰丛洼地的聚耕比	耕地丰富型聚落 (1)	耕地一般型聚落 (2)	耕地缺乏型聚落 (3)
生态退化程度	生态退化	生态无退化型聚落 (1)	生态中度退化型聚落 (2)	生态强度退化型聚落 (3)
可达性	道路等级	开放 (1)	半开放 (2)	封闭 (3)

表4.2的3个指标组合理论上有27种类型,本节根据各聚落3个指标的综合评价进行组合类型划分和命名,结合岩溶山地的实际情况,将岩溶山地聚落类型划分为以下9种主要类型:①耕地丰富型无退化开放性村落(111);②耕地丰富型无退化半开放性村落(112);③耕地丰富型无退化封闭性村落(113);④耕地一般型生态中度退化通达性村落(221);⑤耕地一般型生态中度退化半开放性村落(222);⑥耕地一般型生态中度退化封闭性村落(223);⑦耕地缺乏型石漠化型退化通达性村落(311);⑧耕地缺乏型石漠化型退化半开放性村落(332);⑨耕地缺乏型石漠化型退化封闭性村落(313)。

4.3.2 案例研究

根据表4.2，把后寨河地区、茂兰自然保护区、花江峡谷区、王家寨地区的聚落分成9种类型，并进一步揭示其空间分布（图4.10、图4.11）。后寨河地区聚落以耕地丰富型无退化开放性村落、耕地丰富型无退化半开放性村落、耕地一般型生态中度退化开放性村落、耕地一般型生态中度退化半开放性村落为主；茂兰自然保护区聚落往往耕地资源比较

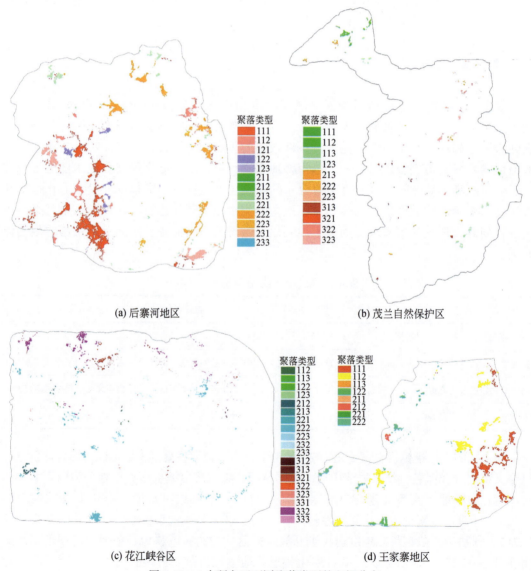

(a) 后寨河地区   (b) 茂兰自然保护区

(c) 花江峡谷区   (d) 王家寨地区

图4.10 4个研究区不同聚落类型的空间分布

注：聚落类型代码含义见表4.2

丰富而通达性差；花江峡谷区聚落类型以耕地一般型生态中度退化半开放性村落、耕地一般型生态中度退化封闭性村落和耕地缺乏型石漠化型退化半开放性村落为主；王家寨地区聚落类型以耕地丰富型无退化开放性村落、耕地丰富型无退化半开放性村落为主。4个研究区聚落类型的差异，实际上是4个研究区自然环境和社会环境差异所决定的人地关系适应性多元演化。

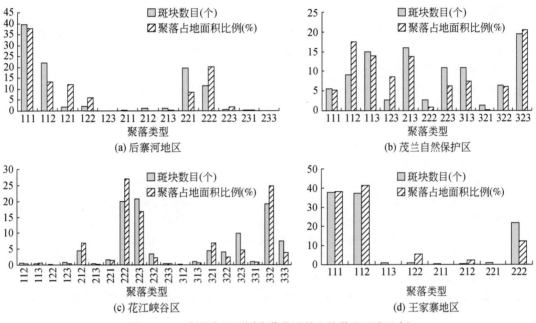

图4.11 4个研究区不同聚落类型的斑块数和面积比例

注：聚落类型代码含义见表4.2

4.4 本章小结

本章探讨了岩溶山地不同地貌类型中聚落分布格局的一般特点，并以普定县后寨河地区为例，进行了岩溶山地聚落分布格局案例研究。以普定县后寨河地区、茂兰自然保护区、花江峡谷区和王家寨地区为例，对其乡村聚落类型和空间分布格局进行了研究。

参 考 文 献

[1] Tian G J, Qiao Z, Zhang Y Q. The investigation of relationship between rural settlement density, size, spatial distribution and its geophysical parameters of China using Landsat TM images. Ecological Modelling, 2012, 231: 25-36.

[2] 张霞, 魏朝富, 倪九派, 等. 重庆市低山丘陵区农村居民点分布格局及其影响因素. 中国农业资源与区划. 2012, 33 (3): 45-57.

[3] 马晓冬, 李全林, 沈一. 江苏省乡村聚落的形态分异及地域类型. 地理学报, 2012, 67 (4): 516-525.

[4] 王跃，陈亚莉. 苏州城郊村镇分布特征. 地理学报，2005，60（2）：229-236.

[5] 肖飞，杜耘，凌峰. 江汉平原村落空间分布与微地形结构关系探讨. 地理研究，2012，31（10）：1785-1792.

[6] 马利邦，郭晓东，张启媛. 甘谷县乡村聚落时空布局特征及格局优化. 农业工程学报，2012，28（13）：217-225.

[7] 闫卫坡，王青，郭亚琳，等. 岷江上游山区聚落生态位地域边界划分与垂直分异分析. 生态与农村环境学报，2013，29（5）：572-576.

[8] Zhu F K, Zhang F R, Li C, et al. Functional transition of the rural settlement：Analysis of land-use differentiation in a transect of Beijing, China. Habitat International, 2014, 41：262-271.

[9] Tan M H, Li X B. The changing settlements in rural areas under urban pressure in China：Patterns, driving forces and policy implications. Landscape and Urban Planning, 2013, 120：170-177.

[10] 曾山山，周国华，肖国珍，等. 地理学视角下的国内农村聚居研究综述. 人文地理，2011，2：68-73.

[11] 罗光杰，李阳兵，王世杰，等. 岩溶山区聚落分布格局与演变分析——以普定县后寨河地区为例. 长江流域资源与环境，2010，19（7）：802-807.

[12] 杨明德. 论喀斯特环境的脆弱性. 云南地理环境研究，1990，2（1）：21-29.

[13] 安裕伦. 贵州峰丛喀斯特多民族山区人地关系的思考. 贵州师范大学学报（自然科学版），2000，18（3）：8-12，51.

[14] 谭明. 贵州喀斯特洼地经济的优化问题. 经济地理，1989，9（3）：209-211.

[15] 李阳兵，罗光杰，邵景安，等. 岩溶山地聚落人口空间分布与演化模式. 地理学报，2012，67（12）：1646-1654.

[16] 王曼曼，吴秀芹，吴斌，等. 盐池北部风沙区乡村聚落空间格局演变分析. 农业工程学报，2016，32（8）：260-271.

[17] 郭晓东，马利邦，张启媛，等. 陇中黄土丘陵区乡村聚落空间分布特征及其基本类型分析——以甘肃省秦安县为例. 地理科学，2013，33（1）：45-51.

[18] 吴秀芹，张艺潇，吴斌，等. 沙区聚落模式及人居环境质量评价研究——以宁夏盐池县北部风沙区为例. 地理研究，2010，29（9）：1683-1694.

[19] 谭雪兰，刘卓，贺艳华，等. 江南丘陵区农村居民点地域分异特征及类型划分——以长沙市为例. 地理研究，2015，34（11）：2144-2154.

[20] 朱文孝，苏维词，李坡. 贵州喀斯特山区乡村分布特征及其地域类型划分. 贵州科学，1999，17（2）：120-126.

[21] 赵星. 贵州喀斯特聚落文化类型及其特征研究. 中国岩溶，2010，29（4）：457-462.

| 第5章 | 岩溶山地聚落格局演变

喀斯特地貌类型及其空间组合复杂多样，研究分布其中的聚落格局演变特征有助于了解不同喀斯特地貌环境的人-地相互作用关系。本章利用 GIS 空间分析技术，研究经济欠发达的岩溶山区乡村聚落的空间聚集有助于我们了解聚落格局与环境的关系，对探索如何实现岩溶石漠化山区的可持续发展也有重要的参考价值。因此，本章研究利用高分辨率的航片和 SPOT 卫星影像，以红枫湖西侧的王家寨地区、普定县的后寨河地区、茂兰自然保护区等为例，研究 1963～2015 年岩溶山地不同地貌组合类型中乡村聚落的空间聚集特征与演变规律的特殊性，揭示其影响因素，为乡村聚落的空间格局优化提供理论依据。

5.1 王家寨地区聚落格局演变

乡村聚落是人类生产和生活的主要场所，是人类活动强度的空间表现[1]。其空间分布是自然、社会、经济及历史发展等多要素的综合反映，影响着区域的社会经济发展。乡村聚落时空格局演变是聚落规模、位置和形态在时间和空间上的变化，这种变化与一定时期的社会生产力和当时人们对自然的控制能力相适应[2]。分析研究聚落空间聚集特征及其周围的生态环境状况，可揭示人类活动与聚落生态环境的相互关系，是探讨生态脆弱地区生态环境重建的重要途径[3]。马晓冬等运用探索性空间数据分析、空间韵律测度等模型，定量分析了江苏省乡村聚落形态的空间分异特征，进一步划分了地域类型[4]；并从乡村的自然环境因素出发，对苏北地区、苏中地区乡村聚落的空间格局特征进行了初步的解释分析[5,6]。乡村聚落类型与聚落的空间分布特征密切相关且存在明显的对应关系[7]，乡村聚落的演变表现在数量增减、规模变化和空间演变 3 个方面且是一个统一的演变过程[8]，在综合区域环境影响下，农村经济社会发展水平的不断提高相应改变着总体农村居民点空间分布特征[9]。

岩溶地区独特的聚落是基于岩溶地貌环境而存在的，并因此表现出特定的空间结构，地形等自然环境条件是农村居民点空间格局的主要影响因素。总的来说，岩溶山地聚落分散，规模大小不等，聚落分布受耕地、地形地貌影响明显[10]。对岩溶山地聚落的研究可归纳为几个方面：①聚落类型划分。朱文孝等将喀斯特山区乡村划分为峰丛外地枯水半开放型、峰丛洼地缺水封闭孤立型等[11]；赵星划分了喀斯特聚落文化类型[12]。②聚落聚集程度研究。周晓芳等认为喀斯特农村地区聚落集聚程度可概括为：高原盆地区>高原山地区>高原峡谷区[13]。近年来随着聚落规模的扩大，聚落在局部区域有一定程度集聚，但地形的限制导致集聚的形式和集聚的程度有所差异[14]。③分布格局演变。从 20 世纪 50 年代至近些年，岩溶山地乡村聚落的分布发生了很大变化，相关学者从多个角度对岩溶山地农村居民点空间格局及其变化规律进行了探讨[15]，研究主要集中在聚落格局、聚落与人口耦合变化模式等方面[16]。④聚落生态效应研究[17]。当前研究不足之处是缺乏基于长时间序列高精度影像的聚落集聚规律与影响因素研究，对岩溶山地不同地貌类型中聚落分布与演变的内在机制缺乏进一步分析，以至于目前仍未能阐明岩溶地区土地利用与生态格局、生态退化和效应以及优化管理的关系。

5.1.1　研究区概况

研究区位于喀斯特高原区的清镇市簸箩乡，贵州省最大的人工湖——红枫湖北湖上游麦翁河东侧，面积约为 22.7km^2，地貌为典型喀斯特峰丛、丘陵谷地，海拔最高点为1452m，最低点为1242m（图5.1）。研究区地形分 4 部分：①西部河谷；②中部峰丛洼地（开口型）；③西部（南）溶蚀丘陵；④东部浅丘带坝地形。研究区多年平均降水量为1200mm，主要集中在 5～9 月。坝地以耕地为主；峰丛以灌木林和草地为主，且物种比较单一，乔木为村寨主要风水林。

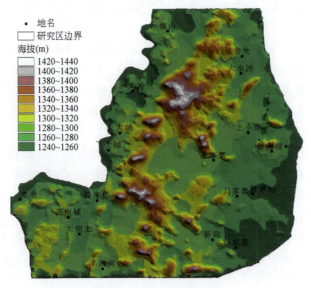

图5.1　研究区地貌示意图

5.1.2　数据来源与研究方法

1. 数据来源

基本数据源包括1963 年 1∶10 000 地形图，1973 年和1982 年分辨率为 1m 的航片，2005年的空间分辨率为 2.5m 的 SPOT5 影像和 2010 年的 ALOS 影像。对照 1∶10 000 地形图选取控制点，选用等积圆锥投影（Albers 投影）方式，参考吉拉索夫斯基椭球体，基准经线为

105°，基准纬线为 25°和 47°，利用 ENVI 软件进行精校正，校正误差小于半个像元以内。采用人机交互式方法提取各时期农村居民点的空间分布，经实地调查访问，确保数据精度达到 90% 以上。

2. 聚落等级划分

按研究区 1963 年聚落斑块平均面积为统一标准来划分聚落等级，将研究区各时期聚落按空间分布规模（占地面积）划分为大型、较大型、一般型和小型 4 个等级。具体划分如下

$$
\begin{cases}
\text{大型：} A_i \geqslant 2\bar{A} \\
\text{较大型：} \bar{A} \leqslant A_i < 2\bar{A} \\
\text{一般型：} \dfrac{1}{2}\bar{A} \leqslant A_i < \bar{A} \\
\text{小型：} A_i < \dfrac{1}{2}\bar{A}
\end{cases}
\tag{5.1}
$$

式中，A_i 为第 i 个聚落斑块的面积；$\bar{A}$ 为 1963 年聚落斑块平均面积。

5.1.3　结果分析

1. 研究区不同地形聚落的数量分布

研究区属丘陵洼地枯水半开放型[11]，聚落围绕中部的峰丛洼地分布，形成一种受地形控制较为分散的、断续的环状分布格局。其中，西部河谷聚落斑块数少，占研究区聚落总面积的比例较低，聚落分布在麦翁河谷阶地发育之处；西部溶蚀丘陵地形总体起伏不大，聚落围绕丘陵分布在坡中部与下部之间，很少占用地形平坦处的农田，该区聚落占研究区聚落总面积的比例为 20%～30%。研究区中部为开口型峰丛洼地，由一个大洼地和数个小洼地组成，洼地面向东侧开口，这些洼地中并没有聚落分布，聚落集中分布在洼地群东侧的开口处，其聚落面积在 1973 年、1982 年、2005 年略高于西部溶蚀丘陵区面积，在 2010 年低于西部溶蚀丘陵区面积。东部浅丘带坝区的聚落大部分分布在坡脚地形平坦的地方，聚落面积一直是研究区最高的，其聚落面积占研究区聚落总面积的比例呈先升后降的趋势，从 1963 年的 39.61% 上升到 1982 年的 64.17%，到 2010 年则下降到 44.93%（表 5.1）。

表 5.1　研究区不同地形的聚落分布

地形	1963 年		1973 年		1982 年		2005 年		2010 年	
	A	B	A	B	A	B	A	B	A	B
西部河谷	1.430	6.00	1.632	6.18	2.478	7.69	4.711	6.90	4.745	6.31
中部峰丛洼地	6.138	25.77	6.629	25.09	9.074	28.14	16.574	24.28	17.494	23.28

地形	1963 年		1973 年		1982 年		2005 年		2010 年	
	A	B	A	B	A	B	A	B	A	B
西部溶蚀丘陵	6.817	28.62	6.482	24.54	6.924	21.47	15.752	23.08	19.148	25.48
东部浅丘带坝	9.432	39.61	11.674	44.19	20.693	64.17	31.222	45.74	33.764	44.93
总计	23.817	100.00	26.417	100.00	39.169	121.47	68.259	100.00	75.151	100.00

注：A 为聚落面积（hm²）；B 为占研究区聚落总面积的比例（%）

2. 乡村聚落等级的空间聚集演变

研究区 1963～2010 年聚落斑块总数和大聚落斑块数增长明显，但在各地形区的空间差异明显（表5.2）。研究区 1963 年的两个大型聚落和 1973 年的 3 个大型聚落仅分布在中部峰丛洼地和东部浅丘带坝；1963 年和 1973 年研究区西部没有大型聚落，西部溶蚀丘陵在 1982 年出现 1 个大型聚落，西部河谷在 2005 年出现了两个大型聚落（图5.2）。西部溶蚀丘陵和东部浅丘带坝大型聚落数量在 2005 年明显增加，且沿道路沿线也形成了数量众多的小型聚落。中部峰丛洼地等级变化不大，表现为在大型聚落的周围新生了一些小型聚落。

表5.2 研究区不同时期各等级聚落斑块数

年份 地形 类型	1963				1973				1982				2005				2010			
	①	②	③	④	①	②	③	④	①	②	③	④	①	②	③	④	①	②	③	④
西部河谷			2			2	1				2		2			2	2			4
中部峰丛洼地	1	2		3	1	1	3	4	1	3		9	2	2	1	7	2	2	1	8
西部溶蚀丘陵	0	3	2	6	0	3	4	3	1	2	3	8	4	3	2	9	4	6	2	15
东部浅丘带坝	1	4	3	1	2	4		3	2	5	3	6	6	2	2	13	6	2	4	15
总计	2	9	7	10	3	10	8	10	4	12	6	25	14	7	5	31	14	10	7	42

注：①为大型聚落；②为较大型聚落；③为一般型聚落；④为小型聚落

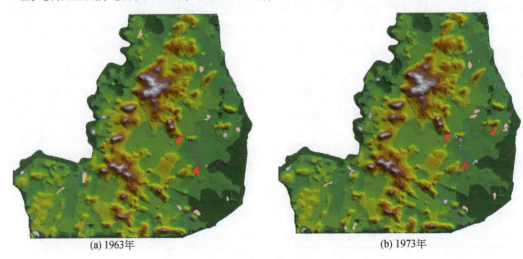

(a) 1963年　　　　　　　　　　　　　　　(b) 1973年

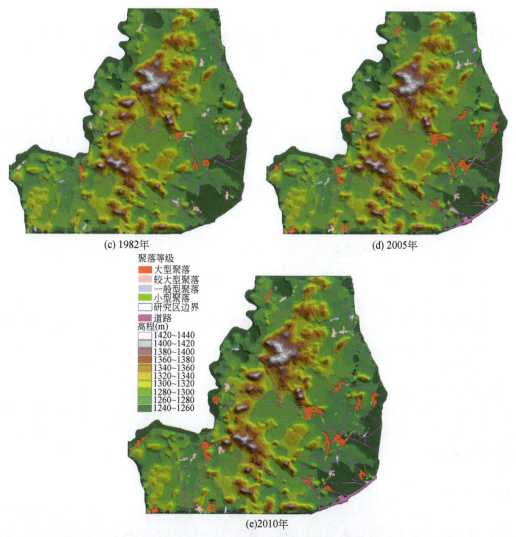

图 5.2　研究区不同时期各等级聚落斑块空间分布

1963～2010 年研究区大型聚落中，面积位居前三的依次是簸箩村聚落、王家寨聚落和骆家桥聚落，也就是说 1963～2010 年，在众多聚落中这 3 个聚落一直保持着规模优势，构成了研究区的中心聚落。原因主要有以下 3 点：①地形以起伏度小于 10 m 的区域为主；②周边耕地较多；③交通便利。

5.1.4　讨论

1. 研究区聚落分布的特殊性

地形对聚落分布有明显影响。在江汉平原，村落格局与微地形结构在空间上的相关性较好地体现了人类活动与洪涝等自然灾害间的相互作用[18]。在峰丛洼地聚落，与峰丛洼地土地生产能力相适应的人口聚落分布具有规模小、分散和难以变化的特点[19]，表现出高等级聚落较少，低等级聚落较多，往往形成"一洼一聚落"的分布格局[19]。

研究区位于黔中高原面上，是以1个大洼地为主的开口型峰丛洼地群，其地形起伏，耕地资源也不同于连片的峰丛洼地群，相应的聚落分布也对此做出响应：一是集中分布在洼地群东侧的开口处，二是集中分布在西南部的溶蚀丘陵，1963～2010年这两个区域聚落等级不断增长。在研究区的西北部，地势起伏相对较大，耕地资源较少，聚落不仅数量少，且发展缓慢。综上所述，典型的连片峰丛洼地，聚落往往分布在洼地中心，形成"一洼一聚落"的分布格局，而如研究区这样的典型开口型峰丛洼地，聚落往往分布在与周边地形的过渡部位。

2. 研究区聚落空间分布与聚落变化机制

研究区聚落总面积从1963年的23.817hm²增长到2010年的75.151 hm²，其中东部浅丘带坝区增长幅度居4个地形区之首，其次是西部溶蚀丘陵区。聚落发展以在原有聚落基础上扩展、合并为主要特征。这主要是由于其接近清镇市、贵阳市，受大城市的辐射带动，其良好的区位优势促进了这一地区聚落的快速发展。同时，由于该地区原有聚落布局相对合理，大型聚落的吸引力和聚集作用大，新生聚落多受原有大型聚落的吸引而分布在其周围，聚落主要发展方向表现为新生聚落与原有聚落的合并[15]。但在同是位于黔中高原面的普定县后寨河地区，聚落演变特点又有所差异。其丘陵平坝区聚落自身不断扩展，而丘陵平坝环绕的峰丛洼地区，多年来聚落变化较小，甚至有缩减的趋势，仅在与其他地貌区相邻的边缘聚落增长相对明显[17]。

5.1.5 结论

本节利用高分辨率的航片和SPOT卫星影像等，以红枫湖西侧的王家寨地区为例，研究1963～2010年黔中高原上不同地貌组合类型中乡村聚落的空间聚集特征与演变规律的特殊性，发现研究区聚落围绕中部的峰丛洼地分布，形成一种受地形控制，较为分散的、断续的环状分布格局。1963～2010年聚落斑块总数和大聚落斑块数增长明显，但在各地形区的空间差异明显，簸箩村聚落、王家寨聚落和骆家桥聚落一直保持着规模优势，构成了研究区的中心聚落。在黔中高原面上的广大乡村地区，除了万亩①以上的大坝以外，普遍的地貌是如研究区这样的峰丛洼地、谷地、溶丘与盆地的组合地貌，研究区的聚落格局与演变可作为贵州省岩溶高原面的一个典型代表。

---

① 1 亩≈666.67m²。

5.2 普定县后寨河地区聚落格局演变

　　我国西南岩溶山区，由于受自然条件和人类活动的影响，石漠化严重、生态易碎度强[21]。受其特有的自然和社会经济因素的影响，聚落分布格局和演变规律与其他地区具有明显差异。同时，聚落的分布格局和演变对土地覆被变化和生态环境产生的影响也与其他地区明显不同。因此，探讨岩溶山区聚落分布格局与演变及其相应的生态环境效应有着重要的意义。后寨河地区无论从自然条件还是社会经济发展状况来看，都是岩溶山区的典型代表，目前对该区内后寨河流域的土地利用/土地覆被、水资源状况、生态环境和石漠化防治等有大量的研究[22~24]，但一直没有针对该地区聚落的研究。因此，以后寨河地区为例，阐明其聚落格局演变过程，有助于认清岩溶山区聚落分布格局和演变的规律，同时，也为岩溶山区进行的以"生产发展、生活富裕、村容整洁、乡风文明、管理民主"为要求的社会主义新农村建设提供更加准确的决策参考。

5.2.1 研究区概况与研究方法

1. 研究区概况

　　后寨河地区位于黔中高原安顺市普定县境内，处于长江流域和珠江流域的分水岭地区，总面积为 62.717 km²。包括马官镇、余官乡以及两个乡镇内的打油寨、陈旗堡、赵家田、下坝、白旗堡等聚落。区内地势东南高（除余官较低外），西北低。海拔一般为 1300~1400 m，最高为 1568 m，最低为 1257 m。相对高差一般在 250~300 m，最大达 311 m。后寨河地区三叠系碳酸盐岩分布广泛，岩溶地貌分布较广，其中西部为峰林–盆地、中部为峰丛洼地、东南部为峰林–谷地、东北部为丘陵–洼地［图 5.3 (a)］。后寨河是区内唯一的地表河流，河流明暗交替，为一季节性河流；后寨河地区地下河水系相当发育，径流长年不断，为该区重要的供水水源。后寨河地区近年来社会经济发展迅速，外出务工人口增多，产业结构变化较大。

2. 数据获取与研究方法

1）数据获取

　　本研究针对小尺度区域，考虑到数据提取的可行性和可操作性，因此主要采用1963年 0.7 m 分辨率航片、2004 年 2.5 m 分辨率 SPOT 合成影像作为基础数据［图 5.3 (b)］。首先根据精校正后的 1∶10 000 地形图用 ERDAS 对其进行校正和监督分类，然后用 ArcView 软件建立两个时期相应的土地覆被类型矢量数据层并进行图斑修正，对其结果进行野外抽样检查和调查访问后，抽样图斑的解译正确率均达到 90% 以上。最后对具有相同土地覆被类型属性的图斑进行合并操作。同时，参考后寨河流域 1∶80 000 喀斯特地貌类型图，结合实地调查，利用 ArcView 在 1∶10 000 地形图勾绘出该区域的地貌类型矢量数据层。

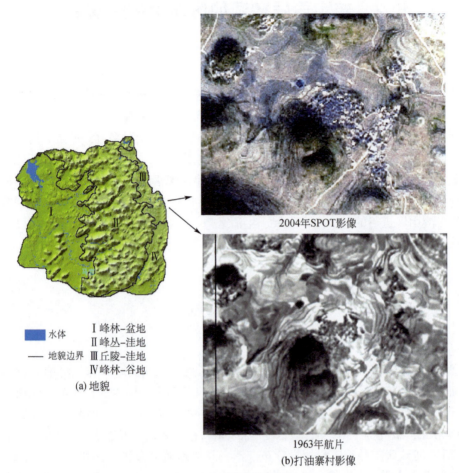

水体　　Ⅰ 峰林-盆地
—— 地貌边界　Ⅱ 峰丛-洼地
　　　　　Ⅲ 丘陵-洼地
　　　　　Ⅳ 峰林-谷地
(a) 地貌

2004年SPOT影像

1963年航片
(b)打油寨村影像

图 5.3　后寨河地区概况

2) 研究方法

根据景观生态学的分析方法[25]，我们采用斑块总面积（CA）、斑块数目（NP）、最大斑块面积（MAXP）、最小斑块面积（MINP）、平均斑块面积（AV-AREA）、斑块所占景观面积比例（PLAND）、斑块平均形状指数（S）来衡量不同地貌类型区中聚落分布特征。其中，斑块平均形状指数用式（5.2）算得

$$S = \frac{\sum_{i=1}^{m} S_i}{m} = \frac{\sum_{i=1}^{m} \frac{0.25 p_i}{\sqrt{A_i}}}{m} \tag{5.2}$$

式中，S 为聚落斑块平均形状指数；m 为聚落斑块数目；S_i 为聚落 i 的斑块形状指数；p_i 为聚落 i 的斑块周长（m）；A_i 为聚落 i 的斑块面积（m²）。

为了弄清不同地貌类型下聚落空间分布和演变情况，我们将不同地貌类型下的两个时期聚落分布矢量数据进行叠加，以 1963 年聚落作为参考，根据属性值将不同地貌类型的聚落分布演变按新生、消亡、扩展、扩展-合并、未变化（斑块平均变化量小于 3000m²）5 种类型自动提取相关信息。

为了进一步研究岩溶山区聚落的发展演变与交通状况的关系，在本研究中，用 GIS 分析工具计算出两个时期各聚落的质点分布信息，然后以 200m、400m、600m、>600m 为距离梯度，对 1963 年公路（从土地利用数据中提取）① 作缓冲区分析，并将结果分别与地貌类型数据层和两个时期的聚落质点矢量数据层作叠加分析。

5.2.2 结果分析

5.2.2.1 聚落分布格局分析

1）1963 年分布格局

从斑块数量来看（表 5.3），这一时期聚落斑块数目最多的为峰林-盆地，达 34 个。而在峰林-谷地聚落斑块数目为 5 个，峰丛洼地和丘陵-洼地分别为 14 个和 13 个。从平均斑块面积来看，峰林-盆地、峰丛洼地、峰林-谷地和丘陵-洼地分别为 13 982m²、9029m²、18 539m² 和 7675 m²。可以看出，峰林-盆地的聚落从斑块数目和平均斑块面积上都比较高，这一地貌类型的聚落分布规模最大。而峰林-谷地的聚落平均斑块面积最高，说明在 1963 年这一区域的聚落聚集度较高。从斑块平均形状指数来看，峰林-谷地达 1.494，为所有地貌类型中最低；峰丛洼地最高，达 1.664。这同样说明这一时期峰林-谷地聚落形状较为规则，聚集度高；而峰林-洼地形状复杂，较为分散。

表 5.3 乡村聚落景观指数变化信息

指标	1963 年				2004 年			
	峰林-盆地	峰林-谷地	峰丛洼地	丘陵-洼地	峰林-盆地	峰林-谷地	峰丛洼地	丘陵-洼地
MAXP（m²）	71 216	61 216	32 070	20 830	312 821	166 327	64 692	64 376
MINP（m²）	974	3133	1005	665	104	265	168	188
CA（m²）	475 371	92 695	126 407	99 781	1 303 908	284 965	236 022	249 099
NP（个）	34	5	14	13	48	18	21	13
AV-AREA（m²）	13 982	18 539	9029	7675	27 165	15 861	11 239	19 161
S	1.609	1.494	1.664	1.580	2.732	2.603	2.316	3.055
PLAND（%）	2.084	1.836	0.386	2.462	5.717	5.644	0.766	6.147

2）2004 年分布格局

从斑块数目来看（表 5.3），峰林-盆地、峰丛洼地、峰林-谷地、丘陵-洼地 4 种地貌

---

① 1963 年公路经过几十年的发展，已经成为当地的交通干线，而后期形成的公路主要是因聚落发展修建的，它对聚落格局和演变的影响到目前为止并不明显，所以只采用 1963 年的公路。

类型分别为：48 个、21 个、18 个和 13 个。相应的，聚落的平均斑块面积分别为 27 165m²、11 239m²、15 861m² 和 19 161m²。因此，无论从斑块数目和平均斑块面积上看，峰林-盆地的聚落仍然占有较大优势。从聚落分布的斑块平均形状指数来看，最高的丘陵-洼地为 3.055，而峰林-盆地、峰林-谷地分别为 2.732、2.603，最低的峰丛洼地为 2.316。这说明到 2004 年，丘陵-洼地聚落形状较为复杂，而峰丛洼地相对规则。

5.2.2.2 聚落分布演变分析

从图 5.4 中可以看出，在不同的地貌类型下，由于其自然条件和土地利用水平的差异，聚落的演变具有较大差别。根据表 5.4 可知，1963～2004 年在反映聚落演变的 5 种变化类型中，新生型聚落斑块数目在峰林-盆地最多，达 25 个，斑块总面积达 105 076 m²，最大斑块面积为 38 829 m²，平均变化面积为 4203 m²，稍低于峰林-谷地，说明在这一地区，新生型聚落的规模最大，其次为峰林-谷地。而丘陵-洼地新生型聚落最少，但平均变化面积为 3652 m²，仍高于新生型聚落平均变化面积为 1645 m² 的峰丛洼地。在扩展型和扩展-合并型的聚落中，无论从斑块数目和扩张面积上看，峰林-盆地都数倍于其他地貌区；而峰丛洼地这两种类型聚落的扩张面积和斑块数目最低。在消亡型聚落中，斑块数目最多的为峰丛洼地；所有地貌类型中，消亡型聚落的最大斑块面积都低于 1000 m²，这说明消亡型主要为独户或极少几户所组成的聚落。从未变化型聚落的分布情况来看，峰丛洼地区斑块数目最多，为 5 个。综上分析，峰林-盆地和峰林-谷地两种地貌区的新生聚落斑块数目多、规模大，它是新生型聚落的主要分布区。在丘陵-洼地地貌区，聚落的演变主要集中在自身的扩展上。结合空间分布，我们发现在峰林-洼地地貌区，除与其他地貌区相邻的边缘聚落增长相对明显外，多年来聚落的变化较小，甚至有缩减的趋势。聚落演变也使其周围的土地利用格局发生变化，邻近公路的峰林-洼地因农户减少，土地撂荒，石漠化土地有所恢复；而可达性差的丘陵-洼地土地石漠化仍较严重。

表 5.4　不同地貌类型下五种类型聚落景观指数变化

指标	峰林-盆地					峰林-谷地				
	新生型	消亡型	扩展型	扩展-合并型	未变化型	新生型	消亡型	扩展型	扩展-合并型	未变化型
最大斑块面积（m²）	38 829	534				24 895				
斑块总面积（m²）	105 076	749				74 679				
扩展面积（m²）			369 884	349 423	1206			25 682	89 331	2577
斑块数（个）	25	2	14	15（6）	3	14		2	2（1）	1
平均变化面积（m²）	4203		26 420		402	5334		12 842		2577

指标	峰丛洼地					丘陵-洼地				
	新生型	消亡型	扩展型	扩展-合并型	未变化型	新生型	消亡型	扩展型	扩展-合并型	未变化型
最大斑块面积（m²）	8192	198				9759	362			
斑块总面积（m²）	18 096	558				10 955	362			
扩展面积（m²）			83 805	4896	6847			129 777	18 189	−5812
斑块数目（个）	11	3	4	2 (1)	5	3	1	7	3 (1)	2
平均变化面积（m²）	1645		20 951		1369	3652		18 539		−2906

注：斑块总面积为 2004 年斑块面积，扩展面积由 2004 年斑块总面积减 1963 年斑块总面积算得；扩展-合并型斑块数目行的前一个值为 1963 年，括号内的值为 2004 年的聚落斑块数

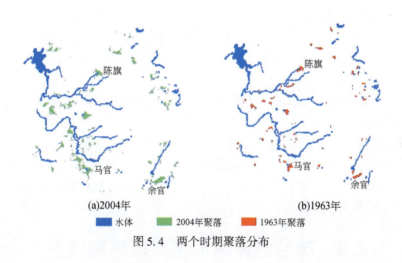

(a)2004年　　　　　　　　　　　　　　　(b)1963年

■水体　■2004年聚落　■1963年聚落

图 5.4　两个时期聚落分布

5.2.2.3　聚落分布格局与演变

聚落的分布与规模是由人口分布特征和规模所决定的，而人口规模又取决于当地的土地生产力水平[21]。在岩溶山区，土地生产力水平受自然条件制约而与其他地貌类型有巨大差异，进而影响了聚落的发展；土地生产能力的空间分布和规模也与聚落的空间分布和规模基本一致，并呈明显的正相关关系。

根据表 5.3 可知，研究区内所有聚落的斑块总面积从 1963 年的 794 254 m² 增加到 2004 年的 2 073 995 m²，这主要有两方面的原因：一方面，该地区所在的普定县自 1963 年以来，年均人口自然增长率为 8.91‰，人口总数增加而导致聚落总面积也在增长；另一方面，随着经济发展和社会进步，人均住房面积的增加也促进了聚落总面积的增长。

从聚落分布的斑块平均形状指数来看，1963 年各种地貌类型下的聚落的斑块平均形状指数都在 1.5 左右，这主要是由于当时聚落处于初始发展时期，规模相对较小，受地形的制约较小，聚落形状较为规则。经过几十年的发展后，到 2004 年，各种地貌类型下的聚落斑块平均形状指数都明显提高，丘陵–洼地地貌区甚至达到 3 以上，这是由于聚落在扩展变化的过程中又受岩溶地区特殊地貌的限制，呈现出多样化、不规则的形状分布，这与我国平原区聚落分布格局演变规律明显相反。从聚落的演变来看，峰林–盆地和峰林–谷地由于其耕地资源发展潜力大，地势相对平缓，对外通达度好，新生型聚落大多向这两个地貌区集中。同样的原因，这两个地貌区的扩展型和扩展–合并型聚落的规模也高于其他地貌区。而在峰丛洼地地貌区，几十年来聚落规模的发展变化较小，既有新生型，也有消亡型，但总面积都不大。这是由于这一地貌区生产条件差，对外交通不便，聚落呈现向邻近的其他地貌区聚集。同时这一地区对外联系的现状和需求日益紧密，聚落越来越向交通线集中（特别是公路主干道），呈现线状分布趋势。

5.2.2.4　结论

（1）在人口增长和社会经济快速发展的驱动下，研究区聚落规模不断扩大，主要表现在聚落的斑块总面积绝对量的增长上。

（2）在峰丛洼地地貌区，由于受自身自然条件的制约，多年来聚落虽然有一定的发展，但也主要发生在边缘与其他地貌相邻近、对外通达度好的区域，而内部的发展变化不大，甚至出现退化趋势。

（3）由于人类各种活动之间的相互联系更加紧密，外部物质和能量的输入是岩溶山区聚落演变的决定因素，岩溶山区聚落的演变向交通条件好、对外通达度高的公路沿线聚集，呈线状分布趋势。

（4）建议在岩溶山区的新农村建设过程中，应该引导生存环境差、规模小、后发优势缺乏的聚落向交通条件好、规模相对较大、具有发展潜力的地貌区移动，从而提高岩溶山区居民的生活水平和质量。

5.3　茂兰自然保护区聚落格局演变

鉴于区域特殊的自然背景与人文社会因素，使不同地区乡村聚落在空间上呈现不同的特征与规律。但关于聚落分布与演变的研究主要集中在黄土丘陵区[26]、风沙区[27]、江南丘陵区[28]、经济发达地区[29]和平原农区[30]等，以及山地型农村聚落[31]和旅游型聚落[32]的景观演变格局与趋势，对自然保护区的聚落分布与演变研究较少。茂兰自然保护区位于我国西南喀斯特地区[33]，岩溶地貌典型[34]，呈现出罕见的喀斯特峰丛洼地景观。王中强等借助 GIS 手段，对其森林景观特征及多样性进行了研究[35]；谭成江等分析了该地区石漠化分布的特点、成因以及石漠化带来的生态环境和社会问题[36]；还有学者针对茂兰自然保护区聚落格局演变等级效应及其与交通条件的关系[20]、景观多样性变化的生态学意义对比[37]、关于保护区不同功能区峰丛洼地景观格局[38]等方面也逐步进行了深入研究。

自然保护区自核心区到外围区, 聚落规模、等级、形态等格局信息及其动态演变的梯度效应明显[19], 但目前仍然缺乏对整个自然保护区长时间序列的聚落空间分布与演变特点研究。因此, 本节通过研究整个自然保护区聚落空间分布与动态演变, 一方面, 可以为弄清自然保护区人地关系动态状况、做好自然保护区社区发展与管理、村镇建设、土地整理与生态建设等提供参考; 另一方面, 可以为阐明连片峰丛洼地区人地关系的控制因素、人地关系的空间变化特征、人地关系演进的驱动机制, 为连片峰丛洼地区的人地关系优化调控提供理论依据和实证案例。

5.3.1 研究区概况

贵州省茂兰自然保护区于 1985 年建立, 1988 年经国务院批准成为国家级自然保护区, 位于贵州省黔南布依族苗族自治州荔波县东南部, 与广西壮族自治区接壤 (图 5.5), 隶属茂兰、立化、洞塘、翁昂、永康等乡镇。其地处贵州高原向广西丘陵盆地过渡的斜坡带上, 东西长 22.8 km, 南北宽 21.8 km, 地势西北高, 东南低, 为中亚热带季风温润气候区。茂兰自然保护区人地关系的现实矛盾及潜在矛盾均较大[39]。

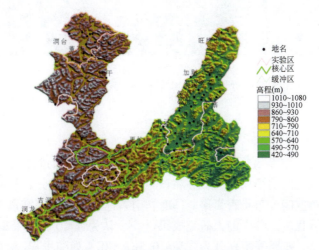

图 5.5 研究区位置及功能分区

5.3.2 研究方法

1. 数据来源

本研究主要采用 1963 年 1 m 分辨率航空影像 (并结合 1∶50 000 地形图)、1980 年 1∶10 000 地形图、1988 年航片、2005 年 2.5m 分辨率 SPOT 合成影像、2010 年 2.5m 分辨率 ALOS 影像和 2015 年资源一号卫星高分影像作为基础数据 (图 5.6)。首先分别对其精校正和监督分类; 然后用 ArcGIS 软件建立 6 个时期相应的聚落与土地覆被类型矢量数据层并进行图斑修正，对其结果进行野外抽样检查和调查访问后，抽样图斑的解译正确率均达到95％以上；最后利用ArcGIS软件对具有相同土地覆被类型属性的图斑进行合并操作。

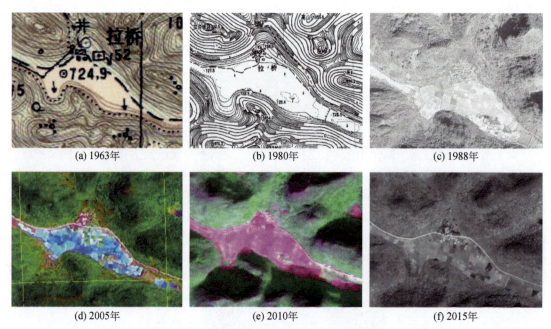

| (a) 1963年 | (b) 1980年 | (c) 1988年 |
| (d) 2005年 | (e) 2010年 | (f) 2015年 |

图5.6　研究区6个时期的典型聚落解译抽样

2. 指标计算

选用平均最邻近指数 R 表征聚落用地总体聚散程度[40]，通过测量每个聚落质心与其最邻近的聚落质心点之间的平均距离，并将该距离值与假设随机分布的期望平均距离进行对比，进而判断聚落空间分布是否集聚。同时，引入标准化 Z 值来衡量平均距离的观测值与期望值之间的差异程度。参考前人研究成果[41,42]，认为 $R \leqslant 0.5$ 为聚集分布，$R \geqslant 1.5$ 为均匀分布；$0.5 \sim 1.5$，按照等距划分为3类，$0.5 < R \leqslant 0.8$ 为随机-聚集分布、$0.8 < R < 1.2$ 为随机分布、$1.2 \leqslant R < 1.5$ 为随机-离散分布。若 $Z > 1.96$ 或 $Z < -1.96$，即可认为在 $\alpha = 0.05$ 的显著性水平下，所计算的观测模式与随机模式之间的差值具有统计显著性；反之，如果 $-1.96 < Z < 1.96$，则可认为观测模式看上去更加集聚或更加分散，但是实际上，它与随机模式之间不存在显著差异。

5.3.3　结果分析

5.3.3.1　不同功能区聚落的数量变化特征

整个保护区聚落占保护区总面积的比例很低，从1963年的0.158％增长到2015年的

0.239%，其中，这些聚落又主要分布在实验区。核心区聚落占保护区总面积的比例、缓冲区聚落占保护区总面积的比例分别为 0.006% ~ 0.002% 和 0.033% ~ 0.031%，1965 ~ 2005 年呈下降趋势，2005 ~ 2015 年聚落占保护区总面积的比例略有上升。1965 ~ 2015 年实验区聚落占保护区总面积的比例从 0.119% 增加到 0.206%，一直呈增加趋势（图 5.7 ~ 图 5.9）。

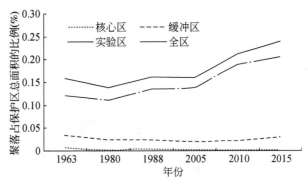

图 5.7　各区聚落占保护区土地面积的比例

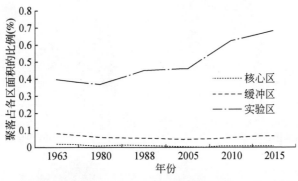

图 5.8　聚落占各区面积的比例

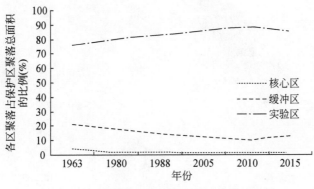

图 5.9　各区聚落占保护区聚落总面积的比例

图 5.8 反映了聚落占各区面积的比例的变化；图 5.9 反映了各区聚落占保护区聚落总面积的比例的变化，其中反映的规律同图 5.7 和图 5.8，保护区的聚落主要分布在实验区且实验区的聚落逐年增加。

5.3.3.2 保护区聚落空间分布特点

从空间上看，保护区聚落集中分布在 4 个实验区，其中又主要分布在西北的尧古、董岁、拉桥和瑶兰等实验区，以及东北的板王、板寨—甲当、瑶所和必左一线；其次是缓冲区西南，即保护区西南边缘的拉洞林、吉洞、干排、洞应和花达等地；核心区的聚落主要分布在核心区北部的洞多、洞亮等地（图 5.10）。1963～2015 年保护区的这一聚落分布格局并没有发生改变。

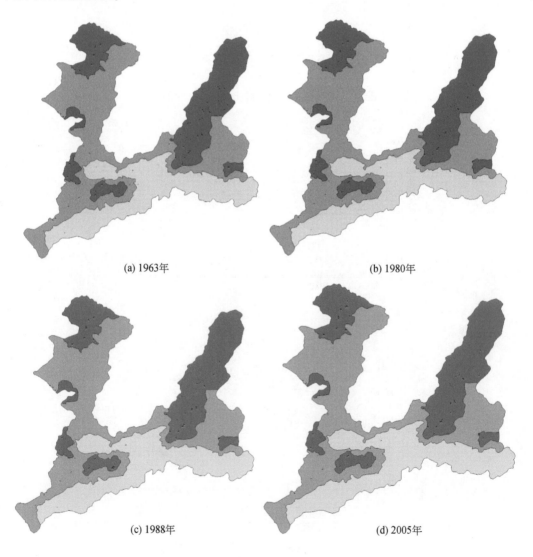

(a) 1963年

(b) 1980年

(c) 1988年

(d) 2005年

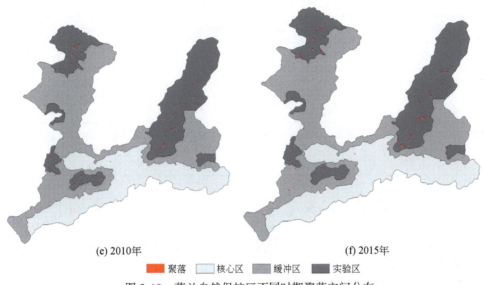

(e) 2010年   (f) 2015年

■ 聚落 □ 核心区 ■ 缓冲区 ■ 实验区

图 5.10 茂兰自然保护区不同时期聚落空间分布

利用聚落的平均最邻近指数表示尧古实验区和板寨实验区聚落的分布模式。尧古实验区平均最邻近指数 R 在 1963 年、1980 年、1988 年、2010 年和 2015 年 5 个时期均小于 1（表 5.5），表明其聚落空间分布分别呈现随机-聚集分布、随机分布、随机分布、随机-聚集分布、随机-聚集分布特征，但 Z 值表明聚落集聚态势经历了从较为显著到不显著再到较为显著的变化。2005 年平均最邻近指数 R 为 1.69，大于 1，表明聚落呈均匀分布，Z 值在 $-1.96 \sim 1.96$，表明其分布模式与随机模式之间并不存在显著差异。总体而言，尧古实验区聚落集聚程度经历了从减弱再到增加的过程。

表 5.5 尧古实验区乡村聚落分布的最邻近指数分析结果

指标	1963 年	1980 年	1988 年	2005 年	2010 年	2015 年
最近邻点平均观测距离（m）	230.41	313.21	311.01	685.54	237.76	237.76
最近邻点平均期望距离（m）	300.47	361.24	361.24	405.84	300.62	300.62
平均最邻近指数 R	0.77	0.87	0.86	1.69	0.79	0.79
标准化 Z	−2.23	−0.98	−1.03	4.37	−1.87	−1.87
P	0.026	0.32	0.3	0	0.06	0.06

板寨实验区平均最邻近指数 R 在 $1963 \sim 2015$ 年的 6 个时期均小于 1，Z 值均小于 -1.96（表 5.6），表明其聚落空间分布均呈现聚集分布特征，但 $1965 \sim 2015$ 年的 6 个时期板寨实验区聚落的集聚态势经历了从较为显著到不显著再到较为显著的变化；1963 年、1980 年和 1988 年该区聚落为聚集分布，2005 年、2010 年和 2015 年聚落为随机-聚集分布，同样以 2005 年为拐点，聚落集聚程度经历了从减弱再到增加的过程。

表5.6 板寨实验区乡村聚落分布的最邻近指数分析结果

指标	1963 年	1980 年	1988 年	2005 年	2010 年	2015 年
最近邻点平均观测距离（m）	125.45	141.86	158.55	354.63	260	179.97
最近邻点平均期望距离（m）	325.89	320.6	333.48	459.42	393.38	333.98
平均最邻近指数 R	0.38	0.44	0.47	0.77	0.66	0.54
标准化 Z	−9.41	−8.66	−7.84	−2.47	−4.25	−6.83
P	0	0	0	0.01	0	0

5.3.3.3 保护区聚落演变的空间差异

从研究区聚落在6个时期的数量变化可以看出，研究区聚落的变化存在空间差异，实验区聚落的数量变化更为明显，本节对此进行进一步的分析。整个保护区实验区共有6块，但聚落主要集中在尧古、板寨—必左、洞长3个实验区。表5.7揭示了尧古等3个实验区、缓冲区和核心区聚落在1963年和2015年演变情况，1963~2015年3个实验区的聚落以扩展型和新生型为主，个别偏僻峰丛洼地的聚落斑块因农户搬迁而消亡或缩小，板寨—必左实验区聚落增加的面积大于尧古实验区和洞长实验区；缓冲区的聚落变化比较复杂，既有扩展型和新生型的聚落，也有消亡型和规模缩小型的聚落，还有部分聚落斑块规模维持原状，没有发生变化；核心区的聚落只有搬迁消亡的和维持原状的情况。

表5.7 研究区聚落斑块类型演变的空间差异　　　　　　　　单位：m²

区域	1963~2015 年				
	扩展型	新生型	未变化型	消亡型	缩小型
尧古实验区	155 483	122 086		5 139	3 333
板寨—必左实验区	222 488	239 122		33 727	
洞长实验区	37 769	36 510			2 797
缓冲区	12 645	59 564	1 487	17 290	12 170
核心区			5 053	9 939	

保护区扩展型和新生型的聚落集中分布在尧古、拉桥、东北部的必左、和东南部板寨等峰丛洼地和谷地，在这些聚落扩展型和新生型较为明显处，往往位于保护区的实验区。因为保护区近年来生态旅游业的发展，聚落在规模增加的同时，聚落的功能也在发生着变化，形成了以旅游业为主的新型生态旅游型聚落。

保护区未变化型聚落仅两处，一处是分布在核心区的洞多峰丛洼地，另一处是分布在缓冲区西北边界处的峰丛洼地。核心区的聚落1963年多于2015年，以消亡型为主，缓冲区和实验区的消亡型聚落一般分布在较偏僻的峰丛洼地，因农户搬迁而消亡。

5.3.3.4　讨论

1）保护区峰丛洼地与聚落分布

研究区地貌类型主要有峰丛漏斗、峰丛洼地和峰丛谷地3种类型[43]，从地貌类型看，研究区聚落分布于峰丛洼地和峰丛谷地（图5.11）。研究区有聚落分布的峰丛洼地主要有洞腮、必左、加别、甲乙、卡记、卡买、甲纠等地，有聚落分布的峰丛谷地主要分布于保护区东部的板寨、五墟、坡格、板老、保上、瑶所 、洞旧等地。这些洼地、溶蚀谷地底部海拔600～700m，洼底宽平，一般有小河通过或有泉水溢出作为灌溉水源，稻田集中连片，土壤经人类长期耕作熟化，成为耕性较好的大土泥田和大眼泥田。这些峰丛洼地都位于保护区内部，形成以"一洼一聚落"为特征的分布格局。还有一些峰丛洼地位于保护区边缘，在保护区内并不完整，如肯西山峰丛洼地，往往只有聚落位于保护区内，洼地耕地位于保护区外，但从其整个峰丛洼地来看，基本上也是呈"一洼一聚落"的分布格局。

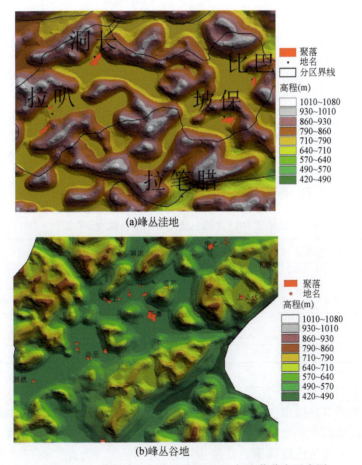

(a)峰丛洼地

(b)峰丛谷地

图5.11　峰丛洼地和峰丛谷地2015年聚落分布示意图

2）保护区耕地赋存与聚落分布

保护区属于连片的峰丛洼地、峰丛谷地，其中的耕地资源、聚落与人口在空间分布上具有不均匀性特征。为了回答决定保护区洼地是否有聚落分布的控制因素是什么，我们进一步统计了实验区同时有耕地、聚落分布的峰丛洼地，研究了聚落与耕地的对应关系（图5.12），发现峰丛洼地中聚落面积与耕地面积两者呈显著的正相关，且洼地、谷地中耕地面积越大、聚落规模也往往越大。对某单一的峰丛洼地来说，是否有聚落分布与洼地大小有关[44]，或与此洼地附近是否存在足够的耕地有关，似乎存在一个洼地面积或耕地面积阈值。以保护区2015年的聚落和耕地为例（表5.8），聚落主要还是分布在有耕地的峰丛洼地中，有聚落无耕地的峰丛洼地全区仅两个；除邻近聚落的部分峰丛洼地耕地还保持继续耕作外，更多的无聚落峰丛洼地耕地已撂荒。这也进一步证实了在中国西部乡村聚落变化的主要驱动力是人口和耕地面积[45]。

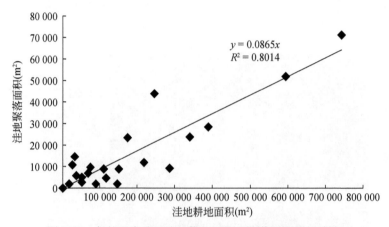

图5.12　保护区实验区洼地耕地面积和聚落面积的相关性

表5.8　保护区2015年峰丛洼地与聚落、耕地分布统计　　　　单位：个

区域	有聚落有耕地	有聚落无耕地	有耕地无聚落	耕地撂荒无聚落	无耕地无聚落
核心区	1	0	4	14	60
缓冲区	6	1	6	20	47
实验区	23	1	12	12	44
全区	30	2	22	46	151

3）保护区植被保护与聚落分布

作者在4.1.5节中曾提出，在峰丛洼地区，土地承载力低下是导致石漠化的根本原因。总的说来，洼地面积（负地形）和人口是否协调决定了峰丛洼地区的生态质量状况，并可用有聚落分布的峰丛洼地的聚耕比来说明这个问题[46]。为此，我们计算了保护区实验区21个同时分布有聚落和耕地的峰丛洼地的聚耕比（图5.13），其平均值为0.1168，最大值为0.4502，最小值为0.0144，与保护区外的洞塘浅洼地（聚耕比为14.88）、连续

性深洼地 （聚耕比为 9.44）、峰丛洼地谷地 （聚耕比为 20.32）、峰丛-峡谷 （聚耕比为 9801.04） 等生态退化区域形成鲜明的对比。因此，聚落密度低、聚耕比小导致坡地开垦、薪柴樵采等人为扰动小，是研究区植被得以较完整保存的根本原因。

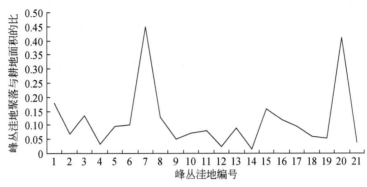

图 5.13　保护区实验区峰丛洼地的聚耕比

5.3.3.5　结论

（1）茂兰自然保护区的聚落集中分布在 4 个实验区，2005 年是聚落集聚程度经历了从减弱再到增加过程的拐点。

（2）整个保护区聚落占保护区总面积的比例很低，从 1965 年的 0.158% 增长到 2015 年的 0.239%，1965～2015 年实验区聚落占保护区总面积的比例从 0.119% 增加到 0.206%，一直呈增加趋势。

（3）茂兰自然保护区聚落扩展型和新生型较为明显处，往往位于保护区的实验区，在聚落规模增加的同时，聚落的功能也在发生着变化，形成了以旅游业为主的新型生态旅游型聚落。

（4）保护区峰丛洼地中聚落面积与耕地面积两者呈显著正相关，保护区聚落密度低、聚耕比小，导致坡地开垦、薪柴樵采等人为扰动小，是保护区植被得以较完整保存的根本原因。

5.4　茂兰自然保护区聚落空间格局与演变的梯度效应

目前，对茂兰自然保护区的研究主要集中在保护区自然环境状况、物种多样性、森林生态系统服务价值、生态旅游开发等方面[33,47~50]。而通过定量分析该地区核心区—缓冲区—实验区—外围区梯度上聚落空间格局与动态演变规律及其对土地利用/土地覆被变化和生态环境影响，有助于理解喀斯特地区人地关系的演变，有助于协调喀斯特地区人地关系，促进喀斯特地区生态建设，更好地为喀斯特保护区政策调整、新农村建设服务，也对研究其他保护区人-地关系状况提供借鉴。

5.4.1　研究区概况

　　根据茂兰自然保护区规划，保护区自内向外共划分为核心区、缓冲区、实验区 3 个功能区。为弄清保护区聚落格局与演变规律，分析该地区人地关系动态状况，按照地理学第一定律：Everything is related to everything else, but near things are more related than distant things[51]，本研究在保护区 3 个功能分区的基础上，将与保护区密切相关的外围地区纳入研究范围。这样，研究区自然保护区内向外涵盖核心区、缓冲区、实验区、外围区 4 个梯度（图 5.14）①，总面积为 148.42km²。其中，核心区、缓冲区、实验区、外围区 4 个梯度面积分别为 17.87km²、15.53km²、25.29km²、89.72km²（表 5.9）。

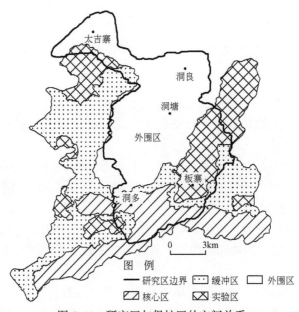

图 5.14　研究区与保护区的空间关系

表 5.9　研究区各梯度区面积信息

梯度	研究区面积（km²）	占研究区比例（%）
核心区	17.87	12.04
缓冲区	15.53	10.46
实验区	25.29	17.04
外围区	89.72	60.45

　　① 由于茂兰自然保护区南部与广西壮族自治区相邻，东、西以喀斯特原始森林为单一土地覆被类型，多年来人类活动与旅游开发主要集中于板寨、洞塘一线，本研究仅选择保护区人类活动直接影响的区域作为研究区，未涵盖保护区全部。

5.4.2 数据获取与研究方法

1. 数据获取

本研究主要采用 1963 年 1m 分辨率航片、1987 年 0.4 m 分辨率航空影像、2004 年 2.5 m 分辨率 SPOT 合成影像作为基础数据（图 5.15）。首先分别对其精校正和监督分类；然后用 ArcView 软件建立 3 个时期相应的土地覆被类型矢量数据层并进行图斑修正，对其结果进行野外抽样检查和调查访问后，抽样图斑的解译正确率均达到 90% 以上；最后利用 ArcGIS 软件对具有相同土地覆被类型属性的图斑进行合并操作。

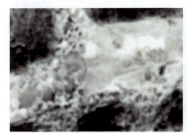  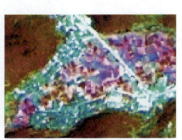

(a) 1963年航空影像　　　　(b) 1987年航空影像　　　　(c) 2004年SPOT合成影像

图 5.15　3 期数据源截图

2. 研究方法

（1）聚落格局分析方法。根据景观生态学的相关分析方法[25]，本研究采用斑块总面积、斑块数目、最大斑块面积、最小斑块面积、平均斑块面积、斑块平均形状指数、个数密度、面积密度来衡量聚落格局演变的数量特征。其中，斑块平均形状指数具体算法见式（5.2）。

（2）面积转移率（R）。聚落空间分布格局演变直接表现在土地利用/土地覆被变化上，本研究采用面积转移率分析聚落在演变过程中的土地利用/土地覆被变化状况，公式为

$$R = \frac{T_i}{S_T} \times 100 \tag{5.3}$$

式中，T_i 为目标土地利用类型 i 的面积，本研究指聚落用地类型与林地、耕地、未利用地等用地类型之间的转入转出；S_T 为发生转移的总面积。

5.4.3 结果分析

1. 聚落空间分布格局的梯度效应

由于受自然条件、交通条件和保护区政策影响，在不同梯度区聚落分布格局表现出明

显差异。在核心区与缓冲区，聚落空间个数密度与面积密度都明显低于实验区与外围区；研究区 3 个时期聚落空间密度最高为外围区（表 5.10）。同时，交通条件的改善增强了公路沿线地带对聚落的吸引力，表现在外围区 2004 年公路沿线的聚落个数明显增多，原有聚落规模扩大；而实验区尽管交通条件也有明显改善，但公路沿线聚落的数量与规模并未明显扩大，说明保护区政策对聚落的约束力显著于公路的吸引力（图 5.16）。

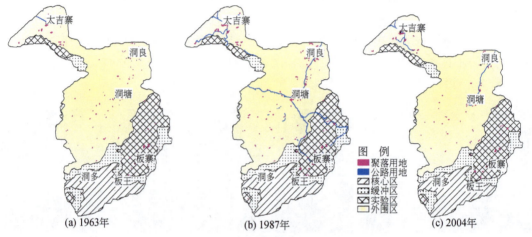

图 5.16　3 个时期聚落用地空间格局

表 5.10　3 个时期聚落格局

年份	区域	斑块数目	最大斑块面积（m²）	最小斑块面积（m²）	斑块总面积（m²）	平均斑块面积（m²）	斑块平均形状指数	个数密度（km²/个）	面积密度（hm²/km²）
1963	A	1	—	—	4 426.02	—	1.402	17.87	0.02
	B	1	—	—	12 810.5	—	1.475	15.53	0.08
	C	13	32 167.72	267.69	119 609.89	9 200.76	1.449	1.95	6.15
	D	74	22 815.31	101.33	225 218.45	3 043.49	1.414	1.21	18.58
1987	A	1	—	—	5 514.75	—	1.145	17.87	0.03
	B	1	—	—	20 018.64	—	1.323	15.53	0.13
	C	16	19 456	1 024.56	105 091.62	6 568.23	1.562	1.58	6.65
	D	66	33 353.65	361.27	331 478.9	5 022.41	1.434	1.36	24.38
2004	A	1	—	—	4 408	—	1.65	17.87	0.02
	B	2	20 208	768	20 976	10 488	1.346	7.77	0.27
	C	19	31 787.29	304	134 312.04	7 069.05	1.722	1.33	10.09
	D	84	62 301.53	509.35	493 125.26	5 870.54	1.709	1.07	46.17

　　注：A 代表核心区，B 代表缓冲区，C 代表实验区，D 代表外围区；个数密度＝梯度区（功能区）面积/斑块数目；面积密度＝聚落面积/梯度区（功能区）面积

2. 聚落空间格局演变的梯度效应

从表 5.10 可知,在保护区内部核心区,3 个时期聚落斑块数目均未发生变化(洞多),斑块总面积分别为 4426.02m²、5514.75m²、4408m²,呈先增大后减小但总体变幅较小的特点;从聚落空间形状上看,3 个时期聚落斑块平均形状指数分别为 1.402、1.145、1.65,表明核心区聚落空间形状呈现不规则—规则—不规则的演变过程;而从空间分布上看,3 个时期聚落的空间位置均未发生变化(图 5.16)。

在保护区缓冲区,1963 年和 1987 年聚落斑块数目均为 1 个,而 2004 年为两个。3 个时期斑块总面积分别为 12 810.5m²、20 018.64m²、20 976m²,可以看出,尽管 1963~1987 年该区聚落面积增长了 56%,但自 1987 年研究区设立保护区以来,聚落面积未发生变化。从聚落空间形状上看,3 个时期聚落斑块平均形状指数分别为 1.475、1.323、1.346,表明缓冲区聚落空间形状呈现不规则—规则—稳定的演变过程;而从空间分布上看,1963 年和 1987 年聚落的空间位置未发生变化,2004 年新生了 1 个聚落,但其面积仅为 768 m²,为几户人家聚居地,位于旧聚落(板王)附近,属于旧聚落扩散所致,此外,该聚落分布在缓冲区外围与实验区相邻的地带(图 4.16)。总之,保护区缓冲区聚落斑块总面积与空间形状的变化均以保护区设立为分界,之前聚落斑块总面积有较大增长,空间形状趋于规则;之后聚落斑块总面积与空间形状均处于稳定状态。

在保护区实验区,3 个时期聚落斑块数目分别为 13 个、16 个、19 个,数量不断增加;3 个时期聚落的最大斑块面积变化幅度均在 1500m² 以内,而聚落的最小斑块面积为几百平方米到 1000m²;从斑块总面积上看,1963~1987 年斑块总面积减少了 14 000m² 左右,而1987~2004 年增加了近 30 000m²,增幅达 28%;从聚落平均斑块面积上看,1963 年最大,达 9200.76m²,到 1987 年和 2004 年,聚落平均斑块面积稳定在 7000m² 左右;从聚落空间形状上看,3 个时期聚落斑块平均形状指数分别为 1.449、1.562、1.722,表明 1963~2004 年实验区聚落空间形状不规则程度逐渐增加。总体而言,1963~2004 年实验区聚落斑块总面积呈先降后升,斑块数目一直增加,形状不规则程度渐增,空间变化主要发生在面积较小、等级较低的聚落。

在保护区外围区,3 个时期聚落斑块数目分别为 74 个、66 个、84 个,表现出先降后升、总体增加的特点;从聚落最大斑块面积上看,1987 年比 1963 年增加了 10 538.34m²,增幅达 46%,而 1987 年和 2004 年,聚落最大斑块面积分别为 33 353.65m² 和62 301.53m²,面积扩大近一倍,较 1963 年扩大近两倍;1963~2004 年外围区聚落最小斑块面积表现出增长趋势;从斑块总面积上看,外围区聚落自 1963 年以来规模不断扩大,但保护区设立前后增长幅度差异明显,表现在聚落斑块总面积从 1963 年的 225 218.45m²增长到 1987 年的331 478.9m²,增长了 106 260.45m²,年均增长 4250.42m²;1987~2004年斑块总面积增长了 161 646.36m²,年均增长 9508.63m²;该区聚落平均斑块面积自 1963年以来不断提高,说明聚落的等级总体在提升;从聚落空间形状上看,外围区聚落斑块平均形状指数不断增大,特别是自 1987 年保护区设立到 2004 年,聚落斑块平均形状指数从1.434 提高到 1.709,聚落空间形状不规则程度大幅提高。产生这种现象的原因主要有两方面：一方面，1987 年以后，社会经济发展速度明显超出前一段时期；另一方面，受保护区政策影响，其他梯度区内人类活动向该区转移，部分人口迁至外围区。这两方面因素造成外围区聚落在 1987~2004 年快速增长。同时，受该地区岩溶峰丛–洼地限制，规模扩大后的聚落形状必然趋于不规则。

5.4.4 结论

在保护区内部核心区，聚落斑块总面积呈先增大后减小的趋势，但总体变幅较小；空间形状经历了不规则—规则—不规则的演变过程，空间位置未发生变化。缓冲区聚落斑块总面积与空间形状的变化均以保护区设立为分界，之前聚落斑块总面积有较大增长，空间形状趋于规则，之后聚落斑块总面积与空间形状均处于稳定状态。1963~2004 年实验区聚落斑块总面积呈先降后升趋势，斑块数目一直增加，空间形状不规则程度渐增，空间变化主要发生在面积较小、等级较低的聚落。外围区受改革开放后社会经济快速发展、保护区政策、地形等多因素影响，1987~2004 年聚落规模迅速扩大、等级提高、空间形状复杂。

5.5 本 章 小 结

本章研究利用高分辨率的航片和 SPOT 卫星影像，以红枫湖西侧的王家寨地区、后寨河地区、茂兰自然保护区等区域为例，研究了近 50 年间岩溶山地不同地貌组合类型中乡村聚落的空间演变规律，发现在岩溶高原面峰丛洼地谷地、溶丘与盆地的组合地貌中，聚落围绕中部的峰丛洼地分布，形成一种受地形控制较为分散的、断续的环状分布格局；岩溶山区聚落的演变向交通条件好、对外通达度高的公路沿线聚集，呈线状分布趋势；茂兰自然保护区聚落扩展型和新生型较为明显处，往往位于保护区的实验区；在聚落规模增加的同时，聚落的功能也在发生着变化，形成了以旅游业为主的新型生态旅游型聚落。

参 考 文 献

[1] 陈勇，陈国阶. 对乡村康落生态研究中若干基本概念的认识. 农村生态环境，2002，18（1）：54-57.

[2] 金其铭. 农村聚落地理. 北京：科学出版社，1988.

[3] 刘邵权，陈国阶，陈治谏. 农村聚落生态环境预警——以万州区茨竹乡茨竹村五组为例. 生态学报，2001，21（2）：295-301.

[4] 马晓冬，李全林，沈一. 江苏省乡村聚落的形态分异及地域类型. 地理学报，2012，67（4）：516-525.

[5] 李全林，马晓冬，沈一. 苏北地区乡村聚落的空间格局. 地理研究，2012，31（1）：144-154.

[6] 单勇兵，马晓冬，仇方道. 苏中地区乡村聚落的格局特征及类型划分. 地理科学，2012，32（11）：1340-1347.

[7] 郭晓东，马利邦，张启媛. 陇中黄土丘陵区乡村聚落空间分布特征及其基本类型分析——以甘肃省秦安县为例. 地理科学，2013，33（1）：45-51.

[8] 郭晓东, 牛叔文, 李永华, 等. 陇中黄土丘陵区乡村聚落时空演变的模拟分析——以甘肃省秦安县为例. 山地学报, 2009, 27 (3): 293-299.

[9] 李君, 李小建. 综合区域环境影响下的农村居民点空间分布变化及影响因素分析——以河南巩义市为例. 资源科学, 2009, 31 (7): 1195-1204.

[10] 贺跃汉, 刘凯, 刘奥东. 桂西北石山区聚落分布及其变化分析. 钦州学院学报, 2011, 26 (1): 120-123.

[11] 朱文孝, 苏维词, 李坡. 贵州喀斯特山区乡村分布特征及其地域类型划分. 贵州科学, 1999, 17 (2): 120-126.

[12] 赵星. 贵州喀斯特聚落文化类型及其特征研究. 中国岩溶, 2010, 29 (4): 457-462.

[13] 周晓芳, 周永章. 贵州典型喀斯特地貌区农村聚落空间分布研究——以清镇红枫区、毕节鸭池区和关岭—贞丰花江区为例. 中国岩溶, 2011, 31 (1): 78-85.

[14] 周晓芳, 周永章, 欧阳军. 喀斯特高原盆地聚落空间演变——以贵州省红枫湖水系盆地为例. 地域研究与开发, 2012, 31 (3): 145-150.

[15] 罗光杰, 李阳兵, 王世杰, 等. 岩溶山区聚落分布格局与演变分析——以普定县后寨河地区为例. 长江流域资源与环境, 2010, 19 (7): 802-807.

[16] 李阳兵, 罗光杰, 邵景安, 等. 岩溶山地聚落人口空间分布与演化模式. 地理学报, 2012, 67 (12): 1646-1654.

[17] 罗光杰, 李阳兵, 谭秋, 等. 岩溶山区聚落格局变化及其 LUCC 响应分析——以贵州省为例. 资源科学, 2010, 32 (11): 2130-2137.

[18] 肖飞, 杜耘, 凌峰. 江汉平原村落空间分布与微地形结构关系探讨. 地理研究, 2012, 31 (10): 1785-1792.

[19] 罗光杰, 李阳兵, 王世杰, 等. 自然保护区聚落空间格局与演变的梯度效应——以贵州茂兰为例. 自然资源学报, 2012, 27 (8): 1327-1339.

[20] 罗光杰, 李阳兵, 王世杰, 等. 岩溶山区聚落格局演变等级效应及其与交通条件的关系——以贵州省后寨河、王家寨、茂兰地区为例. 中国岩溶, 2011, 30 (3): 320-326.

[21] Yan D X. Rock desertification in the subtropical karst of South China. Zeitschrift für Geomorphologie, 1997, 108: 81-90.

[22] 陶玉飞. 后寨河流域水文特性分析及流量预测模型研究. 南京: 河海大学硕士学位论文, 2008.

[23] 路洪海, 章程. 后寨河流域岩溶含水层脆弱性及其对土地利用方式的响应. 长江流域资源与环境, 2007, 16 (4): 519-524.

[24] 王腊春, 李道元, 左平, 等. 岩溶山区石漠化治理生态需水量初步研究——以贵州普定后寨河流域为例. 水资源保护, 2004, 20 (5): 10-15, 69.

[25] 邬建国. 景观生态学—格局、过程、尺度与等级. 北京: 高等教育出版社, 2000, 99-118.

[26] 马利邦, 郭晓东, 张启媛. 陇中黄土丘陵区乡村聚落的空间格局——以甘肃省通渭县为例. 山地学报, 2012, 30 (4): 408-416.

[27] 王曼曼, 吴秀芹, 吴斌, 等. 盐池北部风沙区乡村聚落空间格局演变分析. 农业工程学报, 2016, 32 (8): 260-271.

[28] 陈永林, 谢炳庚. 江南丘陵区乡村聚落空间演化及重构——以赣南地区为例. 地理研究, 2016, 35 (1): 184-194.

[29] 陈诚, 金志丰. 经济发达地区乡村聚落用地模式演变——以无锡市惠山区为例. 地理研究, 2015, 34 (11): 2155-2164.

[30] 王介勇，刘彦随，陈玉福．黄淮海平原农区典型村庄用地扩展及其动力机制．地理研究，2010，29（10）：1833-1840.

[31] 余兆武，肖黎姗，郭青海，等．城镇化过程中福建省山区县农村聚落景观格局变化特征．生态学报，2016，36（10）：3021-3031.

[32] 席建超，赵美风，葛全胜．旅游地乡村聚落用地格局演变的微尺度分析——河北野三坡旅游区苟各庄村的案例实证．地理学报，2011，66（12）：1707-1717.

[33] 周政贤．茂兰喀斯特森林科学考察集．贵阳：贵州人民出版社，1987，244-263.

[34] 谭成江，陈正仁．茂兰保护区森林资源动态及变化原因与对策．贵州林业科技，2002，30（2）：49-51.

[35] 王中强，龙翠玲，赵晶，等．茂兰森林景观多样性分析．安徽农业科学，2010，38（10）：5452-5454.

[36] 谭成江，冉景丞，莫家伟，等．茂兰保护区石漠化现状、成因及治理对策．山地农业生物学报，2011，30（5）：440-442.

[37] 罗光杰，李阳兵，王世杰，等．岩溶山区景观多样性变化的生态学意义对比——以贵州四个典型地区为例．生态学报，2011，31（14）：3882-3889.

[38] 陈寅，李阳兵，谭秋，等．茂兰自然保护区景观格局空间变化研究．地球与环境，2014，42（2）：179-186.

[39] 熊康宁．茂兰自然保护区耕地人口承载力研究．贵州师范大学学报（自然科学版），1997，15（4）：10-17.

[40] 王曼曼，吴秀芹，吴斌，等．盐池北部风沙区乡村聚落空间格局演变分析．农业工程学报，2016，32（8）：260-271.

[41] 梁会民，赵军．基于 GIS 的黄土塬区居民点空间分布研究．人文地理，2001，16（6）：8183.

[42] 李秀丽，刘占波，赵军．石羊河流域居民地空间分布类型研究．内蒙古农业大学学报，2008，29（4）：97-101.

[43] 陈建庚．茂兰保护区喀斯特生态环境类型划分及特征分析．贵州环保科技，2000，6（2）：8-16.

[44] 谭明．贵州喀斯特洼地经济的优化问题．经济地理，1989，9（3）：209-211.

[45] Song W, Chen B M, Zhang Y. Land-use change and socio-economic driving forces of rural settlement in China from 1996 to 2005. Chinese Geographical Science，2014，24（5）：511-524.

[46] 李阳兵，罗光杰，王世杰，等．典型峰丛洼地耕地、聚落及其与喀斯特石漠化的相互关系．生态学报，2014，34（9）：2195-2207.

[47] 王世杰，卢红梅，周运超，等．茂兰喀斯特原始森林土壤有机碳的空间变异性与代表性土样采集方法．土壤学报，2007，44（3）：475-483.

[48] 龙翠玲．茂兰喀斯特森林林隙物种多样性的动态规律．山地学报，2009，27（3）：278-284.

[49] 李阳兵，王世杰，周德全．茂兰岩溶森林的生态服务研究．地球与环境，2005，33（2）：39-44.

[50] 苏维词，李坡，贺卫，等．贵州茂兰喀斯特森林自然保护区的生态旅游．中国岩溶，2001，20（1）：64-68.

[51] Tobler W. A computer movie simulating urban growth in the Detroit region. Economic Geography，1970，46（2）：234-240.

第6章 | 岩溶山地聚落演变的影响因素

乡村人居环境演变的驱动因素较多，人口数量、产业结构、经济发展水平及政策制度等人文社会因素，是乡村聚落发展及空间演变的主要驱动力[1]。传统农区聚落演变的核心驱动力是工业发展[2]；半城市化地区乡村聚落的发展有大都市的辐射与扩散效应，是乡村工业化与城镇化共同驱动的结果[3]；交通对平原地区聚落的影响较山区更为显著[4]；新的区位因子（距高速道路距离、距国道距离和距省道距离），对聚落的影响作用显著增强[5]。还有研究者认为新型人地关系因素将会成为未来农村聚居模式的主要驱动因子[6]。

乡村人居环境演变的驱动因素较多，但从微观角度来看，乡村人居环境的演变实质上是农户空间行为作用的外在表现[7]，因此，人地互动是促进乡村聚落空间形态演变的主要因素[8]。岩溶山区聚落因受其所处地区自然条件和社会经济发展水平的影响而呈现出独特的分布格局和演变趋势，弄清岩溶山区聚落动态分布格局和主要影响因素，对岩溶山区的新农村建设和实现全面小康具有重要意义。

6.1 岩溶山区聚落格局演变与交通条件的关系

6.1.1 研究区概况

本章以贵州省后寨河、王家寨、茂兰3个地区为研究区。

（1）后寨河地区位于黔中高原普定县境内，面积为62.717km²，区内岩溶地貌分布广泛。其中，西部为峰林–盆地，中部为峰丛洼地，东南部为峰林–谷地，东北部为丘陵–洼地。该地区近年来社会经济发展迅速，外出务工人口多，产业结构变化较大，其自然社会经济状况在岩溶山区具有普遍性。

（2）王家寨地区位于贵阳市清镇市境内，面积为20.888km²，其社会经济发展受城市辐射作用大，近年来经济水平大幅提高、社会结构不断优化。

（3）茂兰地区位于贵州省荔波县境内，面积为148.42km²，其核心区是世界自然遗产地——喀斯特原始森林。

6.1.2 数据获取与研究方法

6.1.2.1 数据来源及处理

本研究选用研究区1963年1~1.5m分辨率航空影像、20世纪80年代①0.4~1m分辨

---

① 研究区20世纪80年代航空影像成像时间：后寨河地区为1982年，王家寨地区为1986年，茂兰地区为1987年。

率航空影像、2004 年 2.5m 分辨率 SPOT 合成影像作为基础数据，以校正后的地形图为标准。首先分别对 3 期影像数据配准和非监督分类；然后用 ArcView 软件建立 3 个时期相应的土地覆被类型矢量数据层并进行图斑修正，对其结果进行野外抽样检查和调查访问后，抽样图斑的解译正确率均达到 90% 以上；最后利用 ArcGIS 对具有相同土地覆被类型属性的图斑进行合并处理。

6.1.2.2　聚落等级划分

聚落规模可以从聚落空间规模（即占地面积）和聚落承载的人口数来衡量，考虑到各类统计数据中无法准确获取小尺度（村域以下）聚落人口动态数据，本研究主要采用反映空间规模的聚落占地面积指标对聚落进行分级。表达式如下：

$$D_i = \begin{cases} 1 \text{ 级} (A_i \geqslant 4\bar{A}) \\ 2 \text{ 级} (2\bar{A} \leqslant A_i < 4\bar{A}) \\ 3 \text{ 级} \left(\dfrac{1}{2}\bar{A} \leqslant A_i < 2\bar{A}\right) \\ 4 \text{ 级} \left(\dfrac{1}{4}\bar{A} \leqslant A_i < \dfrac{1}{2}\bar{A}\right) \\ 5 \text{ 级} \left(\dfrac{1}{4}\bar{A} > A_i\right) \end{cases} \tag{6.1}$$

式中，D_i 为聚落 i 的等级；A_i 为聚落 i 的面积；$\bar{A}$ 为某一时期所有聚落的平均面积。

6.1.2.3　景观指数选择

现有的景观格局指数数量多，大部分指数之间都具有相关性，为了既能准确反映研究区不同等级聚落景观格局特征，又不使指数冗余度过大，根据景观生态学相关原理，本研究选择斑块数目（NP）、斑块总面积（CA）、各等级聚落斑块面积占斑块总面积的比例（PLAND）和斑块平均形状指数（S）定量分析各等级聚落的空间格局。

各等级聚落斑块面积占斑块总面积的比例计算公式为

$$\text{PLAND} = \frac{A_{it}}{\text{CA}_t} \times 100 \tag{6.2}$$

式中，A_{it} 为 i 等级聚落斑块在 t 时期的面积；CA_t 为 t 时期所有聚落的斑块总面积。

斑块平均形状指数的计算公式为

$$S_i = \frac{\sum\limits_{j=1}^{m_i} S_j}{m_i} = \frac{\sum\limits_{j=1}^{m_i} \dfrac{0.25 p_j}{\sqrt{A_j}}}{m_i} \tag{6.3}$$

式中，S_i 为 i 等级聚落斑块平均形状指数；m_i 为 i 等级聚落斑块总数目，S_j 为聚落 j 的斑块形状指数；p_j 为聚落 j 的斑块周长（m）；A_j 为聚落 j 的斑块面积（m²）。

6.1.2.4 聚落与交通关系的度量

岩溶山区聚落在发展演变过程中,都明显地向对外信息交换条件较好的邻近公路的地区集中,表现出沿公路线聚集的趋势,呈"非等距串珠状"的空间分布格局。为进一步分析交通条件对各等级聚落空间格局及演变的影响,本研究在土地覆被数据中提取聚落用地后,利用 ArcGIS 软件生成聚落质点(centroid),将其与同时期公路线状矢量数据作邻域(near)分析(搜索半径为 5km),求取聚落与公路的距离。

6.1.3 结果分析

6.1.3.1 不同等级聚落的时空演变规律

(1) 1963 年各等级聚落的景观特征:从斑块数目来看(表 6.1),1 级、2 级聚落分别为 9 个、20 个,而 4 级、5 级聚落分别为 34 个、66 个,表现出高等级聚落较少、低等级聚落较多的特点。从斑块总面积(CA)来看,1 级聚落斑块总面积为 416 682m²,平均斑块面积为 4.6 万 m²,2 级、3 级聚落的平均斑块面积分别约为 1.9 万 m²、0.7 万 m²,低等级聚落(4 级、5 级)平均斑块面积为 900~3000m²,仅承载独户或数户聚居;从各等级聚落斑块面积占斑块总面积的比例来看,这一时期 1~3 级聚落占所有聚落的 90% 左右,在规模上高等级聚落占绝对优势。此外,这一时期聚落形状指数表现出与聚落等级呈正相关关系,即随聚落等级的升高,形状指数增大,但各等级聚落的斑块平均形状指数低于 2。从空间分布来看(图 6.1),1 级聚落主要分布在耕地条件和交通条件较好的后寨河地区陈旗、马官、余官一带,这些地区以峰林-平原为主要地貌类型,水源条件好、耕地资源多而优;2 级、3 级聚落在后寨河地区、王家寨地区、茂兰地区均有一定分布;由于茂兰地区以峰林-洼地为主要地貌类型,耕地资源少、区域人口承载力低,故 4 级、5 级聚落在这一地区最多。

表 6.1 三个时期各等级聚落景观指数

时期	景观指数	聚落等级				
		1 级	2 级	3 级	4 级	5 级
1963	NP(个)	9	20	63	34	66
	CA(m²)	416 682	385 089	448 802	92 276	61 686
	PLAND(%)	29.7	27.4	32	6.6	4.4
	S_i	1.9	1.8	1.5	1.4	1.3
20 世纪 80 年代	NP(个)	8	22	69	37	62
	CA(m²)	372 452	468 413	577 564	111 560	69 537
	PLAND(%)	23.3	29.3	36.1	7	4.3
	S_i	2.4	2.1	1.7	1.5	1.3

续表

时期	景观指数	聚落等级				
		1 级	2 级	3 级	4 级	5 级
2004	NP（个）	17	15	70	38	129
	CA（m²）	1 589 441	500 531	974 388	171 852	171 791
	PLAND（%）	46.6	14.7	28.6	5	5
	S_i	3.6	3.4	2.6	2	1.6

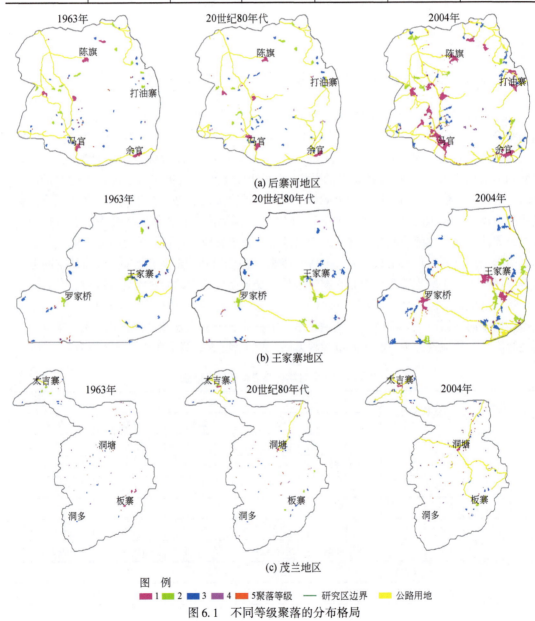

(a) 后寨河地区

(b) 王家寨地区

(c) 茂兰地区

图 例
■ 1 ■ 2 ■ 3 ■ 4 ■ 5聚落等级 —— 研究区边界 —— 公路用地

图 6.1 不同等级聚落的分布格局

（2）20 世纪 80 年代各等级聚落的景观特征：从斑块数目来看，1 级、5 级聚落比 1963 年略有减少，2～4 级聚落均比 1963 年有所增多，但所有等级聚落斑块数目增幅较小。因此，从 1963 年到 20 世纪 80 年代，研究区各等级聚落数目变化不大，总体稳定，发展集中在中等级聚落。从斑块总面积来看，1 级聚落的斑块总面积为 372 452m²，较 1963 年减少 44 230m²，考虑到聚落斑块数目也减少 1 个，故 80 年代 1 级聚落的平均斑块面积与 1963 年相当；这一时期 2 级、3 级聚落斑块总面积分别为 468 413m²、577 564m²，平均斑块面积约为 2.1 万 m²、0.8 万 m²，规模均比 1963 年大；低等级聚落（4 级、5 级）的平均斑块面积与 1963 年相当，为 1000～3000m²。因此，从 1963 年到 20 世纪 80 年代，研究区聚落发展主要集中在中等级聚落上（2 级、3 级）。从各等级聚落斑块面积占斑块总面积的比例来看，80 年代 1 级、5 级聚落的 PLAND 值合计为 27.6%，比 1963 年下降 6%，而 2 级、3 级聚落的 PLAND 值为 65.4%，比 1963 年增加 6%。这进一步证明：1963 年到 20 世纪 80 年代，研究区聚落发展主要集中在 2 级、3 级聚落上。从聚落斑块平均形状指数看，除 5 级聚落的斑块平均形状指数与 1963 年相等外，其他各等级聚落的斑块平均形状指数均高于 1963 年，且聚落等级越高，斑块平均形状指数的增幅越大，说明随着聚落等级的增大，其形状也更趋复杂，这主要与岩溶地区复杂的地形地貌条件有关。从空间分布看，马官北部近公路地带、王家寨近公路地带的聚落等级明显提高，而通达性较差的陈旗东北部、王家寨北部聚落等级降低，说明由于交通条件的改善，邻近公路的聚落等级提高，交通条件对聚落等级演变具有重要影响。从图 6.1 可知，茂兰地区在自然保护区内的板寨一带 1963 年有 1 级聚落存在，而 80 年代 1 级聚落的分布地为保护区外围的太吉寨和洞塘，说明受保护区设置引导，外围地区聚落得到较大发展；同时，受自然条件的影响，低等级聚落在这一地区分布仍较多。综上所述，较 1963 年，80 年代研究区 1 级聚落的数量特征变化小、空间分布变化明显，2 级、3 级聚落得到较大发展。

（3）2004 年各等级聚落的景观特征：从斑块数目来看，较 20 世纪 80 年代，聚落变化主要发生在 1 级、2 级、5 级上，其中 1 级聚落斑块数目达 17 个，比 80 年代增加 1 倍左右；而 2 级聚落斑块数目为 15 个，减少 1/3；5 级聚落斑块数目达 129 个，比 80 年代的 62 个增加 1 倍多，增幅为所有等级聚落中最高。根据罗光杰等的研究成果[9]，这种等级较低的新生型聚落主要集中在对外通达性较好的公路地带。从斑块总面积来看，2004 年各等级聚落的斑块总面积均比 80 年代有较大增长，其中 1 级聚落斑块总面积近 159 万 m²，是 80 年代的 4 倍多，平均斑块面积达 9.3 万 m²，为 80 年代的两倍多；而 2 级聚落尽管斑块数目减少，但斑块总面积的增大使平均斑块面积达 3.3 万 m²，聚落规模增大；3 级聚落的平均斑块面积近 1.4 万 m²，比 80 年代增加 6000m²，增幅达 75%；4 级、5 级聚落的平均斑块面积为 1300m²～4500m²，仍然表现为单户或数户聚居。从各等级聚落斑块面积占斑块总面积的比例来看，1 级聚落的 PLAND 达 46.6%，占所有聚落的近一半，而 2～4 级聚落的 PLAND 值均比前两个时期低，最低等级（5 级）聚落的 PLAND 值有所增加，表明 20 世纪 80 年代到 2004 年，尽管各等级聚落均得到了较大发展，但发展的强度在 1 级、5 级较大。从形状指数分析，这一时期各等级聚落的斑块平均形状指数值均比前两个时期大，且差异较大，表明随着聚落规模增大，其空间分布形状越趋复杂；同时，这一时期聚落斑块平均形状指数仍表现出与聚落等级呈正相关关系。从各等级聚落的空间分布看，80年代到2004年，公路沿线的聚落得到较大发展，新增的高等级聚落集中在此地带；王家寨地区的3级以上聚落明显增多，规模显著提高，主要由于该地区位于省会周边，受其辐射作用大，发展迅速；后寨河地区公路通达性较差的部分低等级聚落消亡；而茂兰地区公路沿线的中低等级聚落明显增多，由于受峰丛洼地地貌和资源条件的作用，保护区实验区、外围区低等级聚落仍然较多，多分布在洼地边缘的过渡地带，3个时期茂兰地区占绝对优势的低等级聚落呈现出"一洼一聚落"的分布格局（图6.2）。

图6.2　"一洼一聚落"的分布格局

注：照片拍摄于2008年

6.1.3.2　不同等级聚落演变与交通条件的关系

岩溶山区自中华人民共和国成立以来聚落规模和数量不断提高，一方面是因为人口的增长；另一方面是因为当地社会经济的发展，生活水平和质量明显提高，农村居民人均住房面积增加，聚落规模不断扩大。同时，岩溶山区早期人类活动主要以农耕为主，产业结构单一，对外依存度较低，聚落表现出较高的封闭性，故中华人民共和国成立初期岩溶山区聚落主要布局在土地资源多而优的洼地（坝子）地带，其规模与洼地（坝子）大小相关性较高[10]；之后随着产业结构的变化、生产力水平提高、与外界物质信息交换增多，聚落开始向交通线集聚。因此，本节重点探讨了不同等级聚落演变与交通条件的关系。

由图6.3可知，1963~2004年研究区1级聚落距公路的距离均在150m左右，结合1级聚落的规模（>4万m^2），可判定1级聚落3个时期分布于公路沿线的占绝对优势。1963年、20世纪80年代2级以下聚落平均距公路的距离都在500m以上，说明这两个时期研究区除1级聚落外，其他各等级聚落受公路的吸引较弱，同时也表明这一时期公路建设主要以通向1级聚落为主；到2004年，除1级聚落由于自身规模扩大而造成质点外移，其他各等级聚落距公路均的距离较80年代大幅缩小，呈现向公路集聚的趋势，尤其5级聚落在这一时期接近公路的程度大大提高，说明低等级聚落的空间移动量大，方向为公路两侧。而同期4级聚落距最近公路的距离平均达623m，对外通达性仍然较差，原因在于该等级聚落较5级聚落规模大，空间重构成本高，同时其数量也较少，分布密度低，改善交通条件的成本也较高，因此未来聚落优化建设、农村交通条件改善应该将4级聚落作为重点对象。

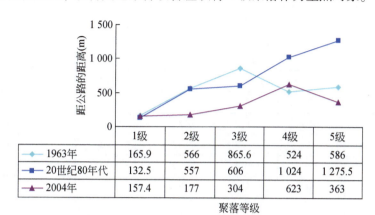

聚落等级	1级	2级	3级	4级	5级
1963年	165.9	566	865.6	524	586
20世纪80年代	132.5	557	606	1 024	1 275.5
2004年	157.4	177	304	623	363

图6.3　聚落等级与公路的关系

从表6.2进一步确认：研究区3个时期1级聚落（除1963年保护区内的板寨外）大多分布在公路两侧300m范围内，对外通达性好；1963～2004年2级聚落在距公路0～300m梯度内占所有2级聚落的PLAND逐渐提高，2004年PLAND达88.5%。而斑块数目上，2004年15个2级聚落中有13个在0～300m梯度内，这一梯度内的2级聚落占绝对优势，表明2级聚落的交通条件也得到了较大改善，其向公路的集聚程度提高；3级聚落在0～300m梯度内的PLAND值与NP值呈不断提高的趋势，而在300～600m、600～1000m两个梯度内的PLAND与NP呈先增加后减少、总体稳定的趋势，在1000m以外，2004年NP和PLAND分别为5个和9.2%，为3个时期中最低，说明3级聚落也在不断向公路集聚；4级聚落与其他各等级聚落相反，较1963年，2004年在0～300m梯度内的PLAND值不升反降，其他梯度内则不降反升，说明4级聚落的交通条件并没有得到有效改善，其空间重构性低，亟须改善交通条件，提高对外通达性；5级聚落尽管在0～300m梯度内的NP值较高，但截至2004年，其他梯度内的5级聚落仍然不少，考虑到交通建设的成本，这部分聚落的重构应重点考虑空间迁移，以改善对外通达度。

表6.2　不同等级聚落与公路的距离梯度动态变化

聚落等级	距公路的距离（m）	1963年		20世纪80年代		2004年	
		NP（个）	PLAND（%）	NP（个）	PLAND（%）	NP（个）	PLAND（%）
1	0～300	8	92.3	8	100	17	100
	300～600						
	600～1000						
	>1000	1	7.7				

聚落等级	距公路的距离（m）	1963 年		20 世纪 80 年代		2004 年	
		NP（个）	PLAND（%）	NP（个）	PLAND（%）	NP（个）	PLAND（%）
2	0~300	10	50.2	15	68.3	13	88.5
	300~600	1	4.2	1	4.1		
	600~1000	6	29.7	2	8.4	2	11.5
	>1000	3	15.8	4	19.2		
3	0~300	28	42.2	33	47.7	48	68.6
	300~600	10	18.2	16	24.7	11	14.3
	600~1000	6	9.3	7	12.2	6	8.0
	>1000	19	30.3	13	15.4	5	9.2
4	0~300	20	58.0	16	46.6	19	48.6
	300~600	4	13.2	3	7.0	6	16.2
	600~1000	4	11.5	9	22.6	5	15.1
	>1000	6	17.4	9	23.8	8	20.1
5	0~300	42	62.8	21	33.0	85	57.0
	300~600	3	5.2	9	13.3	20	19.3
	600~1000	5	8.1	10	12.9	12	12.6
	>1000	16	23.8	22	40.8	12	11.1

6.2 耕地对岩溶山区聚落演变的影响——以后寨河地区为例

6.2.1 数据获取

数据的获取详见5.2.1节。

6.2.2 聚落演变与耕地的关系

从表6.3中可以看出，在后寨河地区峰林-盆地、峰丛洼地、丘陵-洼地、峰林-谷地1963年可耕土地的面积分别为1647.268hm²、1405.546hm²、315.561hm²、371.009hm²。根据表5.3可知，相应地貌类型下的聚落总面积分别为47.5371hm²、12.6407hm²、9.9781hm²、9.2695hm²。从以上数据可以得出，峰林盆地由于其可耕土地的优势明显，因而聚落的分布规模也明显高于其他地貌区。这说明聚落分布已经与可耕种土地（特别是水田）的绝对数量有明显的正相关关系。到2004年，峰林-盆地、峰丛洼地、峰林-谷地、丘陵-洼地4种地貌类型下的聚落面积分别为：130.3908hm²、23.6022hm²、28.4965hm²、24.9099hm²，相应的，可耕种土地的总面积分别为：1551.802hm²、1362.749hm²、378.895hm²、289.661hm²。这说明在可耕种土地量有绝对优势的地区，聚落的分布规模仍然占有较大的比重；但在其他地貌类型区，聚落面积与可耕种的正相关关系出现了变化。例如，在峰林–谷地、丘陵–洼地地貌区，可耕种土地的差异并不大，而丘陵–洼地的聚落规模明显大于峰林–谷地的聚落规模。

表 6.3　不同地貌类型区两个时期耕地面积　　　　　　　　单位：hm²

耕地	1963 年				2004 年			
	峰林–盆地	峰林–谷地	峰丛洼地	丘陵–洼地	峰林–盆地	峰林–谷地	峰丛洼地	丘陵–洼地
水田	939.783	191.572	378.568	220.076	913.785	188.279	390.240	187.737
旱耕地	707.485	179.437	1026.978	95.485	638.017	190.616	972.509	101.924

从聚落的分布格局来看，1963 年，农业生产是岩溶山区农村居民的主要活动方式，聚落主要布局在地势低平、土地生产力水平高的地区，而峰林–盆地地貌区正好耕地资源（特别是水田）丰富，生产潜力大，所以这一地区成为聚落的理想分布地，而其他类型地貌区由于受地形条件和耕地的限制，聚落的分布规模也较低。这也正好说明这一时期聚落的分布与土地生产力水平呈显著正相关关系。

在经过几十年的发展，除峰丛洼地变化较小外，峰林–盆地、峰林–谷地、丘陵–洼地的 PLAND 已经从 1963 年的 2.084、1.836、2.462 提高到 2004 年的 5.717、5.644、6.147，而这 3 种地貌的可耕种土地数量均有一定下降，但总体来讲变化量不大。据此，我们认为，虽然可耕种土地的规模在聚落的初始分布过程中具有决定性的作用，但随着聚落的发展，耕地对聚落的发展的影响力已经明显减弱。因此可认为后寨河地区不同地貌类型下聚落在 1963 年时，其分布格局是由土地生产力水平所决定的，而土地生产力水平在后期聚落的发展演变过程中并不起主导作用。一方面，因为科技进步而提高耕地的单位生产力来支持人口增长和聚落扩大，但这不足以成为聚落 PLAND 提高近 3 倍的主要原因；另一方面，在几十年的发展过程中，特别是改革开放以后，农村人口大量外出就业以及产业结构的调整带动了这一地区聚落的巨大变化，这在聚落的演变过程中起到了决定性作用。

6.3　聚落分布变化的解释

6.3.1　研究区概况

选择贵州省后寨河、王家寨、花江、茂兰 4 个地区作为研究区。根据这 4 个典型地区的自然条件、经济社会状况，本研究将后寨河、王家寨、花江、茂兰这 4 个研究区分别定为一般发展、优化发展、恶劣条件下发展、保护发展 4 种类型。

6.3.2 聚落分布演变

根据表 6.4 可知，1963～2004 年，后寨河、王家寨、花江、茂兰 4 个地区新生型聚落的平均斑块面积都不到 4000m²，说明研究区聚落在几十年的发展过程中，新生聚落的平均斑块面积小，这类型聚落主要表现为单户独居或数户聚居。从斑块数目来看，花江地区新生型聚落最多，达 89 个，斑块总面积达 167 124m²，这在该地区其他类型聚落中占绝对优势，说明新生型聚落是该地区聚落在几十年中的主要发展方向。消亡型聚落在茂兰、花江两地区最多，分别为 27 个、21 个，平均斑块面积分别为 2134m²、1064m²，同时，两地区平均斑块面积均较大（变化量大于 4000m²）的聚落消亡，说明这两个地区原有聚落消退剧烈。王家寨地区扩展型和扩展-合并型聚落为 30 个，占 1963 年聚落总数的 79%，其扩展部分总面积达 433 350m²，占 2004 年聚落斑块总面积的 61%，因此，1963～2004 年王家寨聚落发展以在原有聚落基础上扩展、扩展-合并为主要特征。在未变化型聚落中，茂兰以 38 个居各研究区之首，同时，该地区聚落的斑块总面积变化不足两倍，说明该地区聚落在几十年中发展滞缓。

表 6.4　研究区 5 种类型聚落景观指数变化

指标	后寨河					王家寨				
	新生	消亡	扩展	扩展-合并	未变化	新生	消亡	扩展	扩展-合并	未变化
最大斑块面积(m²)	38 829	534				12 573	1 001			
斑块总面积（m²）	208 806	1 669				101 488	2 170			
扩展面积（m²）			609 148	458 657	4 798			195 587	237 763	926
斑块数目（个）	53	6	27	22 9	11	43	3	11	19 9	5
平均变化面积(m²)	3 940	278	22 561		436	2 360	723	17 781		185

指标	茂兰						花江					
	新生	消亡	扩展	扩展-合并	未变化	退化	新生	消亡	扩展	扩展-合并	未变化	退化
最大斑块面积(m²)	20 208	11 947					16 280	4 788				
斑块总面积（m²）	138 030	57 615					167 124	22 345				

指标	茂兰						花江					
	新生	消亡	扩展	扩展-合并	未变化	退化	新生	消亡	扩展	扩展-合并	未变化	退化
扩展面积 (m²)			174 201	29 390	41 079	-27 318			72 056	21 959	11 029	-5 137
斑块数目 (个)	48	27	16	2 1	38	2	89	21	9	6 3	7	1
平均变化 面积(m²)	2 876	2 134	10 888		1 081	-13 659	1 878	1 064	8 006		1 576	-5 137

注：斑块总面积为 2004 年斑块面积，扩展面积由 2004 年斑块总面积减 1963 年斑块总面积算得；扩展-合并型斑块数目的前一个值为 1963 年，后一个值为 2004 年

6.3.3 聚落分布变化解释

从自然条件来看，聚落的分布与规模是由人口分布特征和规模所决定，而人口规模又取决于当地的土地生产力水平[11]。在岩溶山区，土地生产力水平受自然条件制约而与其他地貌类型有巨大差异，进而影响了聚落的发展；土地生产能力的空间分布和规模也与聚落的空间分布和规模基本一致，并呈明显的正相关关系。岩溶山区聚落在最初分布过程中，土地生产力水平起到决定性作用。在后寨河地区，由于其耕地的绝对优势，其聚落在 1963 年规模明显高于其他地区。

从聚落斑块平均形状指数来看（表 6.5），4 个地区 2004 年都比 1963 年高，这主要是由于聚落在初始发展时期，规模相对较小，受地形的制约较小，聚落形状较为规则，而之后聚落在扩展变化的过程中又受制于岩溶地区特殊地理条件限制，呈现多样化、不规则分布形状，与我国平原区聚落分布格局演变规律差异明显。在代表恶劣条件下发展型的花江地区，1963 ~ 2004 年聚落的斑块平均形状指数均较高，说明其受峡谷地貌的限制，聚落形状复杂。到 2004 年这一地区新生型聚落是主要发展方向，同时其消亡型聚落也较多，这主要由其自然因素所致，一方面，由于恶劣地理条件影响，耕地质量低，农业生产成本随耕作半径增加而急剧增大，单户或几户聚落布局在距耕地较近的地方；另一方面，在这一地区属生态环境敏感区，人类活动的影响导致水土流失、土地退化、石漠化加剧，从而使聚落外迁，使这一地区聚落走上一条"聚落进—环境退—聚落退"的恶性发展的道路。从空间上看，4 个地区新生型聚落呈"沿公路非等距串珠状"分布，其中，非等距性主要受岩溶山区地形、土地覆被、水源等因素的空间分布不均所致。同时，4 个地区经过几十年的发展，一方面，交通条件得到极大改善，使分布在距公路较近聚落数量和面积明显加大；另一面，区域内原有公路发展为地区主要交通干线，增强了对外通达度，从而吸引聚落在交通线两旁聚集、扩展。总之，在演变过程中，岩溶山区的聚落都明显地向对外信息交换条件较好的邻近公路的地区集中，表现出沿公路线聚集的趋势（图 6.4）。

表6.5　聚落景观指数变化信息

	1963 年				2004 年			
	后寨河	王家寨	茂兰	花江	后寨河	王家寨	茂兰	花江
MAXP（m²）	71 216	24 646	32 168	11 419	312 821	77 883	62 302	20 932
MINP（m²）	665	337	101	112	104	90	304	108
CA（m²）	794 254	176 542	349 254	75 429	2 073 994	710 136	653 021	320 115
NP	66	38	85	44	100	68	105	109
AV-AREA（m²）	12 034	4 646	4 109	1 714	20 740	10 443	6 219	2 937
S	1.587	1.329	1.419	1.958	2.677	2.156	1.702	2.525
PLAND（%）	1.267	0.845	0.235	0.244	3.307	3.400	0.440	1.037

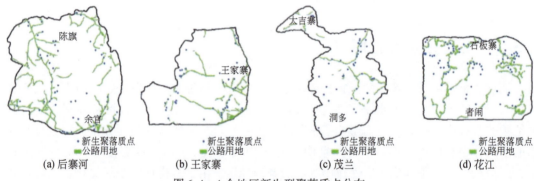

图6.4　4个地区新生型聚落质点分布

　　从社会经济条件来看，4个研究区内所有聚落的斑块总面积在1963～2004年都实现增长（表6.5），这主要原因是岩溶山区从1963年以来，特别是改革开放以来，社会稳定、人口持续增加、经济快速发展和社会持续进步，一方面人口总数增加而导致聚落的斑块总面积增长；另一方面，人均住房面积的增加也促进了聚落总面积的增长。

　　4个地区由于其社会经济因素发展水平的差异，聚落在发展水平和方向上都表现出异质性。代表优化发展型的王家寨地区，聚落斑块总面积在1963～2004年增长了4倍多，增长幅度居4个研究区之首，这主要是由于其接近贵阳，受大城市的辐射带动，其良好的区位优势促进了这一地区聚落的快速发展。同时，由于该地区原有聚落布局相对合理，大型聚落的吸引力和聚集作用大，聚落主要发展方向表现为扩展和扩展–合并。在代表保护发展型茂兰地区，由于受自然保护区的保护性政策的影响，聚落发展比其他地区缓慢，未变化型聚落较多；而其消亡型和新生型聚落仍较多，说明受保护区需要，聚落政策性或自发性地迁到保护区外围。而在一般发展型的后寨河地区，因人口增长和经济发展，新生、扩展、合并等类型聚落不断增长，而消亡型和未变化型聚落主要位于生产生活条件差的峰林–洼地区。

6.4 本章小结

（1）岩溶山区聚落在 1963 年的最初分布过程中，由于聚落规模较小，受地貌影响较小，聚落分布形状较为规则。经过几十年的发展中，聚落在不断增长的同时又受山区地理环境的限制，聚落分布形状趋于复杂。

（2）研究区聚落在 1963 年的最初分布过程中，由于土地生产力水平起到决定性作用，聚落主要分布于地势低平、生产力水平高的地区；同时，在聚落形状方面，这一时期所有地貌类型的聚落规模较小，受地貌影响较小，因此聚落分布形状较为规则。经过几十年的发展，到 21 世纪，除峰林–洼地变化幅度较小外，其他地貌区聚落出现了明显增长，但土地资源总量却不增反降，说明在聚落在几十年的演变过程中，劳动力对外输出而引起的外部资源内流以及当地的产业结构的调整起了决定性作用。

（3）聚落等级变化与交通条件的关系：岩溶山区高、低等级聚落的公路通达性不断提高，但其成因不同。高等级（1 级、2 级）聚落的公路通达性不断提高主要由交通条件改善所致，而低等级（5 级）聚落的公路通达性提高则由聚落的空间重构所致，其向公路两侧集聚。

（4）岩溶山区聚落等级变化除受交通条件影响外，也受区域经济发展水平、自然地理因素的影响。2004 年王家寨地区 3 级以上聚落明显增多，规模显著提高，主要由于该地区位于省会周边，受其辐射作用大，发展迅速；而 3 个时期在茂兰地区受峰丛洼地等自然条件影响，低等级占绝对优势，呈现出"一洼一聚落"的分布格局。

参 考 文 献

[1] 郭晓东，张启媛，马利邦. 山地–丘陵过渡区乡村聚落空间分布特征及其影响因素分析. 经济地理，2012，32（10）：114-120.

[2] 史焱文. 传统农区工业化进程中乡村聚落空间演变研究. 河南大学博士学位论文，2016.

[3] 韩非，蔡建明. 我国半城市化地区乡村聚落的形态演变与重建. 地理研究，2011，30（7）：1271-1284.

[4] 娄帆，李小建，陈晓燕. 平原和山区县域聚落空间演变对比分析——以河南省延津县和宝丰县为例. 经济地理，2017，37（4）：158-166.

[5] 许家伟. 乡村聚落空间结构的演变与驱动机理. 开封：河南大学博士学位论文，2013.

[6] 彭鹏. 湖南农村聚居模式的演变趋势及调控研究. 上海：华东师范大学博士学位论文，2008.

[7] 李伯华，刘沛林，窦银娣. 转型期欠发达地区乡村人居环境演变特征及微观机制——以湖北省红安县二程镇为例. 人文地理，2012，27（6）：56-61.

[8] 金日学，周博生. 从人地互动角度分析苏北地区乡村聚落的演变. 小城镇建设，2016，9：75-89.

[9] 罗光杰，李阳兵，王世杰. 岩溶山区聚落分布格局与演变分析——以普定县后寨河地区为例. 长江流域资源与环境，2010，19（7）：802-807.

[10] 周国富. 喀斯特峰丛洼地系统土地利用与人口聚落分布. 中国岩溶，1995，15（2）：194-198.

[11] Yan D X. Rock desertification in the subtropical karst of South China. Zeitschrift für Geomorphologie, 1997, 108：81-90.

第7章 岩溶山地聚落内部结构与功能演变的案例研究

自从 1978 年改革开放后，大量的乡村人口外迁使中国从依附于土地的农业社会转变成城市和工业社会[1]，中国乡村面临着人口外迁、有限的就业机会、较差的住房条件与基础设施缺乏等问题[2]。在中国中西部，一方面，因省际人口流动，乡村居民点面积和乡下户籍人口表现为明显的脱钩[3]；但另一方面，乡村住房建设增加和对农村土地管控导致了乡村居民点快速发展，1990~2000 年全国近 60%的乡村居民点来自侵占耕地[4]，导致农田损失严重[5]。全国县域农村居民点变化类型可划分为增长型活跃区、增减平衡型活跃区、减少型活跃区、变化迟缓型区 4 种类型[6]，存在明显的区域差异性。在城乡快速转型和城乡一体化发展的背景下，出现了传统村落快速消亡、过疏化、空心化、脱离乡村实际的城市公寓式的简单机械集中等现象[7]。乡村聚落空间格局正面临着重构问题[8]，因此，有必要从多角度揭示乡村转型发展的特征、规律和机制。鉴于此，有学者从村落尺度对农业主导型"空心村"进行了系统研究[9]；有学者发现乡村转型发展存在由"内生式"非农化进程和"外拉式"非农化进程导致的聚落"实心"与"空心"的"极化"过程[10]；有学者发现发达地区乡村聚落由单一的居住生活功能向居住–工业生产–休闲旅游复合功能转变[11]；有学者发现乡村聚落空间分布上呈现出一定交通指向、中心地指向、耕地资源禀赋指向、宜居地域指向[12]；还有学者认为新型乡村聚落的形成带来了乡村社会的重构，但是现有研究对于新型乡村聚落社会重构关注不够[13]。

乡村聚落空间在某种程度上作为农户依据区域环境、政策背景、农户条件等多方博弈后，是自身需求与意愿、能力在空间上的一种表达，其演变受农户生计需求、资产状况、住居观念及政府外力等多重因素的影响[14]。聚落演变不仅是空间形态与格局的变化，还表现为聚落内部结构和功能的变化。在经济发达地区，受乡村工业发展的驱动，乡村聚落无论是空间形态还是土地承载功能都已经发生了显著改变[11]。但目前相当多的研究忽视了对村域层面村庄空间演化的分析，对于乡村聚落演化的微观机制研究不够深入[15]，从微尺度考察农村居民点演变为解决当前农村发展中出现的问题提供了重要视角[16]。

喀斯特山地是典型的脆弱生态环境区[17]，掌握好喀斯特地形对喀斯特聚落产生和发展的影响以及由此形成的空间变化特点[18]，揭示乡村转型发展时期喀斯特山地聚落的多元演化路径及其空间分布，对揭示喀斯特山地乡村聚落多元演变的一般规律、促进喀斯特山地乡村选择适宜的生产、生活和生态空间的重构模式有着重要意义。但有关喀斯特聚落的研究侧重于其聚落与人口的耦合演化[19]，对聚落自身的斑块行为特征、聚落内部的分化、聚落演化的多样性和多途径仍缺乏深入研究。本章选择位于贵州省高原面上的典型喀斯特乡村聚落，以长时间序列的高分辨率遥感影像为主要数据源，结合实地农户调查，在聚落斑块尺度上探讨研究区聚落的空间演化模式、各聚落斑块内部的演化分异，有助于为喀斯特地区土地利用管理、生态建设和区域可持续发展提供理论参考和实际案例。

7.1　研究区概况

后寨河地区位于贵州省中部高原面的长江流域和珠江流域的分水岭地区，包括普定县马官镇、城关镇的余官、赵家田和白旗堡等行政村，从地貌类型看，为浅丘平坝环绕的峰丛洼地，是贵州中部高原的代表性喀斯特组合地貌。其具体情况详见李阳兵等的研究[19]。

7.2　研究方法

7.2.1　数据来源

数据来源见 3.2.2 节。

7.2.2　聚落新、旧斑块划分

在前述详细调查的基础上，结合聚落影像特征，判断一个时期聚落的新老。本节采用的遥感影像分辨率为 2.5m，1963 年和 1978 年的影像是黑白航片，但分辨率为 1m，能够识别出聚落房屋新旧组成的空间差异，同时，也结合各期影像所反映的聚落扩展对比，确定出聚落扩展部分的时间，以进一步佐证聚落房屋的新旧空间组成。例如，某时期某一聚落大部分房屋以 30 年前修建为主，则定义为以老旧为主型；若以近 10 年修建为主，则定义为以新为主型；除此两种情况，则定义为新旧混杂型。以 2010 年为例，该聚落若以1963 年一直存在的房屋为主，定义为以老旧为主型；若以 1970 年以来修建的房屋为主，定义为新旧混杂型；若以 2000 年修建的房屋为主，定义为以新为主型。

7.3　结果分析

7.3.1　研究区聚落内部结构的变化

1. 研究聚落的建筑年代变化

研究区各乡村聚落在不同时间段建设的房屋的数量比例差异较明显（图 7.1）。例如，草塘聚落存在 1950 年和 1980 年两个建房高峰；打油寨聚落在 2000 年左右出现建房高峰，此阶段建成房屋占聚落房屋总数的比例为 48%，然后呈下降趋势；高羊聚落从 2000 年开始建房逐渐增多；号营聚落自 1970 年以来，一直维持着相对较高的建房比例；李打拱聚落自 1970 年以来建房逐渐增多，在 1990 年、2000 年形成建房高峰，然后出现下降趋势；磨盘山聚落在各时间段都有建房，至 2010 年达到高峰；马官聚落 1950 年以前建成的房屋占 27%，1970 年以来各时间段或多或少都有新房屋建成；平山聚落的建房高峰出现在 1960 年和 2000 年；上坝聚落的建房高峰出现在 1990 年和 2010 年；田坝聚落的建房高峰出现在 1990 年和 2000 年；下坝聚落和余官聚落类似，建房高峰出现在 2000 年；畜牧场聚落的房屋主要建成于 1980 年；赵家田聚落房屋主要建于 1980 年及以后。各乡村聚落房屋建成时间的差异反映了各聚落所处自然条件和区位条件的差异，也是各聚落差异演化和多元演化的直接证据。

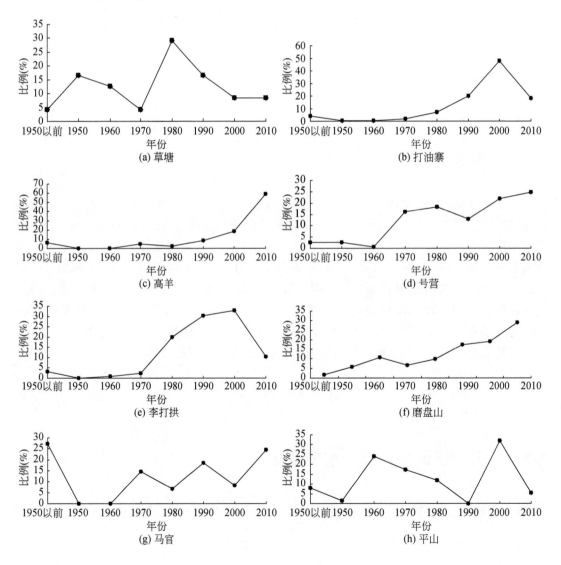

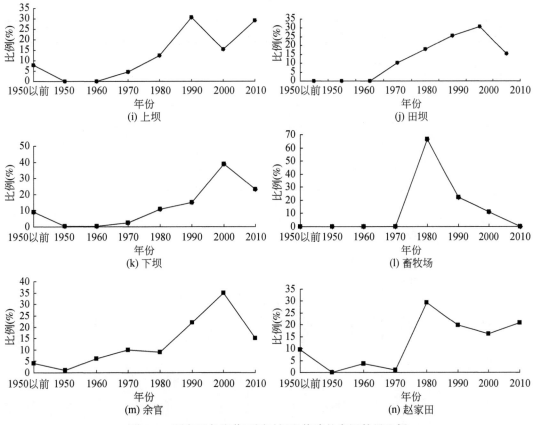

图 7.1　研究区各聚落不同时间段修建的房屋数量比例

2. 楼层数

各聚落房屋以1层和2层的房屋为主（表7.1，图7.2），反映了研究区乡村聚落以平房为主体的特点。其中，号营聚落、下坝聚落和余官聚落2层以上房屋相对较多，而这几个聚落2000年以来的建房比例也相对较高，说明当地农户对住房存在改善性需求。

表 7.1　研究区聚落房屋楼层数　　　　　　　　　　　　单位：座

聚落	1层	2层	3层	4层	总计
草塘	23	1			24
打油寨	124	71	5		200
高羊	53	28	1		82
号营	78	85	23		186
李打拱	98	27			125
磨盘山	92	26	2		120
马官	293	85	5		383
平山	51	44	3	1	99

续表

聚落	1 层	2 层	3 层	4 层	总计
上坝	32	27	6		65
田坝	26	13			39
下坝	148	95	11	3	257
畜牧场	9				9
余官	237	126	37		400
赵家田	73	29	2	2	106
总计	1337	657	95	6	2095

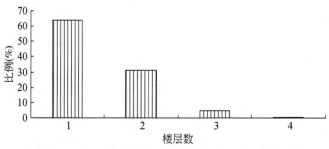

图 7.2　研究区各聚落楼层数房屋比例

3. 建筑材料

研究区乡村聚落房屋的建材有木材、砖、石头、钢筋混凝土等（表 7.2），又以砖混和石混为主（图 7.3），分别占到了 51.37% 和 38.74%。一些规模较大的聚落，如号营、余官 2015 年建造的聚落使用了钢混材料。

表 7.2　研究区聚落房屋建材状况　　　　　　　　　单位：座

聚落	木材	砖混	石混	钢混	石木	石质	砖	总计
草塘		2	21					23
打油寨	3	121	76					200
高羊		21	61					82
号营	16	98	47	15	8	1	1	186
李打拱	7	83	33			1		124
磨盘山	1	72	48					121
马官	87	133	161	1		1		383
平山	1	65	33					99
上坝		50	15					65
田坝		13	26					39
下坝	9	146	102					257

续表

聚落	木材	砖混	石混	钢混	石木	石质	砖	总计
畜牧场		1	8					9
余官	38	256	127	10		1	1	433
赵家田	2	38	66					106
总计	164	1099	824	26	8	4	2	2127

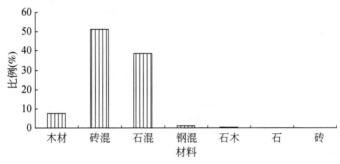

图 7.3 研究区各聚落不同建材所占比例

4. 聚落空心化状况

研究区各聚落房屋为农户实际使用（无空心化）的占 56.27%，仅老人居住的房屋占 17.22%，非家庭主要住房的占 15.06%，废弃的占 11.45%（图 7.4）。当然，各聚落空心化情况也存在明显的差异（表 7.3），从数量上看，余官聚落、马官聚落、打油寨聚落和下坝聚落废弃的房屋较多；从比例上来看，畜牧场、田坝和马官聚落废弃的比例相对较高。

表 7.3 研究区聚落房屋使用状况 单位：座

聚落	非家庭主要住房	废弃	仅老人居住	无空心化	总计
草塘	5	6	11	2	24
打油寨	59	40	31	136	266
高羊	36	12	11	36	95
号营	19	12	10	139	180
李打拱	29	9	12	65	115
磨盘山	16	12	32	60	120
马官	33	45	64	235	377
平山	1	4	10	87	102
上坝	15	2	6	52	75
田坝	15	15	7	28	65
下坝	30	30	73	99	232
畜牧场		5	1	3	9

续表

聚落	非家庭主要住房	废弃	仅老人居住	无空心化	总计
余官	56	50	79	247	432
赵家田	20	12	35	59	126
总计	334	254	382	1248	2218

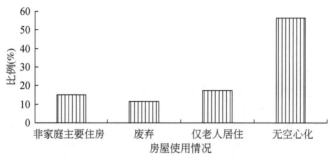

图 7.4　研究区各聚落使用总体情况

7.3.2　研究区聚落演变类型

　　研究区聚落面积从 1963 年的 76.34hm² 增加到 2015 年的 346.72hm²，1963 年、1978 年、2004 年、2010 年和 2015 年聚落面积占研究区总面积的比例分别为 1.22%、1.24%、3.48%、4.49% 和 5.53%。可以看出，研究区聚落总面积在 2004 年以后增加较快，但研究区聚落扩展在空间上是不均匀的，各聚落内部的变化也存在差异，不断分化，形成多元演变模式。聚落演变不仅是空间形态与格局的变化，还表现为聚落内部结构和功能的变化[11]。进一步研究主要针对研究区 1963 年存在的典型聚落，详细调查这些聚落各住户的家庭主要用房、非家庭主要用房和废弃房，查明家庭主要用房的房屋建筑年份、楼层数、建筑材料现状、农户的使用程度以及废弃的房屋等，并结合聚落规模的变化，来体现聚落演化类型，并将研究区的聚落演化类型划分为衰退型、内部调整型、基本不变型和扩展型（表 7.4）。

表 7.4　研究区聚落演化类型划分

聚落演化类型		房屋建筑年份	建筑材料现状	楼层数	农户使用程度	规模变化
衰退型	逐渐废弃	1960 年前为主	石质为主	1 层为主	废弃比例高	扩展缓慢，新房建于周边
	自然衰落	1980 年前	石混	1 层	人口流失	无新建房屋，规模无变化
	异地建新	1980 年前为主	石质为主	1 层为主	废弃比例高	原聚落衰落，异地建设新聚落

续表

聚落演化类型	房屋建筑年份	建筑材料现状	楼层数	农户使用程度	规模变化
内部调整型	混杂	砖混、石混为主	1 层、2 层为主	废弃较多	内部改造，新旧房屋混杂
基本不变型	1900 年为主	石混为主	1 层为主	无废弃	无变化
扩展型	1980 年后为主	石混、砖混为主	1 层和 2 层为主	无废弃	规模扩展

7.3.2.1 衰退型

（1）逐渐废弃型：研究区此类聚落规模仍有一定程度的扩展，但内部逐渐空心化，如赵家田、打油寨等聚落。聚落紧靠山麓，内部多为 20 世纪 60 年代以前修建的房屋，多为1 层，且多为利用当地丰富的石头建造。目前这些房屋多数被废弃，或为家庭非主要住房，或仅有老人居住。2000 年以来农户修建的砖混住房占用聚落周边的耕地，分布在聚落外围（图 7.5）。

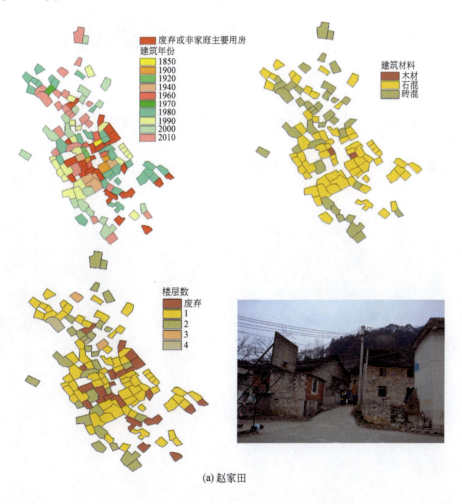

(a) 赵家田

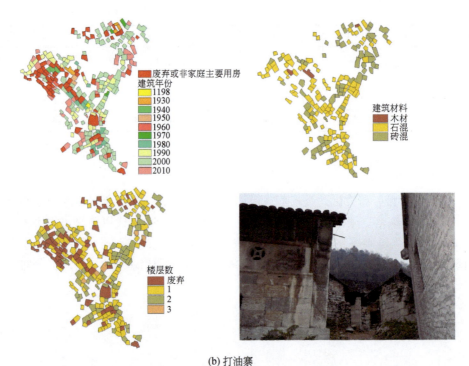

(b) 打油寨

图 7.5 聚落内部逐渐空心化

（2）异地建新型：老旧聚落地处偏僻，或分布于海拔、坡度较高地势，已无原地扩展可能，因此，农户逐渐迁离，相隔一定距离在条件合适处另建住房，形成新聚落。研究区中草塘、老寨子等聚落是此类型的典型代表。例如，草塘聚落目前有 24 户住房，8 户建于1960 年前，8 户建于 1970～1980 年，仅 3 户住房为砖混材料，1 户住房为 2 层，多数住户已迁走（图 7.6）。

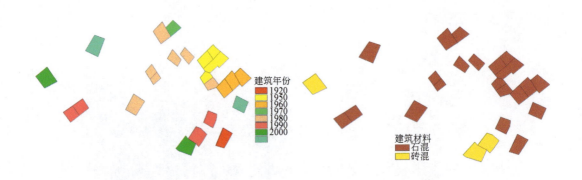

图 7.6 草塘聚落的建筑年份、建筑材料和楼层数

（3）自然衰落型：研究区中，此类聚落地处偏僻、交通不便，尽管耕地资源等条件较好，聚落规模却往往较小。例如，畜牧场等规模较小的聚落，农户少，房屋基本建于 1990 年前。近年来聚落规模无扩展，无新建房屋，整个聚落不断变破旧，处于自然衰败中（图 7.7）。此类聚落的衰落，反映了影响聚落演变的因素已逐渐由耕地资源等自然条件向交通可达性等社会经济因素转变。

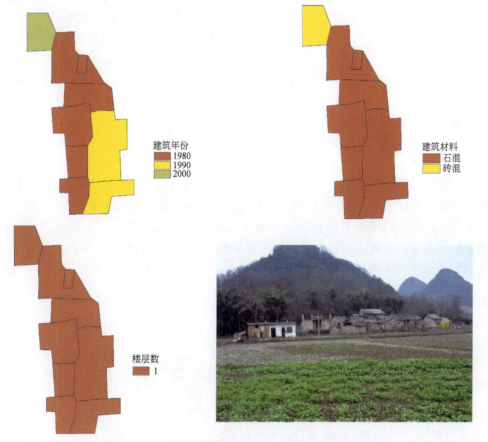

图 7.7 畜牧场聚落的建筑年份、建筑材料和楼层数

7.3.2.2 内部调整型

此类聚落内部不断调整，聚落新旧房屋混杂，如中坝、后山、下坝和余官等聚落（图7.8）。这类聚落往往规模较大，人口众多，道路可达条件较好。在聚落内部的一些老旧房屋被废弃的同时，聚落内部近年来也新建了一些住房，与原有的以石、木为建材的老旧房屋形成明显对比。

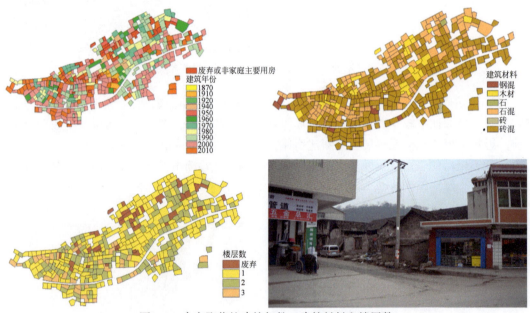

图7.8　余官聚落的建筑年份、建筑材料和楼层数

7.3.2.3 基本不变型

此类型聚落呈现旧聚落多年无变化，在旧聚落边缘形成新的聚落的态势。马官聚落是这种聚落演化模式的典型代表。马官旧聚落背靠山麓，多数房屋建于1900年，多为1层的石头平房，旧聚落内部基本没有改造，仍保留着传统风貌（图7.9）。在其西北，新聚落不断往坝子扩展，在其南侧，新建房屋沿道路扩展，新形成的聚落规模远远超过了旧聚落，而成为马官镇的中心（图7.10）。

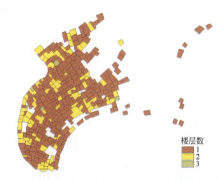

图 7.9 马官聚落的建筑年份、建筑材料和楼层数

图 7.10 马官聚落的空间扩展变化

7.3.2.4 扩展型

研究区此类聚落原规模较大，在近年道路条件改善后，聚落呈多种类型综合演化，如李打拱和荷包村聚落（图 7.11）。这类聚落房屋以 20 世纪 80 年代及以后的为主，近年来修建的 2 层房屋占有较高的比例，聚落沿道路不断扩展；同时，这类聚落除满足农户的居住需求外，随农户生计的变化，聚落功能多样性也不断增加。

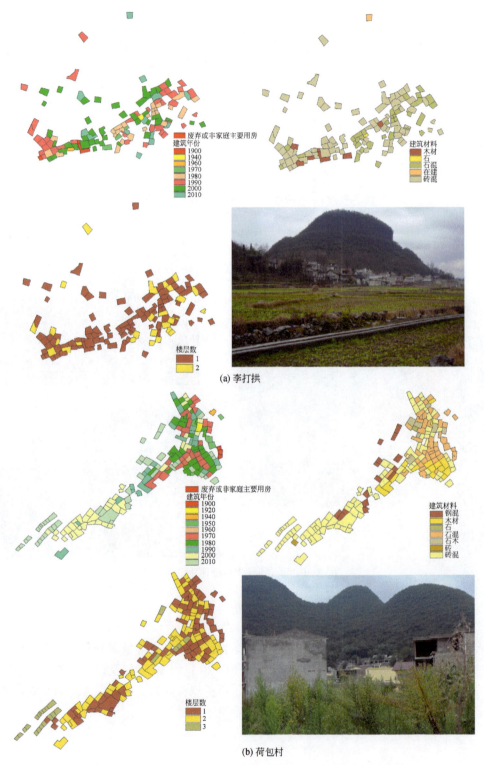

图 7.11　李打拱和荷包村聚落的建筑年份、建筑材料和楼层数

7.3.3 研究区聚落空间构成演变

在 7.3.2 节对聚落内部房屋建筑年份和建筑材料的详细调查基础上，结合高分辨率遥感影像所反映的聚落特征，作者把 5 个时期各聚落划分为以老旧为主型、以新为主型和新旧混杂型的空间构成（图 7.12），从宏观上进一步揭示研究区聚落的多元演变规律。

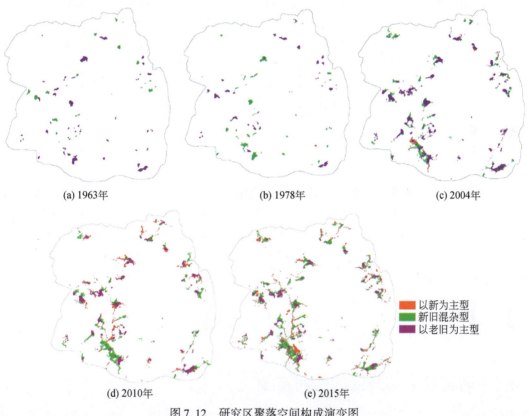

(a) 1963年　　　　　　　(b) 1978年　　　　　　　(c) 2004年

以新为主型
新旧混杂型
以老旧为主型

(d) 2010年　　　　　　　(e) 2015年

图 7.12　研究区聚落空间构成演变图

1963 年研究区新旧混杂型聚落占 71.83%，以老旧为主型聚落占 28.17%；1978 年新旧混杂型聚落占 49.11%，以老旧为主型聚落占 49.99%，以新为主型聚落占 0.90%；2004 年新旧混杂型占 30.86%，以老旧为主型聚落占 61.99%，以新为主型聚落占 7.15%；2010 年新旧混杂型聚落占 38.60%，以老旧为主型聚落占 40.00%，以新为主型聚落占 21.40%；2015 年新旧混杂型聚落占 45.14%，以老旧为主型聚落占 28.07%，以新为主型聚落占 26.79%（表 7.5）。因此，根据表 7.5，同时结合实际调查，我们可以得出，研究区 20 世纪 80 年代以前相比新建和扩展的趋势均不明显，与之相比，2000 年以后的演化趋势是新建住房的比例在增加。2004～2015 年研究区新聚落明显增加，老旧聚落明显减少，2015 年整个研究区聚落以新为主型和新旧混杂型为主。

表 7.5　研究区聚落空间构成　　　　　　　单位:%

聚落类型	1963 年	1978 年	2004 年	2010 年	2015 年
以新为主型	0	0.90	7.15	21.40	26.79
新旧混杂型	71.83	49.11	30.86	38.60	45.14
以老旧为主型	28.17	49.99	61.99	40.00	28.07

从空间分布看，1963 年和 1978 年，以老旧为主的聚落主要为研究区西部的平山、新堡、云盘、下坝，以及东北部的打油寨、新寨和赵家田等规模较大的聚落；各聚落以单一类型为主，内部分化并不明显。2004 年，研究区聚落内部构成开始分化，老旧聚落周边增加了一些新旧混杂型房屋。2010 年这一趋势加强，到 2015 年，研究区新聚落主要分布在聚落的外围和道路沿线，老旧聚落进一步退缩，同一聚落内部构成分异明显（图 7.12）。1963～2015 年研究区聚落景观经历了以新旧混杂型、以老旧为主型、以新旧混杂型和以新为主型这样一个演化过程，同一聚落的内部构成往往变得更加复杂。

研究区 2004 年后聚落新旧构成发生明显变化的原因在于，农户收入增加后，建新房的愿望迫切，研究区 2145 户农户的住房修建年份表明，在 2000 年以后，农户住房修建明显增加。2015 年研究区聚落斑块密度发生明显变化也可说明这一点。实际上，中国农民的住房需求分生存、安全和满足 3 个阶段，对应的是拥有住房、改善老房子、建设大房子[20]。从研究区实际调查来看，研究区农户的住房需求已处于第三阶段，农户通过扩展聚落或增加楼层/面积来达到自我满足的需要。伴随着城市化进程的加速，乡村聚落的扩展从理论上讲能得到有效抑制。

7.4　讨　　论

7.4.1　研究区聚落演变的空间路径

聚落演变受内生动力和外部环境动力的影响[21]，是农户依据区域环境、政策背景、农户条件等多方博弈后，自身需求与意愿、能力在空间上的一种表达[14]。研究区的老旧聚落，多为就地取材建造的石头房屋，低、矮、拥挤、密集，生活质量差，且原地无法扩展，导致农户逐步迁向聚落外坝地。研究区聚落的空间演化路径呈现 3 种空间指向：①低地指向。具体体现在两方面，一是从整个研究区看，中部峰丛洼地区的衰退型聚落有向四周缓丘平坝迁移的趋势；二是研究区原有老旧聚落往往靠山分布在地势较高处，近年来不断由较高地形向平地扩展，占用了较多耕地，这种情形在号营、荷包村、高羊、高寨、老寨子灰窑和王家湾等表现得特别明显。②交通指向。研究区扩展型聚落表现出沿公路线呈线状聚集的趋势，交通条件对聚落等级演变具有重要影响[22]，集中体现在：第一，研究区下坝—马官沿线，沿公路聚落呈线状聚集；第二，研究区东部磨盘山—余官一线，2008 年通车道路完成，聚落沿线不断聚集；第三，研究区西部荷包村一线，2014 年通车道路完成，沿此线聚落同样不断聚集。③经济和中心地指向。体现在研究区东北的打油寨—白旗组团、东南的余官组团和西部的马官组团、新堡—平山组团等，聚落扩展明显快于其他聚落。

研究区上述 3 种聚落空间演化路径，进一步可归纳为宜居地域指向演进，其实质在于提高生活质量，客观上也强化了研究区聚落"外密中疏"的总体空间分布特征。与其他地区聚落演变存在的耕地资源禀赋指向不同[12]，在研究区耕地资源对聚落的发展的影响力已经明显减弱，而交通可达性、中心村镇的吸引力明显增强。

7.4.2　研究区聚落演变的启示意义

（1）尽管本节研究区面积只有 62.7km²，但在黔中高原的广大乡村地区，除了万亩以上的大坝以外，普遍的地貌是如研究区这样的峰丛洼地、峰丛谷地与盆地的组合地貌。同时，研究区近年来社会经济发展迅速，土地利用、城镇和乡村聚落变化较大，其自然、社会、经济状况在岩溶山地具有普遍性。因此，研究区作为贵州省岩溶高原面的一个典型代表，其乡村聚落演变类型和演变路径能反映贵州省岩溶山地的乡村聚落变化的一般情况，也从乡村聚落变化角度反映了喀斯特山地人与环境关系的变化。实际上，喀斯特山地的乡村聚落呈现宜居地域指向演进，峰丛洼地区的聚落迁向四周缓丘平坝，已经为喀斯特山地生存条件恶劣地区的石漠化治理和生态建设提供了一个良好的契机。

（2）关于聚落整治和空间格局优化，当前研究已提出基于生活质量导向调控[8]、乡村公路道路发展模式[23]、基于景观安全格局优化[24]、基于共生理论调控[25]和基于功能调控为主线[26]等模式。随着经济社会发展和土地利用格局变化，乡村地域功能和发展定位的多元化和空间差异特征日益明显[27]，如随着到县城可达性的不同，农村居民点在内部用地结构、农户就业结构、住宅建筑形态及基础设施和公共服务设施方面都存在着差异[28]。伴随着人口向城镇迁移，一些乡村聚落必然出现消亡[29]。在研究区，在聚落的空间分布模式、聚落类型、内部空间构成和聚落的演化指向上，形成了多元演化路径，因此，本节提出乡村聚落的优化应在正确认识多年来形成的分布模式、演化类型、内部空间构成和空间指向的基础上，基于多元演变模式进行调控，对处于不同演变形态阶段的聚落，要采取差异化的调控手段与策略，并在土地政策中要予以充分体现，重构新型乡村聚落。

针对聚落不同的演化类型，宜采取不同的整理策略。从类型上看，对自然衰落型聚落、异地建新型类型中的老旧聚落，根据农户意愿，合理引导，以迁建为主；对逐渐废弃型、内部调整型和扩展型，要合理规划，完成对整个聚落的全面改造，增强聚落的多功能性，以适应农户生计多样化的转变，提高农户生活质量；基本不变型聚落，如马官、陈旗、平山、东北部新寨等老旧聚落，基本是石头房子，一定程度上反映了当地聚落发展的特色，可借部分农户聚落外建新房的机会，适当拆迁、保护，进行一定程度的古村落旅游开发。

从聚落不同的空间构成看，研究区西部的陈旗—下坝—马官一线，东南部以余官为中心，东北部以白旗为中心，新增聚落斑块较多，是研究区聚落空间格局优化的重点，应合理配置城乡基础设施，引导聚落功能向产业发展型、品质提升型功能转变，促进乡村聚落向集约化、内涵式方向发展。对研究区中部峰丛洼地区的聚落，应以改善聚落人居环境及人地关系为原则，合理归并。

7.5 本章小结

本章基于长时间序列的高清影像，在聚落斑块尺度上研究了后寨河地区聚落内部结构和功能的空间演化模式，得到了以下几点结论。

（1）从空间分布来看，研究区聚落总体呈"外密中疏"的空间特征，环绕中部峰丛洼地分布。1963~2015年研究区的聚落演化表现出低地指向、交通指向、经济和中心地指向，中部峰丛洼地区的聚落迁向四周缓丘平坝，使研究区这一空间格局不断强化。

（2）根据研究区聚落房屋建筑年份、建筑材料现状、楼层数、农户的使用程度，结合聚落规模的变化，把研究区的聚落演化类型划分为逐渐废弃型、异地建新型、自然衰落型、内部调整型、基本不变型和扩展型。不同的聚落演化类型与研究区地貌的空间分布呈明显的对应关系，并使研究区西部的浅丘平坝区和东南的沟谷平坝区，扩展型和内部调整型的聚落内部分化更明显。

（3）研究区聚落在聚落演化类型、内部空间构成和聚落的演化指向上，已形成了多元演化路径，应在正确认识研究区聚落多年来形成的分布模式、演化类型、内部空间构成和空间指向的基础上，基于多元演变模式对研究区聚落进行整治和空间优化调控。

参 考 文 献

[1] Chen R S, Ye C, Cai Y L, et al. The impact of rural out-migration on land use transition in China: Past, present and trend. Land Use Policy, 2014, 40: 101-110.

[2] Long H L, Michael W. Rural restructuring under globalization in Eastern Coastal China: what can be learned from wales? Journal of Rural and Community Development, 2011, 6: 70-94.

[3] Song W, Liu M L. Assessment of decoupling between rural settlement area and rural population in China. Land Use Policy, 2014, 39: 331-341.

[4] Tian G J, Yang Z F, Zhang Y Q. The spatio-temporal dynamic pattern of rural residential land in China in the 1990s using landsat TM Images and GIS. Environmental Management, 2007, 40: 803-813.

[5] Su S L, Zhang Q, Zhang Z H, et al. Rural settlement expansion and paddy soil loss across an ex-urbanizing watershed in eastern coastal China during market transition. Regional Environmental Change, 2011, 11: 651-662.

[6] 乔陆印, 刘彦随, 杨忍. 中国农村居民点用地变化类型及调控策略. 农业工程学报, 2015, 31 (7): 1-8.

[7] Zhou G H, He Y H, Tang C L, et al. Dynamic mechanism and present situation of rural settlement evolution in China. Journal of Geographical Sciences, 2013, 23 (3): 513-524.

[8] 唐承丽, 贺艳华, 周国华, 等. 基于生活质量导向的乡村聚落空间优化研究. 地理学报, 2014, 69 (10): 1459-1472.

[9] 刘彦随, 刘玉, 翟荣新. 中国农村空心化的地理学研究与整治实践. 地理学报, 2009, 64 (10): 1193-1202.

[10] 王新歌, 席建超, 孔钦钦. "实心"与"空心": 旅游地乡村聚落土地利用空间"极化"研究——以河北野三坡旅游区两个村庄为例. 自然资源学报, 2016, 31 (1): 90-101.

[11] 陈诚, 金志丰. 经济发达地区乡村聚落用地模式演变——以无锡市惠山区为例. 地理研究, 2015, 34 (11): 2155-2164.

[12] 杨忍, 刘彦随, 龙花楼, 等. 基于格网的农村居民点用地时空特征及空间指向性的地理要素识别——以环渤海地区为例. 地理研究, 2015, 34 (6): 1077-1087.

[13] 席建超, 王新歌, 孔钦钦, 等. 过去 25 年旅游村落社会空间的微尺度重构——河北野三坡苟各庄村案例实证. 地理研究, 2014, 33 (10): 1928-1941.

[14] 王成, 赵帅华. 浅丘带坝区近 30 年乡村聚落空间演变规律研究——以重庆市合川区兴坝村为例. 西南大学学报 (自然科学版), 2014, 36 (6): 135-141.

[15] 王传胜, 孙贵艳, 朱珊珊. 西部山区乡村聚落空间演进研究的主要进展. 人文地理, 2011, 5: 9-14.

[16] 张佰林, 张凤荣, 周建, 等. 农村居民点功能演变的微尺度分析——山东省沂水县核桃园村的实证. 地理科学, 2015, 35 (10): 1272-1279.

[17] Guo F, Jiang G H, Yuan D X, et al. Evolution of major environmental geological problems in karst areas of Southwestern China. Environmental Earth Sciences, 2013, 69: 2427-2435.

[18] 周晓芳, 周永章, 欧阳军. 喀斯特高原盆地聚落空间演变–以贵州省红枫湖水系盆地为例. 地域研究与开发, 2012, 31 (3): 145-150.

[19] 李阳兵, 罗光杰, 邵景安, 等. 岩溶山地聚落人口空间分布与演化模式. 地理学报, 2012, 67 (12): 1646-1654.

[20] Song W, Chen B M, Zhang Y. Land- use change and socio- economic driving forces of rural settlement in China from 1996 to 2005. Chinese Geographical Science, 2014, 24 (5): 511-524.

[21] 王介勇, 刘彦随, 陈玉福. 黄淮海平原农区典型村庄用地扩展及其动力机制. 地理研究, 2010, 29 (10): 1833-1840.

[22] 罗光杰, 李阳兵, 王世杰. 岩溶山区聚落格局演变等级效应及其与交通条件的关系——以贵州省后寨河、王家寨、茂兰地区为例. 中国岩溶, 2011, 30 (3): 320-326.

[23] 贺艳华, 唐承丽, 周国华, 等. 论乡村聚居空间结构优化模式——RROD 模式. 地理研究, 2014, 33 (9): 1716-1727.

[24] 文博, 刘友兆, 夏敏. 基于景观安全格局的农村居民点用地布局优化. 农业工程学报, 2014, 30 (8): 181-191.

[25] 王成, 费智慧, 叶琴丽, 等. 基于共生理论的村域尺度下农村居民点空间重构策略与实现. 农业工程学报, 2014, 30 (3): 205-214.

[26] 张永姣, 曹鸿. 基于"主体功能"的新型村镇建设模式优选及聚落体系重构. 人文地理, 2015, 6: 83-88.

[27] 李平星, 陈雯, 孙伟. 经济发达地区乡村地域多功能空间分异及影响因素——以江苏省为例. 地理学报, 2014, 69 (6): 797-807.

[28] 张佰林, 张凤荣, 高阳, 等. 农村居民点多功能识别与空间分异特征. 农业工程学报, 2014, 30 (12): 216-224.

[29] 李小建, 许家伟, 海贝贝. 县域聚落分布格局演变分析——基于 1929 ~ 2013 年河南巩义的实证研究. 地理学报, 2015, 70 (12): 1870-1883.

第 8 章 岩溶山地聚落演变规律

中国正处于快速城镇化过程，但乡村聚落依然是中国人口的主要聚居形式。中国快速工业化和城镇化进程助推农村发展经历了深刻转型，农村居民点用地类型及功能逐渐多样化和非农化，由此对农村居民点内部地类辨析、演变规律及驱动力探讨等都提出了迫切需求[1]。正确识别、判断农村居民点的空间分布形态和模式，揭示其内在的各种状态、变化规律及其影响因素对指导农村居民点规划，促进城乡土地资源优化配置均具有重要的理论和实践意义[2]。因此，揭示当前多种因素驱动下聚落演变模式与功能转型的地域差异，对新型城镇化、农村转型与协调发展具有重要意义。

乡村聚落演变过程受自然环境、社会经济、政策制度等驱动因素综合作用，其作用范围和影响程度不同导致乡村聚落演变模式呈现自然演变、加速演变和剧烈演变等模式[3]。国内乡村聚落环境的复杂多样性导致乡村聚落演变发展过程的复杂多样性，在不同环境背景影响下，不同类型地区和不同尺度乡村聚落的演变路径也存在较多差异性[4]。受其相关基础地理因素综合影响，乡村聚落空间分布上呈现出一定交通指向、中心地指向、耕地资源禀赋指向和宜居地域指向[5]。以环境变迁、农业生产力水平及早期社会结构等因素为切入点发现史前时期聚落演替有文化选择型和自然选择型两种模式[6]。在干旱区内陆河流域，水–土–人系统存在着高度的相互依存性和共生性[7]；在经济发达地区，乡村聚落由单一的居住生活功能向居住–工业生产–休闲旅游复合功能转变[8]；在旅游区，传统村落的空间演化格局代表了传统村落在不同阶段的旅游化空间特性[9]；而山区形成的"空心村"，其规模小、分布零散、自然条件欠缺，而其形成更多属于是随着社会经济发展自然演化过程，这在山区中心村镇更值得关注[10]。同时，政府主导推进城镇化快速发展的过程中，应尊重自然、延续历史，充分考虑对几千年来形成的人居环境和乡村聚落格局的承继[11]。考虑到我国社会发展和地理环境的较大区域差异性，研究具有长期居住历史地区的聚落演变特征，弄清不同经济条件、不同地形环境、不同类型乡村聚落变化中的内部规律及其形成机理，识别农村空间多元化模式及类型[12]，并提出相应的发展调控模式，就显得十分必要。

当前关于岩溶山地聚落格局的研究比较多[13,14]，但缺乏多种因素驱动下聚落演变模式与功能转型的地域差异对比研究。因此，本研究通过长时间序列的高清影像数据，并结合实地调查，研究喀斯特山区不同自然和社会经济条件下，近50年来，尤其最近10年，乡村聚落在多重背景下的演变模式、内在机制及其地域差异，系统、全面地反映其空间格局的动态变化过程，从而揭示岩溶山区乡村聚落变化的一般规律和特殊性，从乡村聚落演变的角度回答喀斯特山区人地关系的变化。

8.1 研究区概况

在贵州省典型岩溶区域选择了四周平坝环绕型峰丛洼地群——普定县后寨河地区、开口型峰丛洼地——清镇市王家寨地区、连续分布的封闭型峰丛洼地群、谷地——荔波茂兰自然保护区及其外围、岩溶峰丛洼地–峡谷型——贞丰花江峡谷区等不同的地貌、土地资源组合格局区域作为研究对象（图8.1）。4个研究区在社会经济方面包括城镇带动（王家寨）、县乡经济辐射（后寨河）、政策性扶贫开发（花江）、自然保护区影响（茂兰）等不同经济发展类型，道路通达度也有很大差异。以上研究区基本涵盖了我国西南岩溶地区主要自然和社会经济背景类型，是我国西南岩溶山地的典型区域。

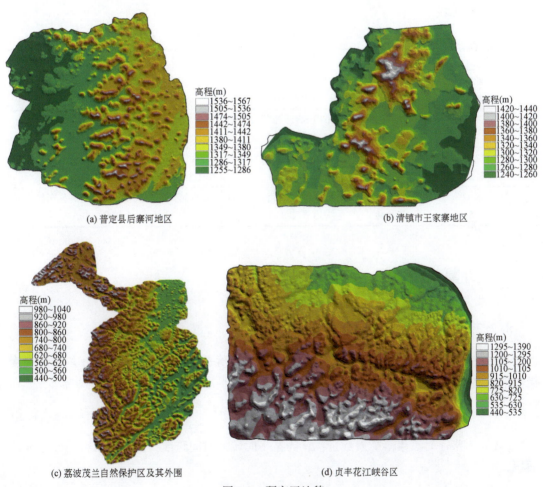

(a) 普定县后寨河地区

(b) 清镇市王家寨地区

(c) 荔波茂兰自然保护区及其外围

(d) 贞丰花江峡谷区

图 8.1　研究区地貌

8.2 研 究 方 法

8.2.1 数据来源

收集了 4 个研究区较长时期的高清影像和地形图（表 8.1），并以此作为提取研究区不同时期聚落的基本数据源。对航片进行了正射处理，以 1∶10 000 地形图进行精校正，利用 ArcMap10.2 软件进行目视解译，依据 5 期高分辨率影像，结合实地调查，得到研究区不同时期乡村聚落的空间分布数据。通过野外实地调查验证，数据解译精度达到了 96%以上。

表 8.1 研究区不同时期聚落数据源

聚落	1963 年	1978 年	2004 年	2010 年	2015 年
王家寨	航片（分辨率2.5m）	航片（分辨率2.5m）	SPOT 影像（分辨率2.5m）	ALOS 影像（分辨率2.5m）	资源卫星高分影像（分辨率2.5m）
花江	—	航片，1∶10 000地形图	SPOT 影像（分辨率2.5m）	ALOS 影像（分辨率2.5m）	资源卫星高分影像（分辨率2.5m）
后寨河	航片（分辨率2.5m）	航片（分辨率2.5m）	SPOT 影像（分辨率2.5m）	ALOS 影像（分辨率2.5m）	资源卫星高分影像（分辨率2.5m）
茂兰	航片（分辨率2.5m）	航片（分辨率2.5m）	SPOT 影像（分辨率2.5m）	ALOS 影像（分辨率2.5m）	资源卫星高分影像（分辨率2.5m）

8.2.2 计算指标

8.2.2.1 反映研究区聚落数量演变的指标

采用各研究点不同时期聚落总面积占比变化、聚落平均斑块面积和聚落年均扩展强度指数来反映研究区聚落数量的演变。其中，聚落年均扩展强度指数 K_i 计算公式为

$$K_i = \frac{\Delta U_i}{\Delta t \times \text{TLA}} \times 100\% \tag{8.1}$$

式中，ΔU_i 为某一时段聚落扩展数量；Δt 为某一时段的时间跨度；TLA 为研究单元土地总面积。

8.2.2.2 反映各研究点不同时期聚落格局变化的指标

多距离空间聚类分析（Ripley's K）函数是点格局分析的常用方法，最大优势在于多尺度的空间格局分析，其计算公式为[16]

$$K(h) = \frac{A}{N^2} \sum_{i=1}^{N} \sum_{j=1}^{N} I_h(d_{ij}) \tag{8.2}$$

$$L(h) = \sqrt{\frac{K(h)}{\pi}} - h \tag{8.3}$$

式（8.2）中，A 为研究区面积；N 为居民点个数；d_{ij} 为居民点 i 与居民点 j 间的距离；h 为空间尺度大小；I_h 为指示函数，如果 $d_{ij}<h$，则 $I_h=1$ 或 $I_h=0$。式（8.3）中，对 $K(h)$ 进行一个开方变换，即把 $K(h)$ 变换成 $L(h)$。$L(h)>0$ 表示景观类型有空间聚集分布的趋势；$L(h)<0$ 表示景观类型有空间均匀分布的趋势；$L(h)=0$ 表示景观类型呈完全随机的空间分布。

8.2.2.3 反映聚落演变模式的指标

Getis-Ord G_i^* 能识别区域要素的空间高值簇和低值簇，即冷热点区的空间分布格局[17]，采用 G^* 指数和热点分析来反映聚落格局的演变，其计算公式为

$$G_i^*(d) = \sum_{j=1}^{n} W_{ij}(d) X_j \Big/ \sum_{j=1}^{n} X_j \tag{8.4}$$

对 $G_i^*(d)$ 进行标准化处理，得到

$$Z(G_i^*) = \frac{G_i^* - E(G_i^*)}{\sqrt{\mathrm{Var}(G_i^*)}} \tag{8.5}$$

式中，$E(G_i^*)$ 和 $\mathrm{Var}(G_i^*)$ 分别为 G_i^* 的数学期望和变异系数，$W_{ij}(d)$ 为空间权重。如果 $Z(G_i^*)$ 为正，且显著，表示 i 周围的值相对较高（高于均值），属高值空间集聚（热点区）；反之，若 $Z(G_i^*)$ 为负，且显著，表示 i 周围的值相对较低（低于均值），属低值空间集聚（冷点区）。

8.3 结果分析

8.3.1 研究区聚落数量格局演变

图 8.2（a）反映了各研究区聚落总面积占研究区土地总面积的比例的变化，各研究区因所处自然条件和社会经济条件不同，聚落总面积占研究区土地总面积的比例差异明显，但其变化趋势是一致的。4 个研究区聚落总面积占研究区土地总面积的比例变化可分为 3 种类型，其中王家寨河、后寨河属于同一种类型，聚落总面积占研究区土地总面积的比例较高且变化较大，分别从 1963 年的 1.89%、1.23%增加到 2015 年的 4.31%和 5.58%；茂兰自然保护区地处偏远，人口稀少，且在 1988 年被确定为国家级自然保护区，因此聚落总面积占研究区土地总面积的比例一直低于 1%，只是在 2010 年后，因世界自然遗产地的效应在缓冲区等外围发展生态旅游，缓冲区等的聚落扩展较快，使 2015 年的聚落总面积占研究区土地总面积的比例达到了 0.85%；花江研究区生态环境差，石漠化严重，其聚落总面积占研究区

土地总面积的比例相对较低，但属于聚耕比高、土地压力大的类型[18]。

在聚落总面积增加的过程中，各研究区聚落平均斑块面积的变化较复杂，仍可分为3种类型［图8.2（b）］。王家寨、后寨河研究区聚落平均斑块面积呈总体下降的波动变化，在1963年农户局限于几个形成时间较长、规模较大的传统寨子，聚落斑块平均面积较大，其后农户不断向这些聚落周边和道路沿线迁建，形成新聚落，因此，尽管在聚落演变的过程中形成了一些较大的中心聚落[19]，但因聚落斑块数目增多，聚落斑块规模总体呈下降趋势。茂兰自然保护区聚落分散，但因核心区的聚落不断迁出，而在缓冲区的聚落有所扩展，其聚落尽管平均斑块面积较小，但呈增加趋势。花江研究区聚落因自然条件所限，十分分散，无中心聚落，其聚落规模是4个研究区最低的。

4个研究区聚落扩展强度的阶段性和地域差异也十分明显［图8.2（c）］。各研究区聚落在1963～1978年变化缓慢，在2010年后聚落面积明显增加。在1963～1982年，各研究区的聚落扩展强度都非常低，在1978～2005年后寨河的聚落扩展较快，在2005～2010年花江的聚落扩展较快，在2010～2015年后寨河聚落扩展较快，但1963～2015年聚落的扩展强度来看，后寨河最快，其次是王家寨，茂兰最低。

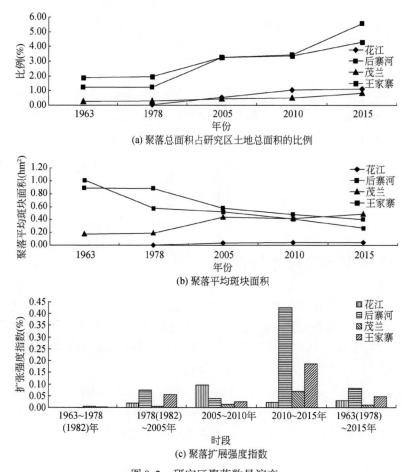

图8.2　研究区聚落数量演变

8.3.2 研究区聚落空间集聚演变

由图 8.3 可知，各研究区聚落在本章所有研究尺度下均呈显著的聚集空间格局。花江研究区聚落的特征空间尺度为 8km，且随时间推进略有变大的趋势，超过此特征空间尺度，则聚落的空间分布均匀程度越来越高，空间集聚分布的特征减弱；后寨河研究区聚落的特征空间尺度为 8km，超过此特征空间尺度后在相同空间尺度（d）上的 L（d）值不断增大，且大于花江研究区，说明其聚落分布较花江研究区变得更加不均匀，一些聚落在演变过程中扩展较快；茂兰研究区的特征空间尺度超过 14km，其聚落的空间集聚程度以1982 年最高、2015 年次之、2010 年和 2005 年最低，说明其聚落的空间分布集聚经历了较集聚、集聚减弱再到集聚增加的过程；王家寨研究区的特征空间尺度为 7km，且聚落的分布集聚随时间减弱，趋于均匀分布，与后寨河聚落的空间变化相反，是聚落空间上均匀扩展的结果。

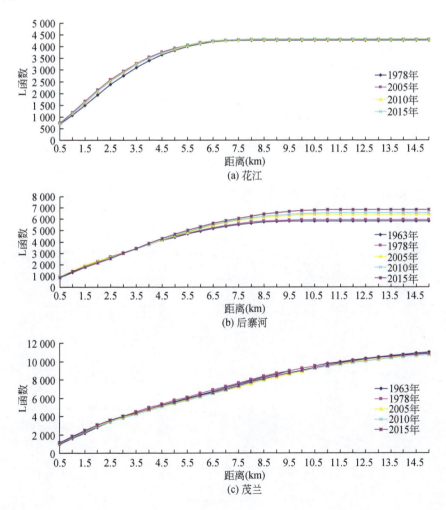

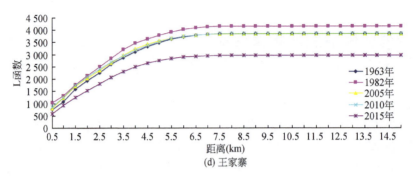

(d) 王家寨

图 8.3 各研究区聚落的 Ripley L (h) 指数分析

进一步比较不同研究区在同一时间的 L 函数差异，1963 年，茂兰地区>后寨河地区>王家寨地区，1978~2015 年仍为茂兰地区>后寨河地区>花江地区>王家寨地区，说明，茂兰研究区聚落空间分布的集聚性最强，其次是后寨河地区，而花江和王家寨聚落空间分布的均匀性较强（图 8.4）。4 个研究区聚落演变过程的空间分布特征差异，与 4 个研究区的地形特征有关系，也与其聚落规模的差异扩展有关，与 7.1 节的分析结果是一致的。

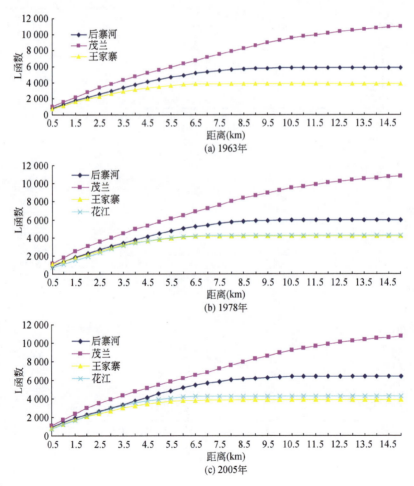

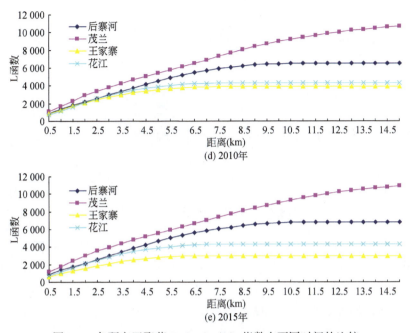

图 8.4 各研究区聚落 Ripley L（h）指数在不同时间的比较

8.3.3 研究区聚落空间分布热点

以乡村聚落用地的斑块面积为分析变量，采用空间热点探测（hotspot analysis），生成乡村聚落规模分布格局的热点图。1963～2015 年规模分布热点区主要集中在后寨河西部的平坝缓丘区，主要沿县城至马官、余官一线的道路分布，且逐渐由点状形成带状；冷点区主要集中在研究区的东北峰丛区（图 8.5）。2015 年冷点区的聚落（如打油寨），次冷区的聚落（如王家湾等）因农户搬离而空心化严重。

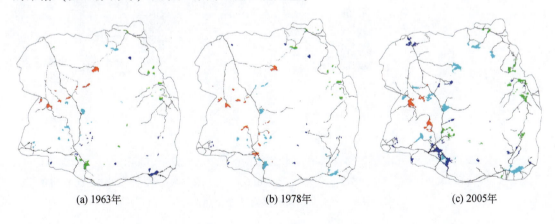

(a) 1963年   (b) 1978年   (c) 2005年

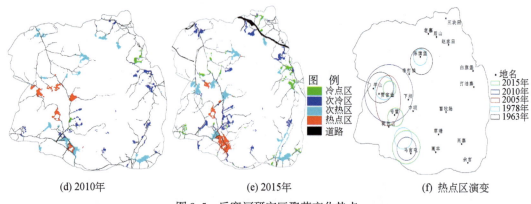

(d) 2010年　　　　　　　　(e) 2015年　　　　　　　　(f) 热点区演变

图 8.5　后寨河研究区聚落变化热点

　　清镇市王家寨地区属于开口型峰丛洼地，聚落主要分布在研究区东部开口一侧的浅丘平坝和西部的河谷丘陵，聚落不断向邻近聚落附近的道路扩展。聚落演变热点在 1963 年、1982 年和 2005 年集中于区内的几个较大规模聚落，到 2010 年则集中于研究区的东部，到 2015 年则形成东部的王家寨和西部的骆家桥两个热点，次热区主要分布于东部（图 8.6）。

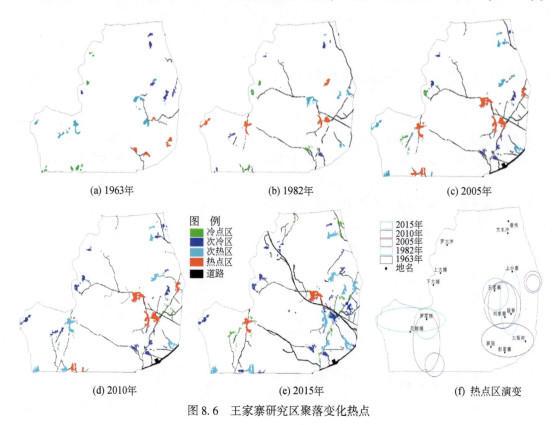

(d) 2010年　　　　　　　　(e) 2015年　　　　　　　　(f) 热点区演变

图 8.6　王家寨研究区聚落变化热点

花江研究区属于岩溶峰丛洼地–峡谷型，其峰丛洼地、沟谷等负地形的耕地资源影响着聚落的分布。1978 年，聚落热点区、次热区主要分布于研究区南部的较大的峰丛洼地，如者闹、冗号和纳堕等；2005 年在研究区东北部形成热点区，2010 年沿研究区西部的国道和县道，热点区和次热区明显增加，2015 年则继续保持此态势（图 8.7）。同时，从 2005 年开始，沿研究区的村道衍生出较多的聚落，但规模小，形成冷点区。

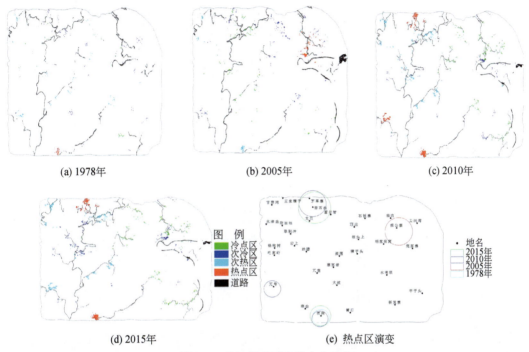

(a) 1978年   (b) 2005年   (c) 2010年

(d) 2015年   (e) 热点区演变

图 8.7　花江研究区聚落变化热点

茂兰研究区属于连续分布的峰丛洼地群、谷地，1963 年、1978 年聚落规模分布热点区集中在研究区西北部的自然保护区外围太吉寨、北部洞塘、东南板寨和板王，2000 年以后，保护区加强了道路建设，并注重发展生态旅游，继续加强了该区聚落这一变迁热点格局，该区南部属茂兰自然保护的核心区，聚落数量少，一直为冷点区（图 8.8）。

8.3.4　研究区聚落演变的热点区

从聚落面积和聚落斑块增长两个方面进行聚落空间演变热点分析。首先把研究区分成 500m×500m 的网格，计算研究区各网格单元研究起始时段和 2015 年的聚落用地比例，并以此两个时段各网格单元的聚落用地变化来测度聚落扩展热点区 演化与迁移（图 8.9）。后寨河地区近 50 年聚落面积增长热点主要集中在西南部的平坝缓丘和东北部的白旗堡一带，中部峰丛洼地是面积增长的冷点区。王家寨地区近 50 年聚落面积增长热点主要集中在自然条件和社会经济条件均有利于聚落扩展的东部一带；茂兰研究区近 50 年聚落面积

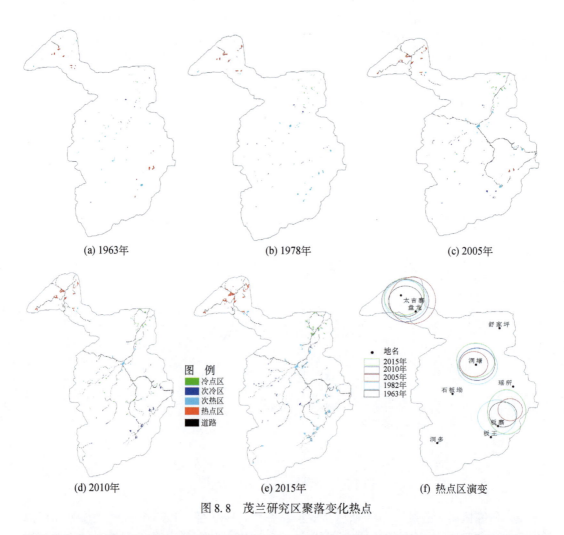

(a) 1963年   (b) 1978年   (c) 2005年

图　例
- 冷点区
- 次冷区
- 次热区
- 热点区
- 道路

地名
- 2015年
- 2010年
- 2005年
- 1982年
- 1963年

(d) 2010年   (e) 2015年   (f) 热点区演变

图 8.8　茂兰研究区聚落变化热点

增长热点主要集中在北部，即保护区的外围，在保护区的东南部即板寨形成聚落增长的次热区；花江研究区近 40 年聚落面积增长热点主要集中在研究区的北部，其余地区形成聚落面积增长的冷点区。

其次，仍把研究区分成 500m×500m 的网格，计算研究区各网格单元研究起始时段和 2015 年的聚落斑块密度，并以此两个时段各网格单元的聚落斑块密度变化来测度新增聚落斑块热点区演化与迁移（图 8.10）。后寨河地区聚落面积和聚落斑块变化热点区基本一致；但在王家寨地区聚落面积和聚落斑块变化热点区差异较大，在其西部形成了聚落斑块增长的热点区和次热区；茂兰研究区聚落斑块增长的热点区集中北部，南部是冷点区；花江研究区聚落斑块增长的热点区主要集中在北部。

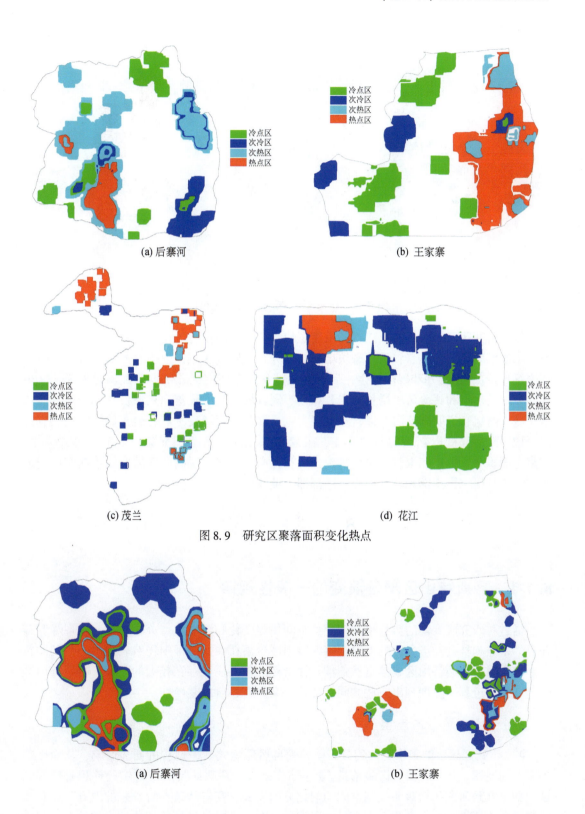

图 8.9　研究区聚落面积变化热点

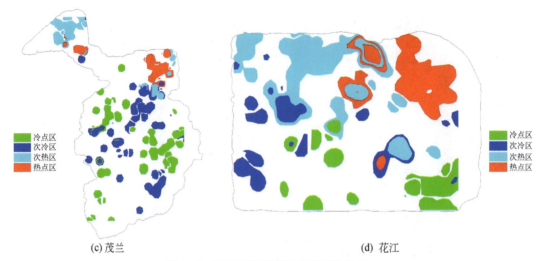

(c) 茂兰　　　　　　　　　　　　　　(d) 花江

图 8.10　研究区聚落斑块密度变化热点

　　根据研究区聚落面积增长热点和聚落斑块增长热点的耦合关系，可将其划分为 3 种类型：①聚落面积增长热点和聚落斑块增长热点分布在同一区域，说明聚落演变可能同时存在聚落自身扩展–合并和聚落新生，后寨河地区和茂兰研究区北部即为此演化模式；②聚落面积增长热点和聚落斑块增长热点分布在不同区域，其中聚落面积增长热点和聚落斑块增长冷点的组合说明聚落演变以自身扩展为主，聚落面积增长冷点和聚落斑块增长热点的组合说明聚落演变以新生型斑块为主，王家寨和花江地区北部聚落以此演变模式为主；③聚落面积增长冷点和聚落斑块增长冷点分布在同一区域，说明此区域的聚落演变以消退为主，茂兰研究区南部和花江研究区南部即为此演化模式。

8.4　讨　　论

8.4.1　喀斯特山区聚落演变的一般性规律

　　通过对研究区聚落的数量格局演变、空间集聚变化和演变热点分析，我们发现尽管存在自然条件和社会经济条件的差异，喀斯特山区聚落在演变过程中仍然表现出一些共同特征。但也因为喀斯特山区聚落自然条件和社会经济条件往往存在较大的差异，喀斯特山区聚落在演变过程中除展现出一些共同特征外，又具有各自的差异性。

8.4.1.1　聚落的规模

　　4 个研究区聚落的集聚与均匀分布差异受自然环境尤其是地貌的明显影响，从而影响到聚落的规模。从 4 个研究区聚落近 50 年演变来看，在喀斯特山区自然条件相对较好的区域如王家寨研究区聚落演变朝空间均匀化方向发展；在自然条件特别差的地方，如花江研究区聚落规模小，在空间上也是呈近于均匀分布；而在自然环境变化较大的地点，如后寨河、茂兰, 聚落空间上呈集聚分布, 分布于条件相对较好的地点。

8.4.1.2 演变阶段

根据各研究区聚落总面积和聚落扩展强度的变化, 结合对研究区房屋建筑时间的实地调查, 可把各研究区乡村聚落的演变大致分为 4 个阶段 (图 8.11)。1978 年前, 4 个研究区聚落的变化无明显差异, 变化均十分缓慢。1978 年后, 受当时的社会经济背景影响, 研究区乡村聚落呈波动式变化。改革开放至 20 世纪 80 年代中期, 研究区存在第一波住房建设, 90 年代中后期, 又呈现第二波住房建设, 但农村的这两波住房建设都是以原地修建为主, 聚落扩展不明显。2010 年后, 研究区发生了明显的第三波住房建设, 大部分聚落明显地向外扩展。以 2015 年在后寨河地区的调查为例, 共调查了 2145 户农户, 其住房修建年份表明, 在 2000 年以后, 农户住房修建明显增加 (图 8.12)。

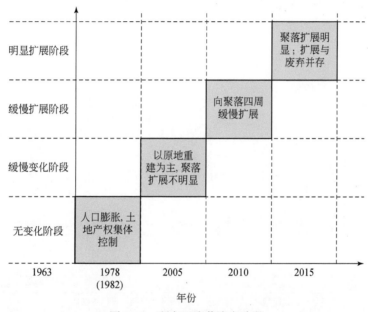

图 8.11 研究区聚落演变阶段

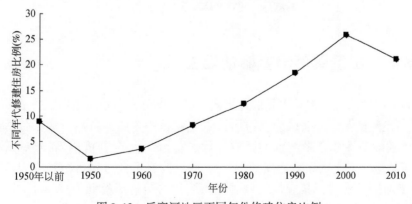

图 8.12 后寨河地区不同年份修建住房比例

8.4.1.3 演变模式

4个研究区聚落扩展新生与消亡并存，但以扩展新生为主。聚落的演变模式体现在三个方面：一是自峰丛洼地迁出的生态环境指向，由峰丛洼地迁往谷地、缓丘、平坝等；二是聚落扩展新生沿道路集聚[20]；三是内部改造。其中后寨河以前两种方式为主，聚落由中间峰丛洼地向四周迁移，形成道路指向，且内部改造少，造成聚落新旧分异明显；王家寨以内部改造为主，沿道路集聚不明显；花江以前两种方式为主，北部峡谷区聚落沿道路扩展迅速，南部高原峰丛区聚落破旧、空心化严重，以衰退为主，形成低地指向和道路指向；茂兰从保护区核心区到缓冲区再到外围，聚落呈梯度变化，南部聚落自峰丛洼地迁出，北部位于保护区的缓冲区和外围，以内部改造为主，聚落功能发生转变，形成新型生态旅游聚落（图8.13）。正是岩溶山区聚落的多种演化模式，导致了岩溶山区聚落面积增长热点和聚落斑块增长热点分布的空间差异。

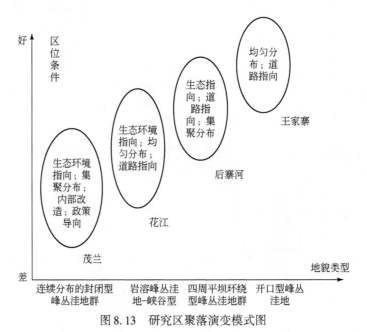

图8.13 研究区聚落演变模式图

8.4.2 喀斯特山区聚落演变驱动因素

聚落空间演化的六大基本动力是低地指向、经济指向、中心地指向、交通/河流指向、文化指向及功能指向[21]，可以认为农村居民点变化是一个由其自然资源条件、区位可达性及社会经济基础条件综合影响下的区位择优过程[22]。社会经济因素，包括政府调控、经济条件、城镇化、工业化和交通发展等[23]，深刻改变了乡村聚落景观空间格局的内在本质[24]，随着时间的推移，其应是农村居民点演化的最重要的动力[25]。从微观尺度看，乡村人居环境的演变实质上是农户居住空间行为、消费空间行为、就业空间行为和社会交往空间行为等作用的外在表现[26]；具体位置、地形、房屋形式、人口以及土地等，都对农村住房面积有影响[27]。

从 20 世纪改革开放前到目前，中国农村农户对住房的需求经历了从拥有住房、翻修老房子到建设大房子（楼房）的变化[28]。1978～1988 年因农户新建房屋少，乡村聚落扩展缓慢，这种现象在偏远地区更为明显[29]。西部地区除少数经济发达区或城郊区农村聚居演变已进入发展阶段外，主要处于过渡阶段，个别落后村落依然处于初期阶段[30]。在自然条件限制相对较强、社会经济相对不发达的西南岩溶山地，近几十年来乡村聚落的演变过程和结果体现了聚落对自然环境和社会经济适应和相互影响[31]。从 4 个研究区聚落格局和扩展模式演变来看，外部因素和聚落农户的自我调适是演化的主要驱动力（图8.14）。一方面，研究区农户的住房需求已从拥有住房到改善老房子、建设大房子；另一方面，各研究区地形地貌、土地资源条件、道路可达性及社会经济基础条件存在差异。两者综合作用形成了喀斯特山区聚落演变的共同性和差异性特征，外部条件较好的聚落功能逐渐多样化，形成新型聚落，外部条件差（如峰丛区）的聚落用地则逐渐闲置废弃和衰落。

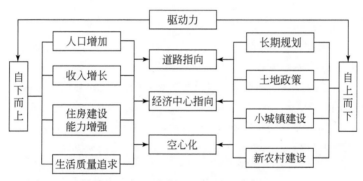

图 8.14　研究区聚落演变的驱动力

8.4.3　岩溶山区聚落演变的生态意义

4 个研究区聚落演变的共同特征之一表现为聚落从峰丛洼地的迁出，尽管其主导原因可能存在差异，但总体来说，一方面反映了当地农户追求更好的生存和居住环境，另一方面客观上减轻了人口承载力小的峰丛洼地的土地压力，间接反映了岩溶山区石漠化正在发生转型，对峰丛洼地的石漠化土地治理和生态恢复有着积极的意义。

8.5　本章小结

本章以长时间序列的高清影像数据为数据源，并结合实地调查，通过对喀斯特山区乡村聚落的相关指标测度，揭示了喀斯特山区乡村聚落空间格局特征和演变模式，初步探讨岩溶山区乡村聚落变化的一般规律和特殊性：①研究区聚落特征和演变的阶段性地域差异十分明显，聚落演变有生态环境指向、沿道路集聚和内部改造 3 种模式；②聚落格局演变存在集聚与均匀分布两种趋势；③聚落面积增长热点和聚落斑块增长热点的耦合关系存在区域差异；④喀斯特山区聚落演变既存在一些共同性的特征，又有各自的差异性。各研究区地形地貌、土地资源条件、道路可达性及社会经济基础条件决定了聚落演变的差异。

参 考 文 献

[1] 张佰林, 蔡为民, 张凤荣, 等. 中国农村居民点用地微观尺度研究进展及展望. 地理科学进展, 2016, 35 (9): 1049-1061.

[2] 任平, 洪步庭, 刘寅, 等. 基于 RS 与 GIS 的农村居民点空间变化特征与景观格局影响研究. 生态学报, 2014, 34 (12): 3331-3340.

[3] 闵婕, 杨庆媛. 三峡库区乡村聚落空间演变及驱动机制——以重庆万州区为例. 山地学报, 2016, 34 (1): 100-109.

[4] 朱晓翔, 朱纪广, 乔家君. 国内乡村聚落研究进展与展望. 人文地理, 2016, 31 (1): 33-41.

[5] Yang R, Liu Y S, Long H L, et al. Spatio-temporal characteristics of rural settlements and land use in the Bohai Rim of China. Journal of Geographical Sciences, 2015, 25 (5): 559-572.

[6] 李中轩, 吴国玺, 朱诚, 等. 4.2~3.5kaBP 嵩山南麓聚落的时空特征及其演化模式. 地理学报, 2016, 71 (9): 1640-1652.

[7] 王录仓, 高静. 基于灌区尺度的聚落与水土资源空间耦合关系研究——以张掖绿洲为例. 自然资源学报, 2014, 29 (11): 1888-1900.

[8] 陈诚, 金志丰. 经济发达地区乡村聚落用地模式演变——以无锡市惠山区为例. 地理研究, 2015, 34 (11): 2155-2164.

[9] Xi J C, Wang X G, Kong Q Q, et al. Spatial morphology evolution of rural settlements induced by tourism: A comparative study of three villages in Yesanpo tourism area, China. Journal of Geographical Sciences, 2015, 25 (4): 497-511.

[10] 余兆武, 肖黎姗, 郭青海, 等. 城镇化过程中福建省山区县农村聚落景观格局变化特征. 生态学报, 2016, 36 (10): 3021-3031.

[11] 李小建, 许家伟, 海贝贝. 县域聚落分布格局演变分析——基于 1929~2013 年河南巩义的实证研究. 地理学报, 2015, 70 (12): 1870-1883.

[12] 张娟, 王茂军. 国内外农村空间多元化研究热点识别与推移. 地理科学进展, 2016, 35 (6): 779-792.

[13] 罗光杰, 李阳兵, 谭秋, 等. 岩溶山区聚落格局变化及其 LUCC 响应分析——以贵州省为例. 资源科学, 2010, 32 (11): 2130-2137.

[14] 周晓芳, 周永章. 贵州典型喀斯特地貌区农村聚落空间分布研究——以清镇红枫区、毕节鸭池区和关岭—贞丰花江区为例. 中国岩溶, 2011, 30 (1): 78-85.

[15] 罗光杰, 李阳兵, 王世杰, 等. 岩溶山区景观多样性变化的生态学意义对比——以贵州四个典型地区为例. 生态学报, 2011, 31 (14): 3882-3889.

[16] 葛莹, 朱国慧, 王华辰, 等. 基于 Ripley's K 函数浙江城市空间格局及其影响分析. 地理科学, 2014, 34 (11): 1361-1368.

[17] 车前进, 段学军, 郭垚, 等. 长江三角洲地区城镇空间扩展特征及机制. 地理学报, 2011, 66 (4): 446-456.

［18］李阳兵，罗光杰，王世杰，等．典型峰丛洼地耕地、聚落及其与喀斯特石漠化的相互关系．生态学报，2014，34（9）：2195-2207.

［19］李阳兵，罗光杰，邵景安，等．岩溶山地聚落人口空间分布与演化模式．地理学报，2012，67（12）：1646-1654.

［20］罗光杰，李阳兵，王世杰．岩溶山区聚落格局演变等级效应及其与交通条件的关系——以贵州省后寨河、王家寨、茂兰地区为例．中国岩溶，2011，30（3）：320-326.

［21］陈永林，谢炳庚．江南丘陵区乡村聚落空间演化及重构——以赣南地区为例．地理研究，2016，35（1）：184-194.

［22］姜广辉，张凤荣，陈军伟，等．基于 Logistic 回归模型的北京山区农村居民点变化驱动力分析．农业工程学报，2007，23（5）：81-87.

［23］李红波，张小林，吴江国，等．苏南地区乡村聚落空间格局及其驱动机制．地理科学，2014，34（4）：438-446.

［24］任国平，刘黎明，付永虎，等．都市郊区乡村聚落景观格局特征及影响因素分析．农业工程学报，2016，32（2）：220-229.

［25］海贝贝，李小建，许家伟．巩义市农村居民点空间格局演变及其影响因素．地理研究，2013，32（12）：2257-2269.

［26］李伯华，刘沛林，窦银娣．转型期欠发达地区乡村人居环境演变特征及微观机制——以湖北省红安县二程镇为例．人文地理，2012，27（6）：56-61.

［27］Song W, Chen B M, Zhang Y, et al. Establishment of rural housing land standard in China. Chinese Geographical Science, 2012, 22（4）：483-495.

［28］Song W, Chen B M, Zhang Y. Land- use change and socio- economic driving forces of rural settlement in China from 1996 to 2005. Chinese Geographical Science, 2014, 24（5）：511-524.

［29］Tian G J, Qiao Z, Gao X L. Rural settlement land dynamic modes and policy implications in Beijing metropolitan region, China. Habitat International, 2014, 44：237-246.

［30］Zhou G H, He Y H, Tang C L, et al. Dynamic mechanism and present situation of rural settlement evolution in China. Journal of Geographical Sciences, 2013, 23（3）：513-524.

［31］李阳兵，李潇然，张恒，等．基于聚落演变的岩溶山地聚落体系空间结构整合——以后寨河地区为例．地理科学，2016，36（10）：1505-1513.

第9章　聚落演变与土地利用多样性变化

目前的景观指数大部分只侧重于对景观格局几何特征的简单分析和描述，忽略了景观格局动态变化过程的信息。刘小平等提出一种新的指数——景观扩张指数来反映景观格局的过程信息[1]；Tasser 等使用了结构度指标[2]；Martin 等提出用共享边界长度来反映不同土地覆被类型的格局变化[3]。同时，景观格局指标需要发展，以更好地反映不断增加的代表通常景观类型的高精度数据[4]。在景观生态学中，景观多样性是分析景观要素动态变化的重要指标之一[5]，在土地利用等领域的应用已很成熟[6~10]。根据景观多样性的研究内容可将其分为斑块多样性、类型多样性和格局多样性三种类型[11]。王伯荪等提出海南岛热带森林景观类型分类体系，较全面地表达了海南岛热带森林景观类型多样性[12]；王凌等以混合度和邻接度为基础得出空间多样性指数，既能体现生境的多样性，又能体现生境的连通性[13]；李锋对景观基质不同的两个荒漠化地区景观多样性进行了比较研究[14]。岩溶石漠化是中国西南典型的土地退化[15]，但关于岩溶山区景观多样性的研究还不多见。岩溶山区景观异质性强，景观格局空间差异大，岩溶山区土地利用/土地覆被变化引起的景观多样性变化，其生态学意义有何差异，与土地退化有何关系，值得开展研究。因此，本章以贵州省 4 个典型岩溶地区为例，阐述岩溶山区景观多样性变化的生态学意义。

9.1　不同岩溶地貌环境聚落演变与土地利用多样性

9.1.1　研究区概况

以后寨河、王家寨、茂兰、花江 4 个地区为研究区（图 9.1）。后寨河地区位于黔中高原普定县境内，面积为 62.7km²，其西部为峰林–盆地、中部为峰丛洼地、东南部为峰林–谷地、东北部为丘陵–洼地，该地区近年来社会经济发展迅速，外出务工人口多，产业结构变化较大，其自然社会经济状况在岩溶山区具有普遍性。王家寨地处贵阳市清镇市境内西部簸箩村等，面积为 20.9km²，为峰丛洼地地貌，其社会经济发展受城市辐射作用大，近年来经济水平大幅提高、社会结构不断优化。茂兰地区位于贵州省荔波县境内，面积为 148.4km²，其西南部是世界自然遗产地——喀斯特原始森林核心区。花江地区为于黔西南关岭和贞丰交界的北盘江峡谷，面积为 30.9km²，区内石漠化程度严重、生态环境恶劣（表 9.1）。

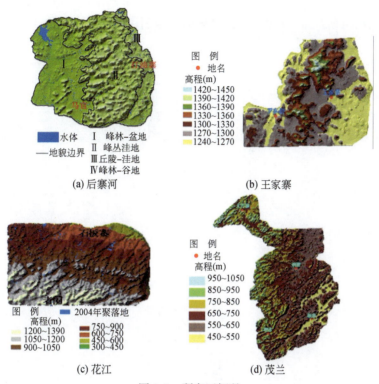

(a) 后寨河　　　　　　　　　　(b) 王家寨

(c) 花江　　　　　　　　　　(d) 茂兰

图 9.1　研究区概况

表 9.1　研究区的特征差异

研究区	地形	1963 年轻度以上退化土地占总面积比例（%）	2004 年轻度以上退化土地占总面积比例（%）	区位	人口密度（人/km²）
王家寨	峰丛洼地	42.68	32.81	靠近县城	158.0
花江	峡谷	63.87	54.16	偏僻	143.7
茂兰	峰丛洼地，峰丛深洼地	18.49	13.51	偏僻	37.6
后寨河	峰丛洼地，丘陵-洼地	32.97	40.99	靠近城镇	388.0

9.1.2　数据来源和研究方法

　　由于本研究针对小尺度区域，考虑到数据提取的可行性和可操作性，采用 1963 年 0.7~1m 分辨率航片、2004 年 2.5m 分辨率 SPOT 合成影像作为基础数据，分别对其精校正和监督分类，然后用 ArcView 软件建立两个时期相应的土地覆被类型矢量数据层并进行图斑修正，对其结果进行野外抽样检查和调查访问后，抽样图斑的解译正确率均达到 90% 以上。土地利用类型划分为水田、平坝旱地、缓坡旱地、陡坡旱地、有林地、稀疏林地、灌丛、果园地、高被草地、低被草地、水体、居民点、工矿用地、道路、裸岩裸土，因4个研究区的土地利用有差异，4个研究区划分的土地利用类型略有差异（图9.2）。

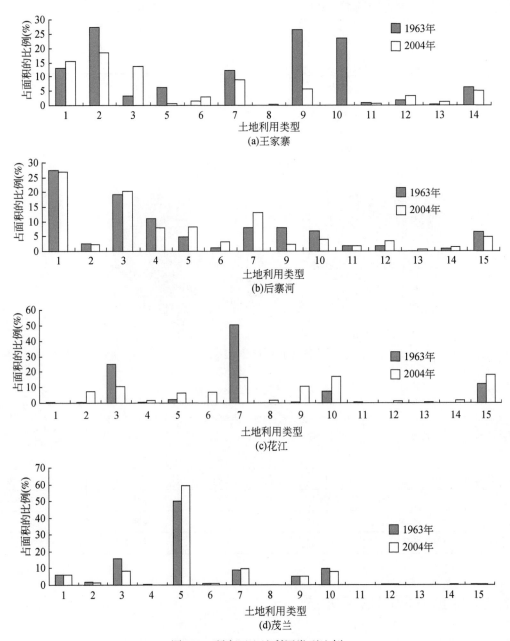

图9.2　研究区土地利用类型比例

注：1 为水田；2 为平坝旱地；3 为缓坡旱地；4 为陡坡旱地；5 为有林地；6 为稀疏林地；7 为灌丛；8 为果园地；
　　9 为高被草地；10 为低被草地；11 为水体；12 为居民点；13 为工矿用地；14 为道路；15 为裸岩裸土

景观格局指标是景观生态学界广泛使用的一种定量研究方法，景观多样性指数可反映景观类型多样性大小。土地利用越丰富、破碎化程度越高，其不定性的信息含量就越大，景观多样性指数值越大。考虑到本章数据源的空间分辨高（≥2.5m），100m×100m 网格内有足够的土地利用图斑，高分辨率影像能更好地识别出反映生态质量的裸岩裸土和低被草地斑块的变化[16]。同时本章研究区面积较小，因此，本研究以 100m×100m 网格为单元，运用香农-维纳多样性指数（Shannon Wiener's diversity index，SHDI）衡量分析研究区景观多样性指数的空间分布，以充分反映研究区的景观异质性和破碎性。

$$SHDI = -\sum_{i=1}^{m} P_i \times \ln P_i \qquad (9.1)$$

式中，SHDI 为香农-维纳多样性指数，m 为网格内斑块类型总数，P_i 为网格内类型 i 所占的比例，其取值为 0~1。计算出研究区各 100m×100m 网格空间单元的多样性指数，将结果与居民点质点缓冲区（缓冲距离分别为 300m、600m、900m）图层进行叠加分析，并求出各缓冲区内两个时期平均 SHDI 值。

4 个研究区均是典型的岩溶地区，存在的主要问题是岩溶石漠化，故针对研究区的坡地，土地退化评判主要考虑岩石裸露面积（表 9.2）[17]。本章中无石漠化主要是指耕地（包括水田和坡度<15°的旱地）和坡度<25°的有林地，潜在石漠化指坡度>15°的旱地和坡度>25°的有林地，基本无土壤侵蚀的坡地。

表 9.2　研究区不同等级石漠化划分标准

指标	无退化	微度退化	轻度退化	中度退化	强度退化	极强度退化
岩石裸露率（%）	<10	<20	20~50	50~70	70~90	>90
SPOT 影像特征	亮绿色，块状，边界规则，纹理清晰	深绿色，块状	绿色，零星点缀浸染状白色	浅绿色，带星状白色	浅绿色，带斑状白色	白色，零星点缀浸染状绿色
航片特征	斑点状灰黑色（林地）；白色、灰白色，质地均一，条块清晰（耕地）	灰色，质地较均一	灰色，质地很不均一	浅灰色，零星点缀灰黑色	浅白色	条带状白色，斑点状白色，质地极不均一。可见岩层走向

9.1.3　结果分析

9.1.3.1　整个景观多样性的变化

把 4 个研究区分别作为一个整体，分别计算其香农-维纳多样性指数（表9.3）。从 4 个研究区香农-维纳多样性指数变化来看，王家寨、后寨河和花江都呈增加趋势，其中花江地区的增幅最大，后寨河地区略有增加；而茂兰地区的香农-维纳多样性指数呈减少趋势。这里要说明的是，岩溶地区的地貌、土地利用等空间异质性大，因此整个研究区的香农-维纳多样性指数变化趋势不能反映香农-维纳多样性指数变化的空间差异特征。至于香农-维纳多样性指数变化的生态意义，则必须与各研究点占优势的景观基质变化联系起来。为此，本节进行了进一步的分析。

表9.3 研究区香农-维纳多样性指数变化

年份	王家寨	后寨河	花江	茂兰
1963	1.8892	2.1551	1.3906	1.5905
2004	2.1041	2.1808	2.2262	1.4420

9.1.3.2 基于微观空间单元的多样性分布

4个研究区除茂兰地区外，2004年的SHDI值大于1963年（表9.3），但结合基于微观空间单元的SHDI分布图则发现（图9.3），SHDI值变化的空间差异性很大，距聚落不同缓冲距离内的SHDI值表现出2004年的SHDI值大于1963年（表9.4）。

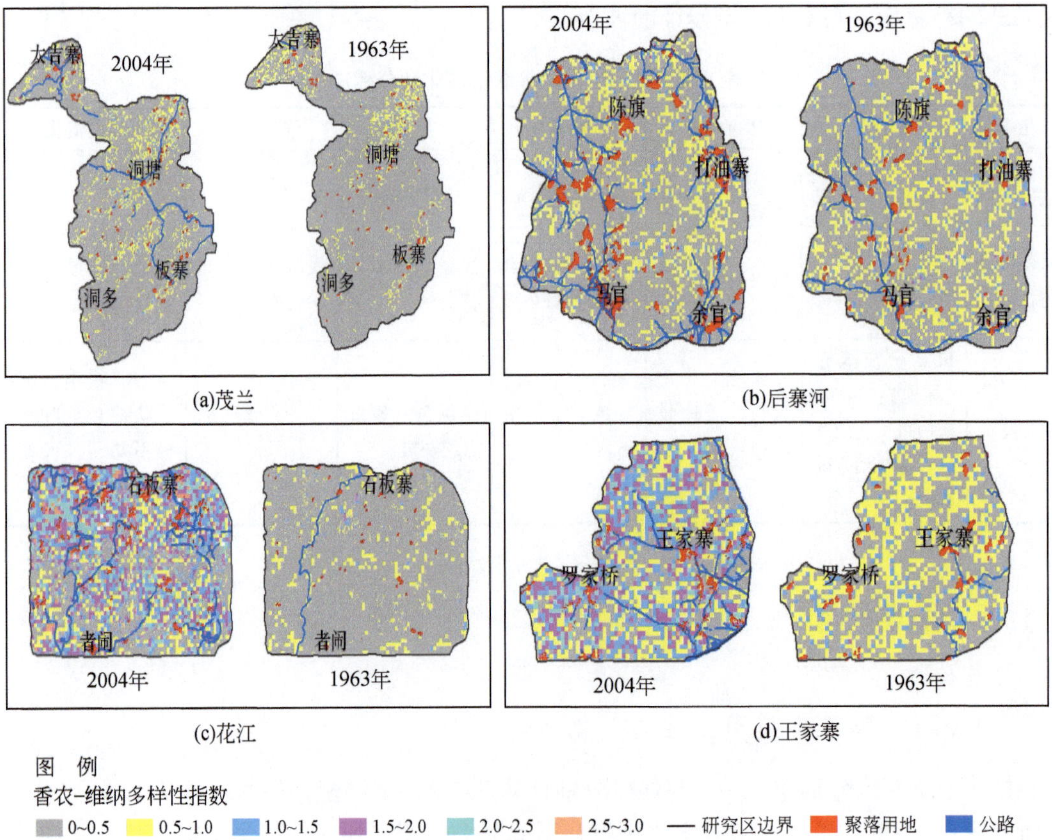

(a)茂兰

(b)后寨河

(c)花江

(d)王家寨

图 例
香农-维纳多样性指数
■ 0~0.5 ■ 0.5~1.0 ■ 1.0~1.5 ■ 1.5~2.0 ■ 2.0~2.5 ■ 2.5~3.0 —— 研究区边界 ■ 聚落用地 ■ 公路

图9.3 研究区香农-维纳多样性指数空间分布图

表 9.4　距聚落不同缓冲距离内香农−维纳多样性指数平均值

年份	距离（m）	后寨河	王家寨	花江	茂兰
1963	<300	0.685	0.501	0.469	0.230
	300~600	0.648	0.468	0.460	0.151
	600~900	0.633	0.434	0.410	0.102
	>900	0.515	0.511	0.383	0.071
2004	<300	0.621	1.106	1.198	0.429
	300~600	0.505	0.963	0.932	0.329
	600~900	0.501	0.920	0.718	0.275
	>900	0.474	1.308	0.739	0.221

　　根据 SHDI 值（表 9.4）可知，研究区两个时期土地利用/土地覆被 SHDI 均值为 0.071~1.308。后寨河地区与茂兰地区 SHDI 值表现出随聚落距离增大而减小的趋势。后寨河地区多样性变化最大的发生在距聚落 300m 范围内，说明研究时段内这类地区人类活动主要发生在这一范围内，土地多样性程度高，集约性大。

　　在茂兰地区，1963 年各距离梯度内 SHDI 值均低于其他地区，这主要受制于这一时期该地区内通达性差，人口密度低，人类活动只能作用于与自身关系密切的洼地地带；而 2004 年各距离梯度内 SHDI 值均比 1963 年高，由图 9.3 可以看出，SHDI 值较高的地点主要分布于公路沿线，特别是洞塘、太吉寨和板寨，而茂兰地区的南部，受 1987 年这一地区被确立为国家级自然保护区的影响，SHDI 值较 1963 年降低。

　　在环境恶劣的花江地区，1963 年 SHDI 值在距聚落 300m 范围内最大，2004 年则表现出随聚落距离增大而减小的趋势；1963 年 SHDI 值较低，而 2004 年各距离梯度内该值均比 1963 年大幅增大，增加幅度居所有研究区之首。这一现象也说明了该地区在几十年的发展过程中，土地利用/土地覆被多样性增加，空间异质性增加，景观破碎化增加。

　　王家寨地区 1963 年 SHDI 值以距聚落大于 900m 范围内最大，2004 年 SHDI 值明显增加，以>900m 范围和<300m 范围内最大。这说明该地区人类活动方式在近四十年内一直处于不断调整中，土地利用多样性总体上增加。

9.1.3.3　多样性指数演变的生态学意义对比

　　为了说明多样性指数变化的生态学意义，进一步把 4 个研究地点 SHDI 空间分布图与其土地退化图结合起来（图 9.4），对比其香农−维纳多样性指数变化与土地退化和生态恢复的关系。从空间分布上看（图 9.3），1963 年茂兰地区多样性程度总体上低于 2004 年，但 2004 年 SHDI 空间上差异大，高值地带集中分布在公路两旁或聚落附近；而南部的保护区核心区，原有的石漠化斑块消亡，SHDI 值较 1963 年低，这也说明受政策影响，保护区内原有石漠化土地恢复为林地基质，而原来存在于这些地带的物质、生态流集中到公路和聚落附近，使公路与聚落附近地带多样性增大且集中。茂兰地区除公路沿线或聚落附近以森林为基质、SHDI 值降低，表明该地区生态实质上有所恢复。

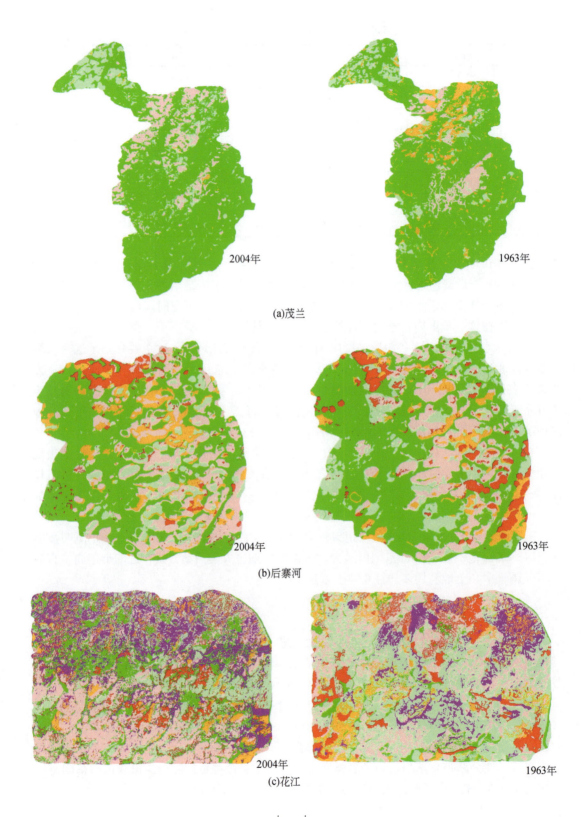

2004年　　　　　　　　　　　　　1963年

(a)茂兰

2004年　　　　　　　　　　　　　1963年

(b)后寨河

2004年　　　　　　　　　　　　　1963年

(c)花江

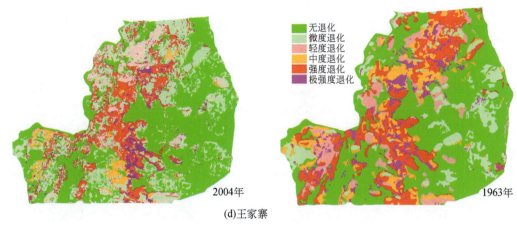

图9.4　研究区土地退化图

在后寨河地区，可以看到研究区中部的峰丛洼地地区1963年SHDI值总体高于2004年，原因在于坡耕地退耕为林、灌、草地，土地利用方式单一，景观破碎化程度降低。后寨河地区中部的SHDI值降低实质上是表明这一地貌区生态有所恢复。

在环境恶劣的花江地区，1963年SHDI值总体上大幅低于2004年，原因在于这一地区1963年以石漠化土地为基质，景观单一，经过20世纪90年代以来的生态建设，单一的连片的裸岩景观基质上土地利用/土地覆被逐渐向多样化方向发展，石漠化景观逐渐被林灌斑块代替，因此在花江地区，SHDI值升高表明到2004年该地区植被有所恢复，结合距聚落各距离梯度内SHDI值变化看，还可以发现这种恢复程度表现出随聚落距离增大而减小。

在王家寨地区，两个时期SHDI较低的值主要分布在低洼地区，这主要由于这些地区几十年来都始终是单一的耕地类景观要素。而在坡度较大的坡面或峰丛，2004年SHDI值较1963年为高，说明这一地貌区退化土地有所恢复，但景观破碎化严重，裸岩与灌、草并存，应该将其作为今后生态修复与建设的重点地区。

上述结果表明，各研究区SHDI值的升、降并不能简单地与生态变好、变差直接联系，SHDI值增加并不一定意味着生态恢复，同样，SHDI值降低也不一定意味着生态退化。原因在于，景观层次上的景观结构特征与石漠化发生发育具有一定的关系[18]，多样性指数、优势度指数、均匀度指数等与各峰丛洼地系统的景观基质有关，在不同石漠化程度的峰丛洼地系统中，反映的景观生态意义是不一样的[19]。

9.1.4　结论与讨论

与相关研究相比，本研究以微观空间单元为基础，充分反映了岩溶山区香农-维纳多样性指数变化的空间差异性，并发现多样性指数的变化与聚落距离有关。在1963年，岩溶山区以农耕活动为主，土地利用方式单一而导致土地覆被类型单一，各地区受自然条件与开发程度的差异使多样性程度与聚落分布的相关性较低。随着社会不断进步，人类活动方式增多，导致土地覆被类型多样化，2004 年各地距聚落不同缓冲距离内的 SHDI 值均比 1963 年高为其提供证明（除保护开发地区外）。同时，随着生态建设，人类对土地利用方式的选择更加理性，农业种植集中在离村落较近的部位，远离村落的坡耕地逐渐退耕，局部地区表现为森林基质不断扩大、稳定的人工林斑块持续增加、不稳定的耕作斑块逐年减少。但随着居住斑块的强化和人工廊道的快速增长，生态景观格局的稳定性仍受到威胁。

本研究对茂兰、王家寨、后寨河和花江的研究表明，在利用景观多样性指数分析岩溶山区生态变化时，在不同的地区所指示的景观生态学意义并不一致，只有正确区分研究区域的景观基质，才能准确运用景观多样性指数分析石漠化土地的变化趋势。在以林灌为基质的地区 SHDI 值降低表明该地区生态实质上有所恢复；在土地退化、石漠化严重的地区，SHDI 值升高表明该地区植被有所恢复。

本章更多的是从空间差异上而没有结合人文社会因素来分析多样性指数变化的原因及其与土地退化/恢复的关系，同时也认为当前也需要着重研究哪些格局指数能反映其与岩溶山区土地利用变化过程的关系，能更好地描述景观结构特征。

9.2 峰丛洼地多样性指数的对比——以普定后寨河为例

我国岩溶峰丛洼地面积约为 12.5 万 km^2，是岩溶地貌最典型、石漠化最严重的区域之一[20~22]。典型峰丛洼地山地多，地势高，缺乏外源水，地下水埋藏深，土地资源贫乏，导致生境条件恶劣，不适于人群集聚，自然村落发展条件处于明显劣势[23]，形成了以脆弱生态环境为基础、以强烈人为干扰为驱动力、以植被减少为诱因、以土地生产力退化为本质的复合退化状况[24]，治理难度也最大[25]。研究喀斯特峰丛洼地的生态环境效应，对针对性地治理我国西南喀斯特石漠化具有十分重要的现实意义[26]。目前学术界研究了峰丛洼地石漠化[27]、土壤养分[28]、水土流失[29]、聚落变迁[30]和生态治理模式[31]等，但对峰丛洼地的土地利用多样性形成机理和多样性演变过程仍缺乏研究。

前期研究发现，因自然条件和社会经济条件不同，岩溶山区香农-维纳多样性指数存在空间差异性变化，并发现多样性指数的变化与聚落距离有关[32]，但没有在峰丛洼地尺度进行进一步的研究。本节以位于贵州省中部的普定县后寨河地区峰丛洼地为例，探讨峰丛洼地土地利用多样性差异及其内在机制，目的在于用新的研究思路和方法全面深入地反映峰丛洼地土地利用的一般性特点和差异性；揭示形成不同土地利用格局的内在机制；揭示峰丛洼地土地利用生态响应的复杂性与多样性特点。在前述研究的基础上，对峰丛洼地生态恢复提出新的思考，为峰丛洼地村级景观规划、生态系统的管理和石漠化土地的治理提供依据。

9.2.1 研究区概况

本研究共选择了后寨河地区 19 个峰丛洼地（图 9.5），其基本情况见表 9.5。

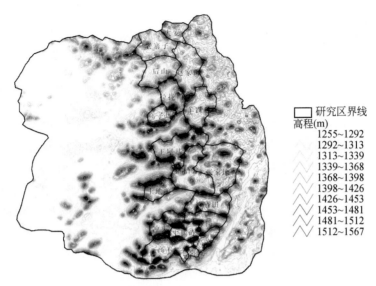

图 9.5　研究区 19 个峰丛洼地的数字地形图

表 9.5　研究区各峰丛洼地基本情况表

峰丛洼地	面积 （ha）	相对高差 （m）	封闭程度	开阔度	<6°面积占 总面积 比例（%）	道路分布	聚落分布
草塘	29.83	200	高	中等	8.87	小路，2010 年建村道	有
长寨田	96.83	165	中等	中等	22.82	2000 年机耕道	无
冲头	37.10		高	低	8.28	小路	无
大安	46.41	115	低	高	16.8	县道	无
高羊	112.82	190	高	中等	25.59	小路，2004 年后建村道	有
高寨	39.48	135	高	中等	22.93	小路	有
高子塔	49.64	150	高	中等	35.07	小路	无
后山	107.41	185	高	中等	21.29	小路，2004 年后建村道	有
拉拢山	57.50	210	中等	中等	10.81	小路	无
老寨子	108.30	190	较高	高	20.92	小路，2000 年后建村道	有
毛栗坡	11.93	105	高	低	19.87	小路	无
牛同岭	56.04	147	高	低	30.68		无
青岗	69.41	159	高	低	12.82		无
土地关	57.73	188	高	中等	8.70		无
王屋基	127.26	243	高	低	8.97	2010 年建机耕道	废弃
羊踩秧	108.92	185	中等	高	27.94		无
张家地	187.18	179	低	高	21.13		无
赵家田	136.14	140	低	高	29.69		有
猪槽井	143.40	150	高	中等	22.39		无

9.2.2 研究方法

9.2.2.1 数据来源

采用 1963 年和 1978 年 0.7~1m 分辨率航片、2004 年 2.5m 分辨率 SPOT 合成影像、2010 年 2.5m 分辨率 ALOS 影像作为基础数据，分别对其精校正和监督分类，然后用 ArcMap 软件建立 4 个时期相应的土地覆被类型矢量数据层并进行图斑修正，对其结果进行野外抽样检查和调查访问后，抽样图斑的解译正确率均达到 90% 以上。土地利用类型划分为水田（11）、平坝旱地（12）、缓坡旱地（13）、陡坡旱地（14）、有林地（31）、稀疏林地（32）、灌丛（33）、高被草地（41）、低被草地（42）、乡村聚落（51）、工矿用地（53）、道路（63）、水体（71）、裸岩裸土（82）（图 9.6）。

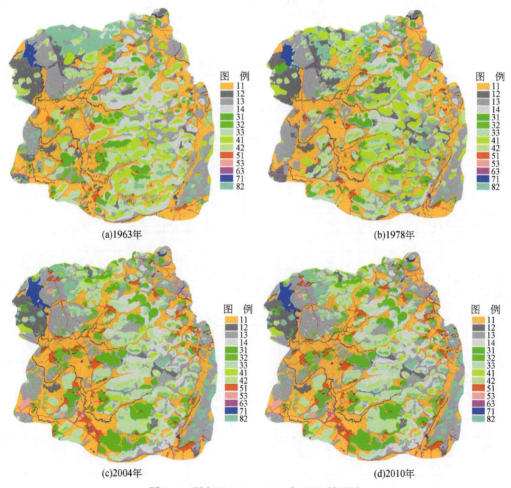

(a)1963年   (b)1978年

(c)2004年   (d)2010年

图 9.6 研究区 1963~2010 年土地利用图

9.2.2.2 指标计算

4 期土地利用数据分别与峰丛洼地界限叠加，运用香农–维纳多样性指数，计算每一个洼地的土地利用多样性指数，并探讨其演变。具体计算公式见式（9.1）

9.2.2.3 空间自相关分析

本研究选取局部空间自相关 LISA 指数，得到研究区各峰丛洼地香农–维纳多样性指数的局部空间自相关 LISA 聚集图。空间自相关是测试空间某点的观测值是否与其相邻点的值存在相关性的一种分析方法[33]。其中，全局空间自相关指标用于验证整个研究区域某一要素的空间模式，而局部指标用于反映一个局部小区域单元上的某种地理现象或某一属性与相邻局部小区域单元上同一现象或属性值的相关程度[34]，由于全局 Moran's I 不能探测相邻区域之间生态风险度的空间关联模式，所以局部空间自相关系数是可选择的度量指标。

9.2.3 结果分析

1. 研究区峰丛洼地土地利用的一般特点

统计研究区 19 个峰丛洼地各种土地利用类型在 4 个时期占总面积比例的平均值，以反映峰丛洼地土地利用的一般情况。从图 9.7 可以看出，主要的土地利用类型是农用地、有林地和灌草坡，裸岩裸土接为 5% 左右，乡村聚落、道路和水体占的比例很低。

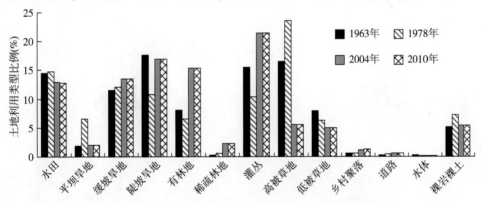

图 9.7　研究区 4 个时期各峰丛洼地土地利用类型面积的比例

喀斯特峰丛峰林区耕地资源格局的特点是：肥沃的土地集中在峰丛洼地底部，较差的土地或荒地分布在峰丛四周的坡面上；虽有一定的耕地聚集效应，但聚集程度不高，而且面积狭小，耕作半径依然较大[35]。在空间分布上，同一洼地，从洼地到峰丛坡面总体上存在圈层、环状土地利用结构。在峰丛洼地中央的洼地部分，以水田为主，从 1963 年的14.52% 下降到 2010 年的 12.81%，平坝旱地在 1963 年仅占 2% 左右，平坝旱地在 1978 年占到 6.59%，主要是由于该时期对高子塔、毛栗坡等峰丛洼地坡面开垦旱地较多。在洼地的四周，依次是缓坡旱地和陡坡旱地，其中前者所占比例在 2010 年上升到 13% 左右，后者略有下降。1963 ~ 1978 年有林地和灌丛所占比例下降，高被草地所占比例增加，1978 ~ 2010 年峰丛洼地区有林地和灌丛明显上升，高被草地比例明显下降。乡村聚落从 1963 年的 0.59% 增加到 2010 年的 1.25%，道路由 1963 年的 0.33% 增加到 2010 年的 0.55%，水体基本没有变化，裸岩裸土除 1978 年为 7.21%，其他 3 个时期保持在 5% 左右。

4 个时期，水田比例高于平均值的有长寨田、高羊、老寨子、羊踩秧和赵家田等聚落，而陡坡旱地明显高于平均值的有后山、拉拢山、王屋基、羊踩秧和张家地。一般情况是，峰丛洼地的水田比例高，相应的陡坡旱地比例就低，如高羊、高寨、老寨子和赵家田，但羊踩秧、拉拢山和后山水田和陡坡旱地比例都较高；究其原因，一是其本身分布有规模较大的聚落，二是其邻近有较大的聚落，承受的土地压力大（图9.8）。

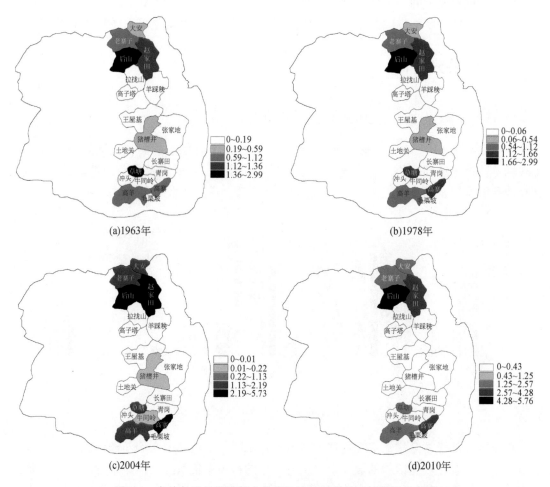

图9.8　各峰丛洼地的聚落占各峰丛洼地面积的比例空间分布图

2. 研究区峰丛洼地土地利用多样性的空间差异

19 个峰丛洼地的香农–维纳多样性指数差异较大（图9.9）。1963 年、1978 年、2004
年和 2010 年 4 个时期各峰丛洼地的香农–维纳多样性指数平均值分别为 1.7183、1.7310、
1.6058 和 1.6238。1963 年以北部和东南部的峰丛洼地最高，草塘、毛栗坡和土地关的土
地利用多样性指数最低；1978 年除高子塔和冲头峰丛洼地土地利用多样性指数明显降低
外，其余的土地利用多样性指数总体提高，高于该时期的平均值；2004 年各峰丛洼地土地
利用多样性差异增加，北部和中部土地利用多样性指数明显高于平均值；2010 年除高羊峰
丛洼地香农–维纳多样性指数增加外，土地利用多样性保持了 2004 年的空间格局。

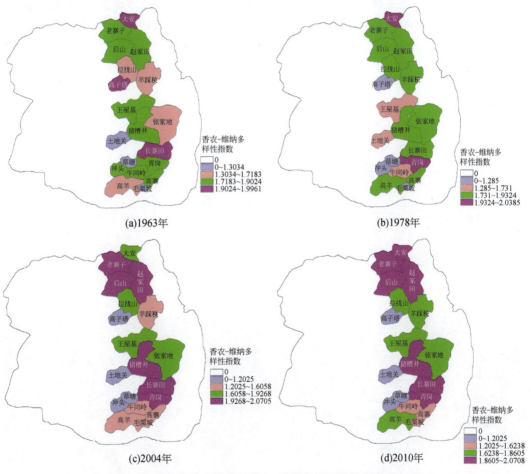

图 9.9　各峰丛洼地聚落的香农–维纳多样性指数空间分布图

根据研究区 19 个峰丛洼地多样性指数在 4 个时期的变化过程，可分成 3 种变化类型：
①上升型，如长寨田、后山、张家地、赵家田和猪槽井；②下降型，如冲头、高寨、高子
塔、牛同岭；③基本不变型，如大安、高羊、拉拢山、老寨子、毛栗坡、青岗、土地关、
王屋基和羊踩秧。

3. 峰丛洼地区土地利用多样性的空间自相关

从研究区4个时期峰丛洼地多样性指数局部空间自相关图可以看出，各峰丛洼地土地利用基本无空间自相关，表明各峰丛洼地的土地利用自成一个系统，相互之间并不干扰（图9.10）。存在这种情况的原因是，除南部的高羊、高寨、草塘、毛栗坡等属于同一个村外，其他峰丛洼地分属于不同的村；如果洼地中耕地资源较丰富，有聚落，则聚落主要利用该峰丛洼地的耕地资源，峰丛洼地的坡耕地变化与邻近的峰丛洼地联系并不大，后山、猪槽井峰丛洼地就是这种的情况；如果分布有聚落的峰丛洼地其本身无耕地资源，聚落农户利用其附近相邻的属于同一村的峰丛洼地的耕地资源，此种情况下有聚落的峰丛洼地土地利用单一，邻近的被开垦的峰丛洼地多样性指数较高，可能形成高-低空间自相关，如研究区南部的几个峰丛洼地。还有一种情况是，峰丛洼地本身耕地资源较丰富，但无聚落，如高子塔、王屋基和羊踩秧，由附近居住在缓丘平坝的农户开垦。此种情况下的峰丛洼地与其周边的峰丛洼地土地利用联系也较弱。

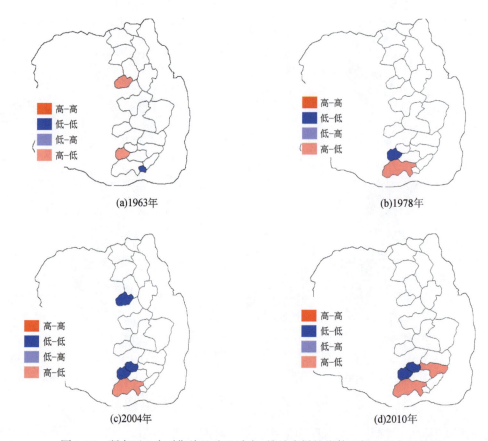

图9.10　研究区4个时期峰丛洼地香农-维纳多样性指数局部空间自相关图

9.2.4 讨论

9.2.4.1 峰丛洼地面积和香农–维纳多样性指数的关系

图 9.11 揭示了峰丛洼地面积大小与 4 个时期峰丛洼地香农–维纳多样性指数的关系，总体趋势是峰丛洼地面积越大，香农–维纳多样性指数越高，且这一规律在 2010 年比前 3 个时期表现得更加明显。例如，张家地、赵家田和猪槽井等峰丛洼地香农–维纳多样性指数明显较高；草塘、毛栗坡等峰丛洼地香农–维纳多样性指数明显低，需要说明的是，草塘的面积尽管大于毛栗坡等峰丛洼地，但草塘是研究区的林场，以林地为主，土地利用单一，而后者是农耕峰丛洼地系统，土地利用相对复杂，所以前者土地利用多样性低于后者。

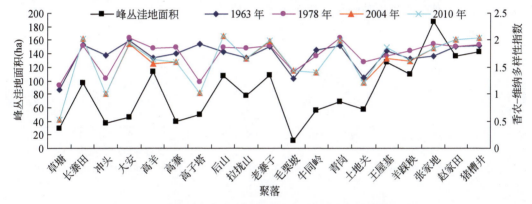

图 9.11　研究区峰丛洼地面积和香农–维纳多样性指数的关系

图 9.12 揭示了研究区峰丛洼地<6°面积的比例与香农–维纳多样性指数的关系，总体趋势仍然是地<6°面积的比例与其相应的香农–维纳多样性指数呈正相关，且这一趋势在 2010 年比前 3 个时期表现得更加明显。例外的是高子塔和拉拢山峰丛洼地，前者<6°面积的比例在 19 个峰丛洼地中最高，但前者平坝旱地和缓坡旱地较多，其土地利用多样性明显偏低；后者坡耕地与林灌地呈斑块状交错分布，土地利用相对复杂，香农–维纳多样性指数较高。

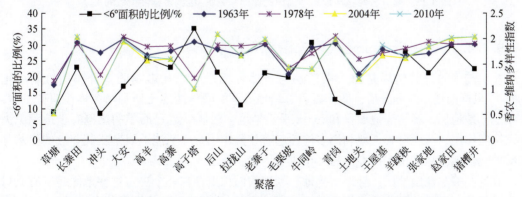

图 9.12　研究区峰丛洼地<6°面积的比例和香农–维纳多样性指数的关系

9.2.4.2 峰丛洼地聚落和香农–维纳多样性指数的关系

图 9.11 和图 9.12 反映了峰丛洼地面积大小和<6°面积的比例与香农–维纳多样性指数存在较强的相关关系，但存在例外，说明还存在其他影响因素，所以，进一步分析各峰丛洼地聚落面积的比例和香农–维纳多样性指数的关系。结果表明，1963～2010年峰丛洼地聚落面积百分比和其土地利用多样性的正相关关系逐年增强。例如，2010年后山峰丛洼地的聚落面积的比例为5.76%，其相应的香农–维纳多样性指数为2（图 9.13）。需要指出的是，长寨田、青岗、张家地和猪槽井等峰丛洼地，无聚落或聚落所占比例极低，但其邻近有较大聚落分布，所以其香农–维纳多样性指数相对较高；草塘峰丛洼地，尽管2010年聚落占2.09%，但其聚落近年衰败、人口不断流失，且为林场，所以其香农–维纳多样性指数一直相对较低。也就是说，在微观尺度上，峰丛洼地中人类活动对景观格局的构建起着决定性作用，使景观趋于破碎化，景观多样性增加[36]。

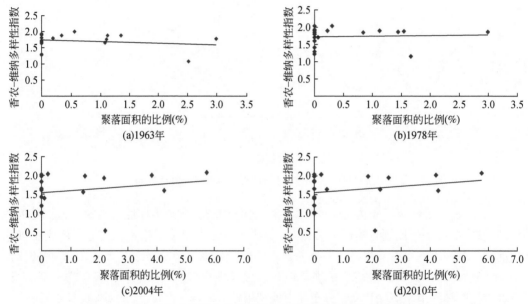

图 9.13　研究区峰丛洼地聚落面积的比例和香农–维纳多样性指数的关系

9.2.4.3 峰丛洼地土地利用多样性演变机制

峰丛洼地的景观格局是由人类活动与自然环境之间相互影响的耦合作用机制决定的[19]。根据前述结果和分析，我们可以总结出如下的峰丛洼地土地利用多样性演变机制：在峰丛洼地地区，峰丛洼地面积和<6°（平坝旱地、缓坡旱地）面积的比例对土地承载力起着决定作用，从而对其土地利用多样性起着重要作用。峰丛洼地聚落或其邻近的聚落是影响峰丛洼地土地利用多样性的另一个重要因素。

在这些峰丛洼地地区，谷地、洼地、坝地的面积也存在一个决定这些地区是否有人口分布的阈值。当谷地、洼地、坝地的面积低于这个阈值时，几乎无承载力，无人口分布；

当谷地、洼地、坝地的面积高于某个阈值时，土地有一定的承载力，有人口的分布。

9.2.5 结论

本节以位于贵州省中部的普定县后寨河地区峰丛洼地为例，基于高分辨率影像，研究峰丛洼地土地利用的一般性特点和差异性，揭示峰丛洼地土地利用多样性差异、演变及其内在机制，得到以下几点结论：

（1）研究区主要的土地利用类型是农用地、有林地和灌草坡，裸岩裸土为5%左右，乡村聚落、道路和水体占的比例很低。聚落分布是决定峰丛洼地陡坡耕地比例高低的重要因素。

（2）研究区峰丛洼地多样性指数变化可划分为上升型、下降型和基本不变型，各峰丛洼地土地利用多样性基本无空间自相关。

（3）峰丛洼地面积和<6°（平坝旱地、缓坡旱地）面积的比例对土地承载力起着决定作用，对其土地利用多样性起着重要作用，峰丛洼地聚落或其邻近的聚落是影响峰丛洼地土地利用多样性的另一个重要因素。

9.3 本 章 小 结

本章对茂兰、王家寨、后寨河和花江4个地区的研究表明，在利用景观多样性指数分析岩溶山区生态变化时，在不同的地区所指示的景观生态学意义并不一致，只有正确区分研究区域的景观基质，才能准确运用景观多样性指数分析石漠化土地的变化趋势。以位于贵州省中部的普定县后寨河地区峰丛洼地为例的进一步研究表明，聚落分布是决定峰丛洼地陡坡旱地比例高低的重要因素，峰丛洼地面积和<6°（平坝旱地、缓坡旱地）面积的比例对其土地利用多样性起着重要作用。

参 考 文 献

[1] 刘小平，黎夏，陈逸敏，等. 景观扩张指数及其在城市扩展分析中的应用. 地理学报，2009，64（2）：1430-1438.

[2] Tasser E, Ruffini F V, Tappeiner U. An integrative approach for analysing landscape dynamics in diverse cultivated and natural mountain areas. Landscape Ecology, 2009, 24（5）：611-628.

[3] Martin B A, Shao G, Swihart R K, et al. Implications of shared edge length between land cover types for landscape quality：The case of Midwestern US, 1940-1998. Landscape Ecology, 2008, 23：391-402.

[4] Corry R C. Characterizing fine-scale patterns of alternative agricultural landscapes with landscape pattern indices. Landscape Ecology, 2005, 20（5）：591-608.

[5] O'Neillr R V, Krumme J R, Gardner R H, et al. Indices of landscape pattern. Landscape Ecology, 1988, 1（3）：153-162.

[6] 王清春，张向辉，张林艳，等. 北京喇叭沟门自然保护区森林景观多样性研究. 北京林业大学学报，2002，24（3）：54-60.

[7] 张学雷, 陈杰, 张甘霖. 海南岛不同地形上土壤性质的多样性分析. 地理学报, 2003, 58 (6): 839-844.

[8] 刘红玉, 吕宪国, 张世奎. 三江平原流域湿地景观多样性及其 50 年变化研究. 生态学报, 2004, 24 (7): 1472-1479.

[9] 乌云娜, 李政海. 锡林郭勒草原景观多样性的时间变化. 植物生态学报, 2000, 24 (1) 58-63.

[10] Eck J R V, Koomen E. Characterising urban concentration and land-use diversity in simulations of future land use. Annals of Regional Science, 2008, 42: 123-140.

[11] 傅佰杰, 陈利顶. 景观多样性的类型及其生态意义. 地理学报, 1996, 51 (5): 454-462.

[12] 王伯荪, 彭少麟, 郭泺, 等. 海南岛热带森林景观类型多样性. 生态学报, 2007, 27 (5): 1690-1695.

[13] 王凌, 李秀珍, 胡远满. 用空间多样性指数分析辽河三角洲野生动物生境的格局变化. 应用生态学报, 2003, 14 (12): 2176-2180.

[14] 李锋. 两个典型荒漠化地区景观多样性变化的比较——景观基质的影响. 生态学报, 2002, 22 (9): 1507-1511.

[15] Huang Q H, Cai Y L. Assessment of karst rocky desertification using the radial basis function network model and GIS technique: A case study of Guizhou Province, China. Environmental Geology, 2006, 149: 1173-1179.

[16] 李阳兵, 王世杰, 周梦维, 等. 典型喀斯特小流域景观格局空间分辨率效应——以贵州清镇王家寨小流域为例. 地球与环境, 2009, 27 (1): 86-90.

[17] 李阳兵, 李卫海, 王世杰, 等. 石漠化斑块行为特征与分类评价. 地理科学进展, 2010, 29 (3): 335-341.

[18] 张笑楠, 王克林, 陈洪松. 桂西北喀斯特区域景观结构特征与石漠化的关系. 应用生态学报, 2008, 19 (11): 2467-2472.

[19] 李阳兵, 王世杰, 容丽. 不同石漠化程度岩溶峰丛洼地系统景观多样性的比较. 地理研究, 2005, 24 (3): 371-378.

[20] Ying B, Xiao S Z, Xiong K N, et al. Comparative studies of the distribution characteristics of rocky desertification and land use/land cover classes in typical areas of Guizhou province, China. Environment Earth Sciences, 2014, 71: 631-645.

[21] Guo F, Jiang G H, Yuan D X, et al. Evolution of major environmental geological problems in karst areas of Southwestern China. Environment Earth Sciences, 2013, 69 (7): 2427-2435.

[22] Jiang Z C, Lian Y Q, Qin X Q. Rocky desertification inSouthwest China: Impacts, causes, and restoration. Earth-Science Reviews, 2014, 132: 1-12.

[23] 陈余道, 蒋亚萍, 朱银红. 漓江流域典型岩溶生态系统的自然特征差异. 自然资源学报, 2003, 18 (3): 326-332.

[24] 彭晚霞, 宋同清, 曾馥平, 等. 喀斯特峰丛洼地退耕还林还草工程的植被土壤耦合协调度模型. 农业工程学报, 2011, 27 (9): 305-310.

[25] 李先琨, 吕仕洪, 蒋忠诚, 等. 喀斯特峰丛区复合农林系统优化与植被恢复试验. 自然资源学报, 2005, 20 (1): 92-98.

[26] 邓新辉, 吴孔运, 蒋忠诚, 等. 西南喀斯特峰丛洼地生态环境效应及其危害. 广西农业科学, 2009, 40 (7): 857-863.

[27] 但文红, 张聪, 宋江. 峰丛洼地石漠化景观演化与土地利用模式. 地理研究, 2009, 28 (6):

1615-1624.

[28] 岳跃民, 王克林, 张伟, 等. 基于典范对应分析的喀斯特峰丛洼地土壤-环境关系研究. 环境科学, 2008, 29 (5): 1400-1405.

[29] 胡文峡, 王世杰, 罗维均, 等. 喀斯特峰丛洼地土地利用演变及其土壤侵蚀效应. 生态学杂志, 2012, 31 (4): 975-980.

[30] 李阳兵, 罗光杰, 邵景安, 等. 岩溶山地聚落人口空间分布与演化模式. 地理学报, 2012, 67 (1): 1646-1654.

[31] 蒋忠诚, 李先琨, 曾馥平, 等. 岩溶峰丛山地脆弱生态系统重建技术研究. 地球学报, 2009, 32 (2): 155-166.

[32] 罗光杰, 李阳兵, 王世杰, 等. 岩溶山区景观多样性变化的生态学意义对比——以贵州四个典型地区为例. 生态学报, 2011, 31 (14): 3882-3889.

[33] 谢花林, 刘黎明, 李波, 等. 土地利用变化的多尺度空间自相关分析——以内蒙古翁牛特旗为例. 地理学报, 2006, 61 (4): 389-400.

[34] Getis A, Ord J K. Local spatial statistics: an overview//Lonley P, Batty M. Spatial analysis: Modeling in a GIS environment. Geoinformation International Cambridge, UK, 1996.

[35] 吴良林, 周永章, 陈子燊, 等. 基于 GIS 与景观生态方法的喀斯特山区土地资源规模化潜力分析. 地域研究与开发, 2007, 26 (6): 112-116.

[36] 张军以, 王腊春, 苏维词. 西南喀斯特山区峰丛洼地农业生产活动的生态景观效应探讨. 地理科学, 2013, 33 (4): 497-504.

第 10 章 聚落分布与变迁的石漠化响应

全球集中连片的岩溶主要分布在欧洲中南部、北美东部和中国西南地区。欧洲某些国家上百年前就有石漠化，如土耳其石漠化面积上万平方千米，法国、摩洛哥、意大利、克罗地亚等[1~3]。欧洲中南部和北美东部两个片区的岩溶因地质环境背景的脆弱性较小、人口和经济压力相对较轻，生态地质环境问题不是很严重，基本上是一个保护问题[4]。中国西南喀斯特山区，长期存在不合理的土地利用，导致强烈的水土流失和植被退化，即喀斯特石漠化，近年来已引起国家层面重视，成为研究热点区域[5]。在我国，学者对石漠化过程的认识基本是一致的。例如，王世杰认为喀斯特石漠化是指在亚热带脆弱的喀斯特环境背景下，受人类不合理社会经济活动的干扰破坏，造成土壤严重侵蚀，基岩大面积出露，土地生产力严重下降，地表出现类似荒漠景观的土地退化过程[6]；袁道先认为喀斯特石漠化指有植被、土壤覆盖的喀斯特转变为基本上缺乏植被和土壤的变化过程[7]。对石漠化成因的认识，更多地考虑地质作用[8]、岩性[9]和气象等因素[10]。例如，吴秀芹等认为人口、人均耕地、农民的人地关系概念能解释79%的由石漠化表征的环境压力，在严重石漠化地区，坡地往往过度垦殖[11]；李阳兵等认为，不同等级石漠化与不同土地利用类型存在着相关性，较多坡耕地的存在仍是土地石漠化的驱动因素[12]；还有学者认为聚落对石漠化的主要影响距离是4km[13]。

综上所述，目前研究认识到岩溶土地会发生石漠化这一现象，在人文因素方面认为不合理的人类活动是诱因，人均耕地、聚落与石漠化存在相关性，但没有从耕地资源、聚落人口和相应的生态响应角度来探讨石漠化的发生发展。当前研究并没揭示岩溶山地土地为什么会发生石漠化这一现象的本质，没有阐明岩溶山地农户为什么要进行不合理活动，代表了对石漠化的一个阶段性认识。石漠化是土地退化、水土流失、土地失去生产能力的过程，结合人为因素来讲，是坡地开垦、薪柴砍伐导致的土地退化过程和结果，构建耦合自然、人文驱动因素的喀斯特石漠化系统模型具有重要的现实意义[14]。本章试图通过典型案例研究，揭示岩溶山地耕地资源、聚落格局和石漠化发生的相互关系，从理论上解释岩溶山地农户为什么要进行不合理活动及导致土地石漠化的根本原因，以从本质上揭示石漠化发生的机理。

10.1 岩溶山地耕地、聚落和石漠化的耦合关系

本节通过典型案例研究，揭示岩溶山地耕地资源、聚落分布格局和石漠化发生的相互关系，从理论上解释岩溶山地农户为什么要进行不合理活动及导致土地石漠化的根本原因，以从本质上揭示岩溶山地人地关系耦合的机理。

10.1.1 理论假设

峰丛洼地区是岩溶地貌最典型、石漠化最严重的区域之一[15]，形成了以脆弱生态环境为基础、以强烈的人为干扰为驱动力、以植被减少为诱因、以土地生产力退化为本质的复合退化状况[16]，治理难度最大[17]。从大农业生产应用的角度来看，峰丛洼地的土地组成可拆分为 3 个部分：一是洼地底部的平坡地和缓坡地，二是山体中部及下部斜坡地，这两部分一般占整个坡体的 2/3 坡长；三是山体上部和顶部坡体，这部分一般占坡体的 1/3左右[18]。峰丛峰林区耕地资源格局的特点是：肥沃的土地集中在峰丛洼地底部，较差的土地或荒地分布在峰丛四周的坡面上，虽有一定的耕地聚集效应，但聚集程度不高，而且面积狭小，耕作半径依然较大[19]，缓坡耕地形成轻度石漠化景观；陡坡地形成中度石漠化景观，因坡面土壤流失，演化为更高等级石漠化景观[20]。

在纯碳酸盐岩发育的峰丛洼地地区，洼地等坝地的面积对土地承载力起着决定作用，坝地面积大、土地生产力高，则承载力大。因此，我们假设在这些峰丛洼地地区，谷地、洼地等坝地的面积存在一个决定这些地区是否有人口分布的阈值，当谷地、洼地、坝地的面积低于这个阈值时，几乎无承载力，无人口分布；当谷地、洼地、坝地的面积高于某个阈值时，土地有一定的承载力，有人口的分布。同时，这些地区生态是否退化，取决于人口压力，即人口压力存在一个是否有生态发生退化（石漠化）的阈值，当人口压力低于这个阈值，不会发生石漠化；当人口压力高于这个阈值，即会发生石漠化。也存在这样的情况，农户并不开垦他们聚落所存在的洼地，而开垦相邻的洼地（包括洼地底部及四周坡面），聚落的分布就受相邻洼地可利用土地资源的制约。

基于上述分析，本节提出一个理论假设：在峰丛洼地等地区，负地形（指洼地，往往是耕地资源）的比例决定了可能的人口分布，而现实的人口压力（人口密度）决定了峰丛洼地地区是否会发生石漠化。如果以耕地数量占总面积的比例表示土地承载力，以聚落面积占耕地面积的比例表示人口压力，峰丛洼地区石漠化的形成过程就可以用这两个指标的变化明确表示（图 10.1），随耕地面积比例下降和聚耕比的上升，石漠化严重程度也不

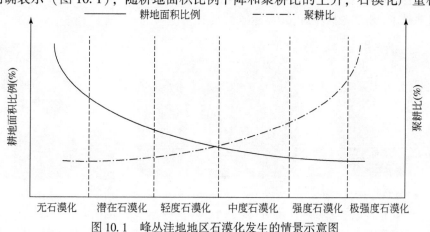

图 10.1　峰丛洼地地区石漠化发生的情景示意图

断增加，也就是说，较严重的石漠化只发生在土地承载力低和人口压力大的区域，在这些区域，农户不能不进行陡坡垦殖等不合理的活动。因此，在峰丛洼地地区，土地承载力低下是导致石漠化的根本原因，洼地面积（负地形）和人口是否协调决定了峰丛洼地地区的生态质量状况。

10.1.2 案例研究

10.1.2.1 研究区概况

在贵州省典型岩溶区域选择了普定县后寨河地区、贞丰花江峡谷区、清镇市王家寨小流域、荔波茂兰洞塘乡和安龙平乐镇作为研究区。研究区地貌类型包括：①四周平坝环绕型峰丛洼地群［图10.2（a）］；②岩溶峰丛洼地-峡谷型［图10.2（b）］；③开口型峰丛洼地［图10.2（c）］；④峰丛浅洼地［图10.2（d）］；⑤峰丛洼地-谷地-槽谷组合型［图10.2（e）］；⑥连续分布的封闭型峰丛洼地群［图10.2（f）］等不同的地貌、土地资源组合格局（图10.2）。6个研究区在社会经济方面包括了城镇带动（王家寨）、县乡经济辐射（后寨河）、政策性扶贫开发（花江）、自然保护区影响（茂兰）、远离城镇与交通干线的岩溶山地腹地（平乐镇）等不同经济发展类型，道路通达度也有很大差异。以上研究区基本涵盖了我国西南岩溶地区主要自然和社会经济背景类型，是我国西南岩溶山地的典型区域。

10.1.2.2 数据来源与研究方法

研究区土地利用数据主要来源于 2010 年的 10m 分辨率 ALOS 影像，并结合研究区当地的统计数据、实地调查和 2.5m 影像进行补充（图 10.3）。本节定义的耕地仅指坡度<6°的平坝耕地，坡度根据研究区 1:10000 地形图数字化的 DEM 提取。以坡度<6°的平坝耕地数量来表示土地承载力，以聚落耕地面积比来表示人口压力，两者数据来自根据 ALOS 影像解译的土地利用数据。对土地石漠化的判断基本是一致的，本节在参考相关文献[21~24]的基础上，采用的石漠化分类标准见表 10.1。

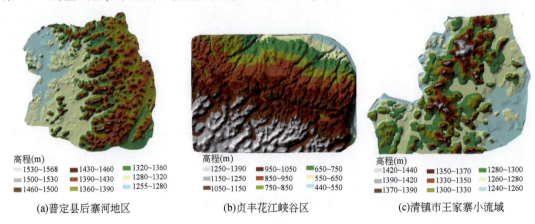

(a)普定县后寨河地区　　　　(b)贞丰花江峡谷区　　　　(c)清镇市王家寨小流域

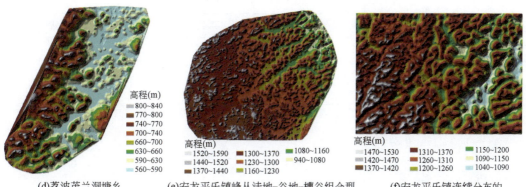

(d)荔波茂兰洞塘乡   (e)安龙平乐镇峰丛洼地-谷地-槽谷组合型   (f)安龙平乐镇连续分布的
　　　　　　　　　　　　　　　　　　　　　　　　　　　　　　　　　　　　　封闭型峰丛洼地群

图 10.2　研究区数字地形图

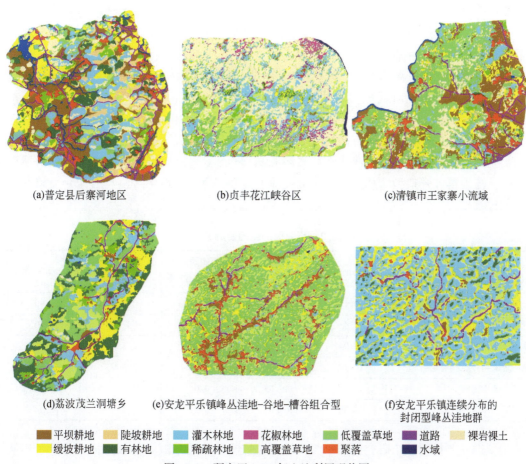

(a)普定县后寨河地区   (b)贞丰花江峡谷区   (c)清镇市王家寨小流域

(d)荔波茂兰洞塘乡   (e)安龙平乐镇峰丛洼地-谷地-槽谷组合型   (f)安龙平乐镇连续分布的
　　　　　　　　　　　　　　　　　　　　　　　　　　　　　　　　　　　　　封闭型峰丛洼地群

图 10.3　研究区 2010 年土地利用现状图

表 10.1　研究区不同等级石漠化划分标准

指标	无石漠化	潜在石漠化	轻度石漠化	中度石漠化	强度石漠化
岩石裸露率（%）	<10	<30	30 ~ 50	50 ~ 70	70 ~ 90
ALOS 影像	深红色，块状	浅红色	斑点状浅红色，点缀灰色	连片浅灰色	连片灰白色

10.1.2.3　结果分析

1）研究区耕地资源分布

在峰丛洼地等喀斯特地区，小地形的组合不同，导致负地形（指洼地）分布的差异，从而形成不同的耕地资源比例。6 个研究区以岩溶峰丛-峡谷型平坝耕地比例最低，峰丛洼地-谷地-槽谷组合型增加至 10.74%；开口型峰丛洼地的平坝耕地比例最高。同时，不同地形组合的坡耕地比例也存在差别，分两种情况：一种是可供开垦的坡耕地较少，如峰丛-峡谷；另一种是当地人口压力不需要开垦较多的坡耕地，如洞塘的峰丛浅洼地。不同地形组合的峰丛洼地耕地最大斑块面积以岩溶峰丛-峡谷型最小，耕地斑块平均面积也以其最小，说明其土地资源的匮乏。峰丛洼地-谷地-槽谷组合型、四周平坝环绕型峰丛洼地群、开口型峰丛洼地的耕地最大斑块面积分别为 241.68hm^2、107.09hm^2、44.55hm^2，耕地斑块平均面积也明显大于其他 3 种类型，说明其土地资源相对丰富（表 10.2）。从耕地资源占总面积的比例把 6 个研究区划分为耕地资源丰富型、匮缺型两种类型，其中连续分布的封闭型峰丛洼地群、峰丛浅洼地和岩溶峰丛-峡谷型为耕地资源匮缺型，四周平坝环绕型峰丛洼地群和开口型峰丛洼地为耕地资源丰富型，峰丛洼地-谷地-槽谷组合型属两者之间的过渡型。

表 10.2　研究区的耕地资源分布

地貌类型	平坝耕地（%）	最大斑块面积（hm^2）	最小斑块面积（hm^2）	斑块平均面积（hm^2）	耕地斑块聚集度
岩溶峰丛-峡谷型	0.12	0.56	0.01	0.037	60.90
连续分布的封闭型峰丛洼地群	5.41	10.44	0.01	0.74	83.40
峰丛浅洼地	5.94	9.84	0.02	0.55	82.06
峰丛洼地-谷地-槽谷组合型	10.74	241.68	0.06	3.36	92.67
开口型峰丛洼地	15.51	44.55	0.01	2.63	91.92
四周平坝环绕型峰丛洼地群	26.36	107.09	0.01	2.55	93.24

为了进一步说明 6 个研究区的平坝耕地斑块空间分布的零散和集聚特征，统计了不同大小等级的耕地斑块数目和斑块总面积（表 10.3）。峰丛洼地-谷地-槽谷组合型平坝耕地斑块数目集中在 0.1 ~ 1hm^2、≤0.10hm^2，但从斑块总面积分布来看，>20hm^2 的 17 个耕地斑块占了 67%，说明其耕地相对集中连片；大斑块分布于谷地和较大的洼地中，小斑块则

分布于一些小洼地中。连续分布的封闭型峰丛洼地群耕地斑块大小在 0.1～1hm² 和 1～5hm² 的数目分别为 162 块和 39 块，分别占总面积的 28.24% 和 36.12%，10～20hm² 的仅 2 块，占总面积的 10.10%。峰丛浅洼地耕地斑块数目以 0.1～1hm² 最多，有 162 块共 55.51hm²，1～5hm² 的斑块有 38 块共 65.11hm²；岩溶峰丛-峡谷型共有 37 块平缓耕地，斑块总面积为 3.7hm²，最大面积为 0.56hm²。四周平坝环绕型峰丛洼地群也有数百块面积小于 0.1hm² 的小块耕地，这些小块耕地斑块总面积只有 1.8hm²，占较大面积的是 1hm² 以上的斑块，其中面积在 20～50hm² 的耕地斑块占了总面积的 35.11%。开口型峰丛洼地 1hm² 以上的耕地斑块面积占了总面积的 96.61%，其中面积在 20～50hm² 的耕地斑块占了总面积的 39.68%。

表 10.3　研究区耕地斑块分布

地貌类型		≤0.1hm²	0.1～1hm²	1～5hm²	5～10hm²	10～20hm²	20～50hm²	50～100hm²	>100hm²
岩溶峰丛-峡谷型	斑块数目	27	10						
	斑块总面积	1.05	2.65						
	占总面积比例（%）	28.38	71.62						
连续分布的封闭型峰丛洼地群	斑块数目	50	162	39	5	2			
	斑块总面积	3.27	57.94	74.1	34.9	20.73			
	占总面积比例（%）	1.71	30.34	38.80	18.28	10.86			
峰丛浅洼地	斑块数目	35	162	38	3				
	斑块总面积	2.01	55.51	65.11	22.05				
	占总面积比例（%）	1.39	38.37	45.00	15.24				
峰丛洼地-谷地-槽谷组合型	斑块数目	119	246	34	15	14	11	4	2
	斑块总面积	9.34	70.67	87.27	117.99	197.1	331.89	271.93	375.73
	占总面积比例（%）	0.64	4.83	5.97	8.07	13.48	22.70	18.60	25.70
开口型峰丛洼地	斑块数目	24	28	26	6	6	4		
	斑块总面积	0.95	10.02	59.71	40.76	83.75	128.38		
	占总面积比例（%）	0.29	3.10	18.45	12.60	25.88	39.68		
四周平坝环绕型峰丛洼地群	斑块数目	447	43	70	30	21	20	2	2
	斑块总面积	1.8	21.92	170.7	217.48	285.27	581.91	164.18	214.17
	占总面积比例（%）	0.11	1.32	10.30	13.12	17.21	35.11	9.91	12.92

根据不同面积大小的耕地斑块特征和耕地斑块聚集度，把 6 个研究区耕地空间分布分成：①耕地零散型，包括连续分布的封闭型峰丛洼地群、峰丛浅洼地、岩溶峰丛-峡谷型，此类型耕地斑块大小主要集中在 0.1～1hm²、耕地斑块数目多，小而破碎的耕地斑块占耕地总面积的比例高；②耕地集聚型，包括峰丛洼地-谷地-槽谷组合型、四周平坝环绕型峰丛洼地群和开口型峰丛洼地，此类型耕地相对集中连片，大面积的耕地斑块占耕地总面积

的比例高。

2）研究区发生石漠化的情况

6 个研究区轻度以上石漠化面积占总面积的比例分别为 63.21%、54.20%、26.09%、62.46%、30.80% 和 31.25%，峰丛浅洼地绝大部分是轻度石漠化，无强度石漠化；中度石漠化以峰丛洼地–谷地–槽谷组合型最高，强度石漠化以花江岩溶峰丛–峡谷型最高。后寨河和王家寨的中强度石漠化分别为 14.77% 和 18.97%。因 6 个研究区地形地貌、人口密度、土地利用强度等差异大，石漠化土地斑块在空间分布上形成了以下几种空间格局（图 10.4）：①中度、强度石漠化斑块集中分布型，此种格局代表了喀斯特土地严重退化的后期阶段，以峰丛洼地–谷地–槽谷组合型为代表；②强度石漠化与无石漠化、潜在石漠化斑块混合分布型，以岩溶峰丛–峡谷型为代表；③潜在石漠化、无石漠化为主分布型，轻度石漠化零星分布，以峰丛浅洼地为代表；④轻中度石漠化聚集分布型，以连续分布的封闭型峰丛洼地群为代表；⑤几种石漠化类型相间分布型，以四周平坝环绕型峰丛洼地群为代表；⑥中、强度石漠化局部聚集型，以开口型峰丛洼地为代表。

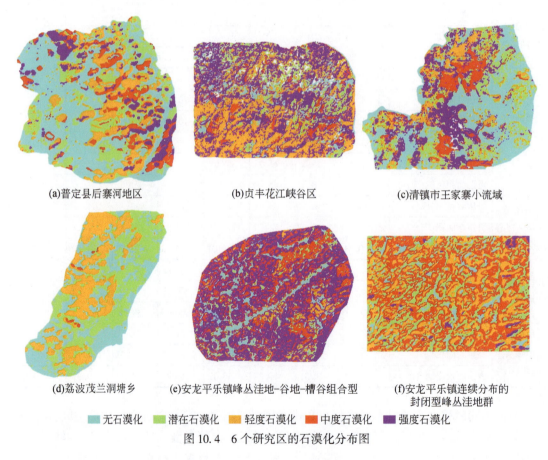

(a)普定县后寨河地区　　　(b)贞丰花江峡谷区　　　(c)清镇市王家寨小流域

(d)荔波茂兰洞塘乡　(e)安龙平乐镇峰丛洼地–谷地–槽谷组合型　(f)安龙平乐镇连续分布的封闭型峰丛洼地群

■ 无石漠化　■ 潜在石漠化　■ 轻度石漠化　■ 中度石漠化　■ 强度石漠化

图 10.4　6 个研究区的石漠化分布图

3）研究区各个地点承载的聚落数量与空间分布特征

在王家寨开口型峰丛洼地中有耕地无聚落分布的峰丛洼地共 3 个，其洼地面积太小，聚落分布在大洼地的出口处，耕作方便，可达性好，分布在峰丛洼地内的聚落面积占总面积的 26.58%。有石漠化分布的峰丛洼地共 4 个，但石漠化主要在中部的两个大洼地间的峰丛鞍部斜坡上，是以前陡坡耕地耕种形成的，现已撂荒，石漠化土地生态处于恢复过程中（表 10.4）。

表 10.4 各研究区峰丛洼地耕地、聚落与石漠化分布情况 单位：个

地貌类型	峰丛洼地总数	有耕地无聚落分布的峰丛洼地	有聚落、有耕地分布的峰丛洼地	有石漠化分布的峰丛洼地	有聚落无耕地的峰丛洼地
岩溶峰丛–峡谷型	21	2	6	16	8
连续分布的封闭型峰丛洼地群	27	7	14	27	1
峰丛浅洼地	15	3	13	4	0
峰丛洼地–谷地–槽谷组合型	35	8	21	35	4
开口型峰丛洼地	8	3	4	4	0
四周平坝环绕型峰丛洼地群	20	7	7	7	0

在后寨河四周平坝环绕型峰丛洼地群中共 20 个峰丛洼地，聚落均分布在有耕地的洼地中，其中 7 个有耕地的峰丛洼地，或因其面积小，或位置等偏远，目前无聚落分布，分布在峰丛洼地内的聚落面积占总面积的 10.03%。5 个无石漠化分布的峰丛洼地，其聚落面积小，坝地面积够用，基本不开垦坡耕地，或是该洼地无聚落分布；7 个有石漠化分布的峰丛洼地，总体以轻度石漠化为主，石漠化主要是由坡耕地开垦引起，部分是由采石场引起。

在峰丛洼地–谷地–槽谷组合型中，耕地、聚落主要分布在面积较大的谷地中，分布在 3 个谷地中的聚落面积占总聚落面积的 29.49%；29 个有耕地的峰丛洼地其中有 21 个有聚落分布；4 个聚落分布在无耕地的峰丛洼地，有耕地无聚落分布的峰丛洼地要么是其面积小，要么是其周边有较大的聚落斑块。各峰丛洼地坡面都有石漠化分布。

在连续分布的封闭型峰丛洼地群中，聚落斑块平均面积为 0.367hm²，聚落普遍分布在有耕地的峰丛洼地，各峰丛洼地坡面都有轻、中度石漠化分布。在峰丛浅洼地，聚落斑块平均面积为 0.371hm²，聚落分布在有耕地的峰丛洼地，基本上形成"一洼一聚落"的分布格局，15 个峰丛洼地仅 4 个有轻度石漠化分布。在岩溶峰丛–峡谷型中，聚落斑块平均面积为 0.0587hm²，因其平地少，有 8 个聚落分布在无耕地的峰丛洼地中，有 5 个峰丛洼地无石漠化分布，其余的以轻度、强度石漠化构成基质。

图 10.5 反映了各研究区同时分布有耕地和有聚落的峰丛洼地中，其聚落与耕地的面积比例变化，开口型峰丛洼地、四周平坝环绕型峰丛洼地群、岩溶峰丛–峡谷型、峰丛浅洼地、连续分布的封闭型峰丛洼地群和峰丛洼地–谷地–槽谷组合型的洼地聚落与耕地的面积比例平均值分别为 15.15%、24.36%、18.62%、20.79%、37.95% 和 36.98%，后 3 者分别有 1 个、2 个和 3 个峰丛洼地聚落面积超过了耕地的 50%。

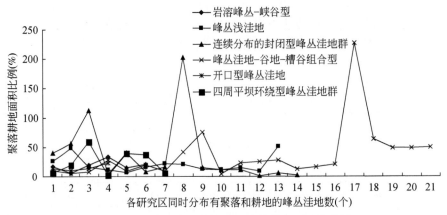

图 10.5 6 个研究区峰丛洼地聚落耕地面积比曲线

4) 研究区耕地聚落和石漠化相互间的关系

研究区耕地面积和轻度以上石漠化面积占总面积的比例存在明显的负相关关系（表 10.5）。连续分布的封闭型峰丛洼地群、峰丛浅洼地和岩溶峰丛-峡谷型地区耕地占 6% 以下，3 者轻度以上石漠化面积分别占 50% 以上，峰丛洼地-谷地-槽谷组合型耕地面积占 10.74%，但聚落耕地面积比例超过 20.32%，人口压力大，轻度以上石漠化面积在 60% 以上；四周平坝环绕型峰丛洼地群和开口型峰丛洼地耕地相对较丰富，轻度以上石漠化面积在 30% 左右，但后者聚落耕地面积比例大于前者，因此后者的强度石漠化比例高于前者。显然，聚耕比高的峰丛洼地石漠化相对较严重。

表 10.5 研究区耕地、聚落和轻度以上石漠化面积比例   单位:%

地貌类型	耕地	轻度以上石漠化	聚落	聚落/耕地	坡耕地
峰丛浅洼地	5.94	26.09	0.88	14.88	20.9
四周平坝环绕型峰丛洼地群	26.36	30.74	3.44	13.05	27.26
开口型峰丛洼地	15.51	31.25	3.37	21.74	10.84
连续分布的封闭型峰丛洼地群	5.41	54.19	0.51	9.44	20.672
岩溶峰丛-峡谷型	0.12	62.5	1.18	9 801.04	12.06
峰丛洼地-谷地-槽谷组合型	10.74	63.74	2.18	20.32	18.62

进一步，以 6 个研究点的聚落为中心分别做缓冲距离为 0～200m，200～400m，400～600m，600～800m，800～1000m，>1000m 的缓冲区，对比分析各缓冲区耕地和石漠化土地占各研究区总面积的变化情况。结果发现，随缓冲距离增加，耕地呈减少趋势，400m 范围内以四周平坝环绕型峰丛洼地群耕地比例最高，岩溶峰丛-峡谷型耕地比例最低且仅分布在此范围内（图 10.6）。相应的，轻度石漠化比例也以 200～400m 最高，依次是岩溶峰丛-峡谷型、连续分布的封闭型峰丛洼地群峰丛浅洼地、峰丛洼地-谷地-槽谷组合型、

开口型峰丛洼地（图 10.7）；中度石漠化比例以 200~400m 和 0~200m 最高，较高的是峰丛洼地-谷地-槽谷组合型、连续分布的封闭型峰丛洼地群，峰丛浅洼地此范围内的中度石漠化比例不足 0.1%（图 10.8）。岩溶峰丛-峡谷型的强度石漠化比例以 0~200m 最高，其次是 200~400m，居各研究点之首；峰丛洼地-谷地-槽谷组合型强度石漠化比例以 0~800m 相对较高；开口型峰丛洼地以 800~1000m 强度石漠化比例相对较高，这些曾经开垦的坡耕地，现已撂荒；连续分布的封闭型峰丛洼地群以 200~400m 强度石漠化比例最高，为 0.44%，峰丛浅洼地则没有强度石漠化（图 10.9）。究其原因，在岩溶山区，农户的耕作半径往往不超过 1000m，聚落周边的耕地比例越低，农户的陡坡地垦殖、砍伐等不合理扰动也越严重，导致石漠化更多地发生。

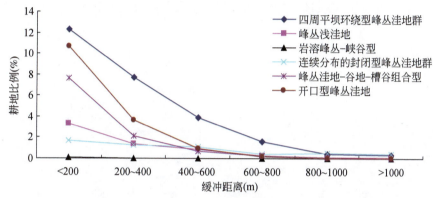

图 10.6   各研究区不同缓冲区的耕地占研究区总面积的比例

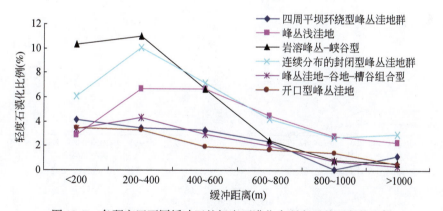

图 10.7   各研究区不同缓冲区的轻度石漠化占研究区总面积的比例

图 10.10 进一步反映了同一地貌类型中耕地、石漠化随缓冲距离的石漠化变化情况，与上述分析一致，即石漠化比例和耕地比例呈明显的负相关。在距聚落 200~400m 的缓冲距离内，这种负相关关系表现最明显；在距聚落缓冲距离大于 600~800m 后，石漠化比例和耕地比例的相关性逐渐减弱。

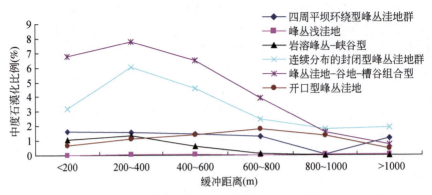

图 10.8　各研究区不同缓冲区的中度石漠化占研究区总面积的比例

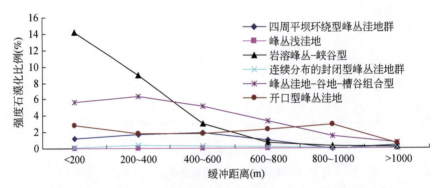

图 10.9　各研究点不同缓冲区的强度石漠化占研究区总面积的比例

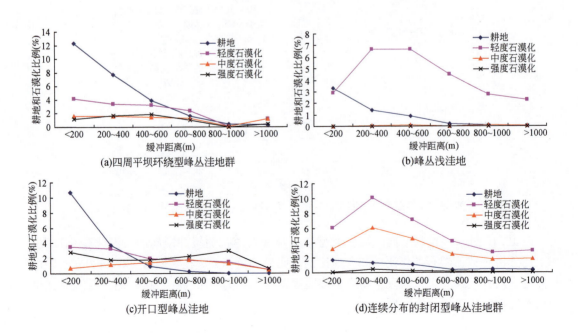

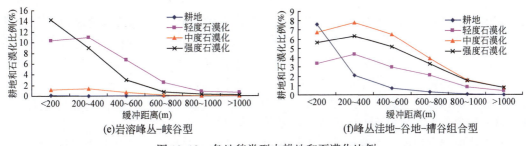

图 10.10　各地貌类型中耕地和石漠化比例

10.1.3　讨论

10.1.3.1　峰丛洼地石漠化发生过程情景

10.1.2 节分析表明，6 个研究区耕地和聚落数量、分布，和石漠化的面积和分布存在一定的相互关系，这种关系实际上是人（聚落）-地（耕地）相互作用的一种反映（石漠化）。在研究区喀斯特峰丛洼地这种特定的人-地环境下，这些相关关系反映了 3 种情景下的石漠化发生过程。

（1）土地承载力较低情形石漠化的发生过程。①耕地面积小，但人口少，人口与耕地资源在低水平上协调，不引起明显的土地退化（石漠化），以峰丛浅洼地为典型；②耕地面积小，但人口相对超过土地的承载力，引起土地的轻中度退化（以轻中度石漠化为主），以连续分布的封闭型峰丛洼地群为典型；③耕地面积小，但人口严重超过土地的承载力，引起土地的强烈退化（以强度和中度石漠化为主），以花江的岩溶峰丛-峡谷型为典型。

（2）土地承载力中等情形石漠化的发生过程。有相对较多的谷地、洼地面积，人口大量聚集，超过土地承载力，只有开垦坡耕地，引起土地较强烈的退化，以峰丛洼地-谷地-槽谷组合型为典型。

（3）土地承载力较高情形石漠化发生的过程。由于浅丘、坝子环绕，或洼地形成较大的坝子，有较大的耕地面积分布，基本上能承载较多的人口，只开采少量的坡耕地，土地轻度退化为主，局部地方退化严重，以后寨河和王家寨为典型。

10.1.3.2　模型对认识石漠化的意义

喀斯特山地生态脆弱，存在着以石漠化为主的土地退化，当前普遍把石漠化的形成原因归结为脆弱的喀斯特背景下的当地农户的不合理活动，但没有阐明当地农户为什么要进行不合理活动。本节比较了 6 种不同的峰丛洼地组合地形中的耕地资源分布、聚落特征和石漠化发育情况，根据峰丛洼地区聚落、耕地和石漠化发生的相互关系，发现强度石漠化只出现在缓坡平地少、土地承载力低、人口压力大的区域，证实了本节提出的理论假设是正确的。因此，我们可以认为，在中国西南喀斯特山地，尤其是峰丛洼地区，土地发生石漠化的原因实质是人口压力超过了土地承载力问题，洼地耕地资源不足，低人口承载力与人口高密度、高自然增长率失衡必然产生人口与粮食的矛盾[25]，迫使当地农户耕种坡耕地，不得不进行陡坡垦殖，广种薄收，"春种一坡，秋收一箩；越垦越穷，越穷越垦"，就是对此的真实写照。坡耕地因此而发生中度甚至极强度石漠化[26]，与相关研究认为农户对土地的粗放经营才是石漠化形成的本质原因的看法也是一致的[27]。同时，也可以认为土地承载力低迫使较多坡耕地的存在是土地石漠化的驱动因素[28]，岩溶山地土地发生石漠化这一现象的本质是岩溶山地土地承载力低，人口压力大。

利用耕地丰富程度、土地承载力和石漠化发生的相互关系，可以合理解释不同尺度上石漠化发生的原因。限于篇幅，以研究点之一的后寨河地区做进一步分析，聚落在1963年的最初分布过程中，由于土地生产力水平起到决定性作用，聚落主要分布于地势低平、生产力水平高的地区[29]；在后寨河地区西部，由于所在村有较多的平坝地，石漠化分布往往离村落较远，在东南部，平坝地少、峰丛洼地密集，石漠化一般分布在300m、300~600m距离内[30]。在更大的尺度上，以贵州省为例，人口密度较大的黔中各县石漠化比例比较低，而在人口密度较小的黔西南各县，石漠化往往很严重，对此，有学者从岩性角度来解释，感到很难解释[31]。而从本节的思路来看，黔西南各县，尽管人口密度较小，但因地域峰丛洼地发育，耕地资源不足，人口超载更容易引起严重的石漠化；黔中各县，地域地形平坦，多平坝浅丘，耕地资源较丰富，土地承载力较高，只是局部地方发生严重的石漠化。本节的发现一方面有助于重新科学认识石漠化的成因；另一方面也指出治理石漠化，需要增加土地承载力，或减少人口数量，单纯的植被恢复很难增加土地承载力，在短时期内人口减少存在较大困难的情况下，应以提高土地承载力作为石漠化治理的主要手段。

10.1.3.3 不足之处

（1）使用聚耕比进行分析时的不足。尽管相关研究表明可用聚落空间分布代替人口分布[32]，但本节的不足之处仍然在于只使用了聚落面积，原因在于研究区部分聚落近年来可能存在空心化，聚落的分布变化与人口的分布变化并不完全一致。因此，进一步研究要结合人口数量和农户生计的演变来计算土地承载力。同时，有部分地区没有充分考虑到聚落农户是否耕种相邻的洼地，需要进一步加强实地调查研究。

（2）石漠化的发生按土地利用方式分为4种：①山区有林地经砍伐退化为灌丛草地，进一步砍伐退化为荒草坡处于石漠化状态；②山区有林地经毁林开荒变成坡耕地，经水土流失发生石漠化；③坡耕地经水土流失发生石漠化；④矿山型石漠化土地。本节从坡地垦殖角度进行了石漠化的形成本质分析，对其他因素（如采矿形成的石漠化）没有进行探讨。

（3）本节以耕地数量表示土地承载力，以聚耕比表示人口压力，从本质上揭示了峰丛洼地石漠化发生的机理，在后续的研究中将借鉴最小人均耕地面积和耕地压力指数概念[33]，进一步探讨峰丛洼地系统人地关系演进的机理与过程。

10.1.4 结论

本研究在总结前人研究的基础上，提出峰丛洼地石漠化发生过程情景假设，并在贵州省选择了6个典型峰丛洼地对此进行案例研究。连续分布的封闭型峰丛洼地群、峰丛浅洼地和岩溶峰丛-峡谷型耕地占6%以下，3者轻度以上石漠化面积分别占50%以上；峰丛洼地-谷地-槽谷组合型耕地面积占10.74%，但聚落耕地面积比例超过20.32%，人口压力大，轻度以上石漠化面积在60%以上；四周平坝环绕型峰丛洼地群和开口型峰丛洼地耕地相对较丰富，轻度以上石漠化面积在30%左右，但后者聚落耕地面积比例大于前者，因此后者的强度石漠化比例高于前者。研究表明，洼地面积（负地形）和人口是否协调决定了峰丛洼地区的生态质量状况，较严重的石漠化只发生在土地承载力低和人口压力大的区域，土地发生石漠化的原因实质是人口压力超过了土地承载力问题，洼地耕地资源不足，迫使当地耕种坡耕地，土地承载力低下是发生石漠化的根本原因。

10.2 聚落变迁的生态效应

选择黔中高原典型地区作为案例，基于长时间序列的高精度影像和野外调查，来揭示聚落变迁背景下石漠化的演变规律和驱动机制，旨在为客观认识石漠化，了解喀斯特石漠化的演变过程和成因，开展石漠化的综合治理方面提供帮助。

10.2.1 聚落居民点不同缓冲区的石漠化变化

无石漠化主要分布在距聚落300m范围内，1963～2010年这一分布比例不断增加（表10.6）。实际调查中发现，聚落周围有风水林，与农户潜意识中注重保护这些森林的习俗是一致的。潜在石漠化主要分布在距聚落300m、300～600m距离内，1963～2010年，>900m距离的潜在石漠化在减少；轻度石漠化、中度石漠化主要分布在距聚落<300m、300～600m距离内；2005年、2010年相对于1978年，距聚落600～900m、>900m距离的轻、中度石漠化有下降趋势。强度石漠化主要分布在距聚落300～600m距离内，这一范围仍有大量坡耕地。距聚落>900m距离内，强度石漠化的比例从1963年28.6%下降到2010年的10.6%。上述规律在研究区存在空间差异，研究区西部，由于所在聚落有较多的平坝地，石漠化分布往往离聚落较远，研究区东南部，平坝地少、峰丛洼地密集，石漠化一般分布在300m、300～600m内。

表10.6 后寨河距聚落不同缓冲距离内不同等级石漠化占当年石漠化的比例

年份	距离（m）	无石漠化（%）	潜在石漠化（%）	轻度石漠化（%）	中度石漠化（%）	强度石漠化（%）
1963	<300	36.3	27.9	28.2	18.3	12.8
	300～600	32.4	35.4	37.1	35.7	31.0
	600～900	17.2	26.4	26.2	32.2	27.6
	>900	14.1	10.3	8.4	14.9	28.6

年份	距离（m）	无石漠化（%）	潜在石漠化（%）	轻度石漠化（%）	中度石漠化（%）	强度石漠化（%）
1978	<300	40.5	25.1	23.6	18.2	16.3
	300~600	32.5	37.9	37.4	34.2	39.9
	600~900	15.7	25.0	28.1	34.8	28.9
	>900	11.4	12.0	10.8	12.8	14.9
2005	<300	51.1	39.0	36.9	34.8	37.8
	300~600	27.9	31.9	33.3	29.8	35.8
	600~900	11.0	20.8	17.6	17.4	14.2
	>900	10.0	8.3	12.3	18.6	12.2
2010	<300	62.2	44.1	44.0	33.3	27.8
	300~600	23.0	35.2	27.2	29.9	42.1
	600~900	8.5	16.6	16.8	19.4	19.6
	>900	6.3	4.1	12.0	17.4	10.6

10.2.2　研究区石漠化的驱动因素

从研究结果看，1963~1978年，轻、中度石漠化下降，强度石漠化增加；1978~2005年，中度石漠化下降，强度石漠化变化不明显；2005~2010年，轻、中度石漠化增加，强度石漠化略有下降。研究结果与相关研究认为强度以上石漠化波动较小的看法一致[34]。

为了探讨研究区石漠化演变的驱动因素，我们进一步统计了2005年研究区中部的10个村级单位不同土地利用类型的石漠化发生情况（表10.7）。从表10.7可见，研究区只有后山村、玉羊寨村缓坡旱地石漠化较严重。后山村缓坡旱地石漠化占到其村中度石漠化的41.91%，玉羊寨村缓坡旱地石漠化占到其村中度石漠化的58.02%和强度石漠化的26.34%，其他村缓坡旱地发生石漠化的程度并不高。但研究区各村陡坡旱地普遍发生严重的石漠化，以打油寨村最为严重，其陡坡旱地石漠化分别占到其村中度石漠化的70.78%和轻度石漠化的70.77%。研究区1963~2010年，15°~25°坡度内的强度石漠化比例基本保持不变，应与此有很大关系。从这一点说，改变陡坡旱地的利用方式，是石漠化治理的重点之一。

表10.7　研究区不同土地利用的石漠化发生情况　　　　　　单位:%

村名	石漠化等级	缓坡旱地（7°~15°）	陡坡旱地（15°~25°）	稀疏林地	灌木林地	高覆盖草地	低覆盖草地	裸岩裸土
陈旗	轻度石漠化	0.09	20.76	4.51	57.79	9.78	5.43	0
	中度石漠化	4.24	30.62	10.71	10.35	2.75		40.83
	强度石漠化	0.02	0.01	0.01	0.83	1.65	36.64	60.34

续表

村名	石漠化等级	缓坡旱地 (7°～15°)	陡坡旱地 (15°～25°)	稀疏林地	灌木林地	高覆盖草地	低覆盖草地	裸岩裸土
打油寨	轻度石漠化	0.16	70.77	2.46	17.92	8.16	0.03	0.11
	中度石漠化	6.04	70.78		5.25	1.08	16.44	0.12
	强度石漠化	0.16	0.12		0.01	2.79	19.72	76.93
高羊	轻度石漠化	0.05	57.65	0.07	39.50	1.46	0.04	0.03
	中度石漠化	0.04	0.11		21.75	75.41	2.38	
	强度石漠化	0.03	0.45					99.34
后山	轻度石漠化	0.09	57.75	11.63	12.74	8.12	9.38	0
	中度石漠化	41.91	0.05	5.39	35.32		16.80	0.14
	强度石漠化	0.00		0.13		0.07		99.36
李打拱	轻度石漠化	0.02	30.80	10.10	58.69	0.05	0.08	
	中度石漠化	0.04	0.00	1.54	6.79	10.40	80.46	0.00
	强度石漠化	0.02				0.21	0.52	98.99
田坝	轻度石漠化	0.00	52.23	4.69	38.94	2.02	1.74	0.00
	中度石漠化	0.01	3.76		17.98	39.71	38.13	0.04
	强度石漠化		0.11		0.09	0.04	0.33	99.29
下坝	轻度石漠化	0.18	73.90	9.26	16.00	0.42	0.01	
	中度石漠化	0.22	53.31	9.17	0.09	16.48	20.27	0.04
	强度石漠化	0.09	0.22	0.00	0.29	49.81		49.48
玉羊寨	轻度石漠化	1.87	65.42	21.47	7.90	2.82	0.04	0
	中度石漠化	58.02	11.80	8.10	7.56	7.66	6.35	0.15
	强度石漠化	26.34	0.06	0.01	7.66	11.79	16.05	37.83
赵家田	轻度石漠化	0.26	68.10	6.77	24.00		0.00	0.00
	中度石漠化	0.48	0.02	37.96	0.00		61.31	
	强度石漠化	0.54			0.16			99.17
中坝	轻度石漠化	0.07	48.63	1.00	44.81	5.06	0.02	0.04
	中度石漠化	0.09	0.02		37.85	39.46	22.32	0.06
	强度石漠化	0.1	0.09		41.98	7.33	0.04	50.00

　　岩溶山区聚落的格局变化对周边土地利用土地/覆被变化产生重要影响[35]，研究区的强度石漠化主要是长期人为不合理干扰形成的裸岩裸土、稀疏灌草坡等，主要分布在聚落300～600m、坡度>15°内，原因在于这一距离和坡度范围垦殖、砍伐等人为扰动强烈。实地调查发现，研究区局部地区农户坡地垦殖以种植玉米、向日葵为主，或过度放牧，冬季取暖靠砍伐薪柴。因此，可以认为研究区农户生计方式单一，过度垦殖导致较多坡耕地的存在是土地石漠化的驱动因素（图10.11）。农户生计状况最终决定着山地生态系统的特

征[36]，因而，对贵州省石漠化治理来讲，理想的治理政策应该是生态修复与农村经济发展有效结合，使当地居民逐步摆脱对原来生计方式的依赖，在改善他们生计的同时，逐步实现生态修复目标。

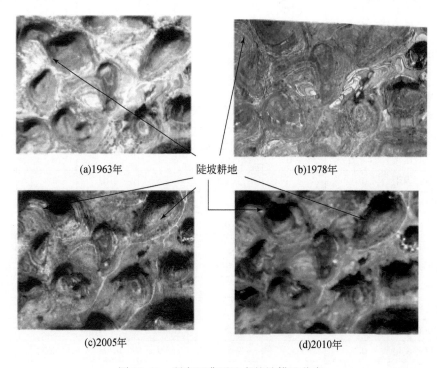

(a)1963年   陡坡耕地   (b)1978年

(c)2005年   (d)2010年

图 10.11　研究区典型地点的坡耕地分布

10.3　不同聚落空间格局下石漠化与坡度关系

第 3 章的结果表明，王家寨地区聚落类型以耕地丰富型村落为主，后寨河地区聚落以耕地丰富型和耕地一般型村落为主，花江峡谷区聚落类型以耕地一般型和耕地缺乏型村落为主。本节选择王家寨开口型峰丛洼地、后寨河四周平坝环绕型峰丛洼地群和花江岩溶峰丛-峡谷型为研究对象，比较在这 3 种不同喀斯特地貌区形成的聚落空间格局下，其石漠化发生与坡度的关系。

10.3.1　王家寨研究区石漠化与坡度关系

10.3.1.1　研究区概况

研究区位于喀斯特高原区的清镇市簸箩乡、贵州省最大的人工湖——红枫湖北湖上游麦翁河东侧，面积约为 22.7km² ［图 10.12（a）］，属亚热带季风湿润气候，多年平均降

水量为 1200mm，主要集中在 5~9 月。王家寨小流域位于簸箩地区的中部，面积约为
2.4km² ［图 10.12（b）］，土壤类型为石灰土、黄壤、水稻土等，区内石漠化强度级别发
育完全，具有较大的代表性。

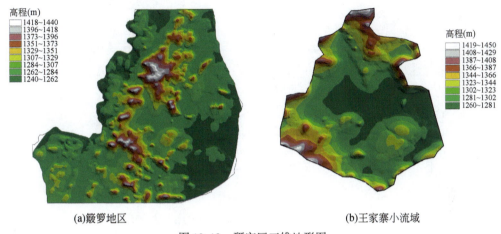

(a)簸箩地区   (b)王家寨小流域

图 10.12 研究区三维地形图

10.3.1.2 数据来源

以 2005 年 2 月 4 日 1：10 000 SPOT5 影像（空间分辨率 2.5m）为基本数据源，对照
1：10 000 地形图选取控制点，选用 Albers 圆锥等积投影方式，参考 Krasovsky 椭球体，基
准经线为 105°，基准纬线为 25°和 47°，利用 ENVI 进行几何精校正，误差在半个象元以
内。选取若干块具有代表性的地段作为感兴趣区，进行实地踏勘，主要依据岩石裸露率和
土地利用情况及植被覆盖的季节变化，将石漠化景观分为无、潜在、轻度、中度、强度和
极强度 6 类，参考土地利用类型、植被覆盖率、土壤裸露率等建立石漠化景观-影像特征
两者之间的相关性标志，作为推断全区石漠化等级分布的科学依据之一。坡度数据来源于
1：10 000 地形图数字化的 DEM。

10.3.1.3 单一的王家寨峰丛洼地坡度与石漠化的关系

平坡定义为 1；2°~5°、5°~10°、10°~15°、15°~20°、20°~25°、25°~30°、30°~
35°、35°~40°、40°~45°、>45°分别赋值 2~11（图 10.13）。在王家寨小流域，无石漠化
主要集中在<10°的低坡。潜在和轻度两种较轻的石漠化景观随坡度增加而增加，这主要是
由于林地和自然恢复演替来的高覆盖度灌木主要分布在坡度高、可达性差、受人类干扰较
少的区域。极强度石漠化在 15°~20°坡度分布比例最高，强度石漠化在 25°~45°坡度分布
比例最高；中度石漠化在 20°~25°坡度分布比例最高，轻度石漠化在 10°~25°坡度分布比
例最高。这反映了当地人在坡度相对较小（15°~25°）处土地利用强度较大同时又缺乏水
保措施，水土流失严重，短时期内土壤流失殆尽，造成植被的极度退化以至基岩的大面积
裸露。在 0°~27°的坡度内，石漠化严重程度随坡度的增加而升高，>27°后石漠化严重程

度反而逐渐降低[21]。

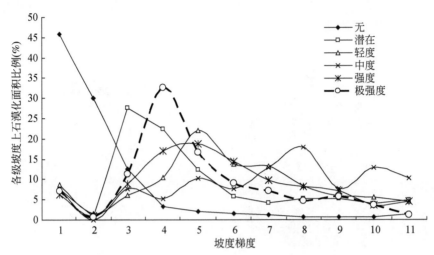

图 10.13　坡度梯度上各级喀斯特石漠化土地分布

10.3.1.4　簸箩研究区坡度与石漠化的关系

表 10.8 的数据为簸罗研究区各级坡度范围内石漠化类型占该石漠化类型总面积的比例，轻度、中度、强度石漠化集中分布在<5°、15°~25°的坡度；极强度石漠化在 15°~25°坡度内的分布比例最高，其次是<5°坡度内。各类型石漠化在 8°~35°坡度内的分布比例最高，是因为此坡度范围易发生水土流失，同时此坡度范围也受到垦殖等强烈人为干扰。野外调查发现，强度、极强度石漠化土地于坡度较缓的部位（下坡和中坡和峰丛鞍部）连片分布，是因为这些地貌部位土地利用强度相对较大；轻中度石漠化的分布则相反。因研究区地处岩溶高原面，地貌上属于喀斯特丘陵，相对高差较小，农业条件也较好，农民自然不会到陡坡去广种薄收。簸罗研究区石漠化在不同坡度等级中的分布变化，一定程度上说明了石漠化斑块空间分布格局的人为成因为主。

表 10.8　簸罗研究区石漠化在不同坡度等级中的分布　　　　　单位:%

石漠化等级	<5°	5°~8°	8°~15°	15°~25°	25°~35°	35°~45°	>45°
无石漠化	61.41	11.64	14.11	7.67	3.36	1.35	0.46
潜在石漠化	32.73	7.62	18.98	20.16	11.76	6.04	2.71
轻度石漠化	27.10	5.18	16.99	24.17	14.89	7.99	3.69
中度石漠化	28.01	2.63	12.59	26.32	18.80	8.83	2.82
强度石漠化	26.71	3.53	14.87	24.22	18.96	8.70	3.00
极强度石漠化	23.05	4.06	13.72	29.06	20.13	7.63	2.35

10.3.2 后寨河四周平坝环绕型峰丛洼地群的坡度与石漠化关系

从表 10.9 可以看出，无石漠化比例一般随坡度增加而减少，1963～2010 年，15°～25°、>25°的无石漠化比例增加，说明这一范围内的植被在恢复。潜在石漠化比例在 1963 年以>25°最高，1978 年、2005 年和 2010 年以≤8°最高；轻度石漠化、中度石漠化和强度石漠化比例一般随坡度增加而增加。各类型石漠化在坡度等级分布中的变化：≤8°坡度内，1978 年的强度石漠化比例最低，但近年因采石等活动，有所增加；8°～15°坡度内的强度石漠化比例在 2005 年、2010 年有所增加，说明此坡度范围也受到垦殖等强烈人为干扰。15°～25°、>25°坡度内的强度石漠化比例在 1963～2010 年基本保持不变。

表 10.9　不同坡度梯度中的石漠化土地分布　　　　　单位:%

年份	石漠化等级	≤8°	8°～15°	15°～25°	>25°
1963	无石漠化	74.0	10.6	5.9	9.2
	潜在石漠化	19.2	14.0	19.1	45.8
	轻度石漠化	23.9	18.9	22.5	33.8
	中度石漠化	15.1	18.6	26.4	39.4
	强度石漠化	20.8	15.0	24.7	38.7
1978	无石漠化	71.7	10.9	6.5	10.8
	潜在石漠化	42.7	25.8	18.6	13.0
	轻度石漠化	12.2	15.3	27.8	44.9
	中度石漠化	15.1	12.3	23.4	48.6
	强度石漠化	13.9	15.0	23.9	47.1
2005	无石漠化	70.0	10.6	7.0	12.5
	潜在石漠化	36.4	19.3	17.1	27.0
	轻度石漠化	15.3	26.3	23.3	36.9
	中度石漠化	16.5	14.8	25.2	43.6
	强度石漠化	17.0	17.9	24.0	40.6
2010	无石漠化	70.4	10.5	7.0	12.7
	潜在石漠化	39.9	20.8	16.8	22.5
	轻度石漠化	14.0	16.9	28.4	40.6
	中度石漠化	16.2	13.4	25.1	44.8
	强度石漠化	17.6	18.1	24.0	39.9

10.3.3 花江峰丛峡谷区坡度与石漠化关系

表 10.10 的数据为花江峡谷峰丛地区各级坡度范围内石漠化类型占该石漠化类型总面

积的比例。轻度石漠化集中分布在>15°的坡度内；中度石漠化也集中分布在>15°的坡度内，且比例随坡度增加而增加；强度、极强度石漠化比例以15°～25°的坡度最高，其次是15°～35°的坡度，此外，随坡度的增加和升高，强度、极强度石漠化的比例逐渐降低。

表10.10 不同坡度梯度中的石漠化土地分布   单位:%

石漠化等级	0°～6°	6°～10°	10°～15°	15°～25°	15°～35°	35°～45°	>45°
无石漠化	6.86	5.79	10.32	31.18	23.45	14.08	8.32
潜在石漠化	4.47	5.69	11.60	29.16	20.32	15.18	13.59
轻度石漠化	2.93	3.67	6.87	23.30	22.34	19.80	21.10
中度石漠化	1.22	2.60	4.19	18.17	23.05	24.32	26.45
强度石漠化	4.69	6.27	11.99	30.14	21.72	14.77	10.43
极强度石漠化	3.86	5.69	12.29	38.81	24.97	10.39	3.99

各类型石漠化在15°～35°坡度内的分布比例最高，是因为花江峡谷峰丛地区平地比例极低，农业条件较差，农户不得不去广种薄收，使此坡度范围长期受到垦殖等强烈人为干扰。在峡谷下部丘陵地貌，除聚落附近有小片林地外，较缓的坡面岩石大面积裸露，石漠化集中分布，整个景观以石漠化为基质，聚落和林地呈斑块状分布。在峡谷上部的峰丛地貌，石漠化土地往往围绕峰丛下坡分布；有聚落分布的峰丛洼地植被相对较好，邻近的洼地因垦殖石漠化较严重，灌丛则残留于峰丛顶部。

10.3.4 结论

(1) 王家寨峰丛洼地石漠化分布集中在15°以上坡度范围；簸罗地区石漠化集中分布在<5°、15°～25°的坡度；后寨河地区轻度石漠化、中度石漠化和强度石漠化比例随坡度增加而增加，在≤8°、8°～15°坡度内也有一定比例的石漠化比例分布；花江峰丛峡谷区各类型石漠化在15°～35°坡度内的分布比例最高。

(2) 各研究区的石漠化坡度分布差异，一方面反映了各研究区自然条件恶劣程度的差异导致了人为活动对不同坡度范围扰动的差异；另一方面在一定程度上也说明了各研究区的社会经济条件的不同导致人为活动对不同坡度范围扰动的差异。

(3) 各研究区石漠化的坡度分布差异规律，在一定程度上说明了喀斯特山地石漠化斑块空间分布格局的人为成因为主和多样化。

10.4 本章小结

当前相关研究缺乏从耕地资源、聚落人口和相应的生态响应角度来探讨石漠化的发生发展，本研究在总结前人研究的基础上，提出峰丛洼地石漠化发生过程情景假设，认为土地发生石漠化的原因实质是人口压力超过了土地承载力，洼地耕地资源不足，迫使当地耕种坡耕地，土地承载力低下是发生石漠化的根本原因。

各研究区的石漠化坡度分布差异，反映了各研究区自然条件恶劣程度的差异导致人为活动对不同坡度范围扰动的差异和社会经济条件的不同导致人为活动对不同坡度范围扰动的差异。可以预见，社会主义新农村建设的开展将使农村居民点空间分布格局不断优化，会对研究区的石漠化分布与演变产生一定影响。

参 考 文 献

[1] Praiser M, Pascali V. Surface and subsurface environmental degradation in the Karst of Apulia (Southern Italy). Environmental Geology, 2003, 44 (3): 247-256.

[2] Gams I. Origin of the term "Karst", and the transformation of the Classical Karst (Kras). Environmental Geology, 1993, 21 (3): 110-114.

[3] Sauro U. Human impact on the Karst of the Venetian Fore-Alps, Italy. Environmental Geology, 1993, 21 (3): 115-121.

[4] 袁道先. 岩溶石漠化问题的全球视野和我国的治理对策与经验. 草业科学, 2008, 25 (9): 19-25.

[5] Guo F, Jiang G H, Yuan D X, et al. Evolution of major environmental geological problems in karst areas of Southwestern China. Environmental Earth Sciences, 2013, 69 (7): 2427-2435.

[6] 王世杰. 喀斯特石漠化概念演绎及其科学内涵的探讨. 中国岩溶, 2002, 21 (2): 101-105.

[7] Yuan D X. Rock desertification in the subtropical Karst of South China. Zeitschrift für Geomorphologie, 1997, 108 (2): 81-90.

[8] 张殿发, 王世杰, 周德全, 等. 贵州省喀斯特地区土地石漠化的内动力作用机制. 水土保持通报, 2001, 21 (4): 1-5.

[9] Wang S J, Li R L, Sun C X, et al. How Types of carbonate rock assemblages constrain the distribution of karst rocky desertified land in Guizhou Province, PR China: Phenomena and mechanisms. Land Degradation & Development, 2004, 15 (2): 123-131.

[10] Xiong Y J, Qiu G Y, Mo D K, et al. Rocky desertification and its causes in karst areas: A case study in Yongshun County, Hunan Province, China. Environmental Geology, 2009, 59 (7): 1481-1488.

[11] Wu X Q, Liu H M, Huang X L, et al. Human driving forces: Analysis of rocky desertification in Karst Region in Guanling county, Guizhou province. Chinese Geographical Science, 2011, 21 (5): 600-608.

[12] Li Y B, Shao J A, Yang H, et al. The relations between land use and Karst rocky desertification in a typical Karst Area, China. Environmental Geology, 2009, 57 (3): 621-627.

[13] Jiang Y J, Li L L, Groves C, et al. Relationships between rocky desertification and spatial pattern of land use in typical Karst area, Southwest China. Environmental Earth Sciences, 2009, 59 (4): 881-890.

[14] 王晓学, 李叙勇, 吴秀芹. 基于元胞自动机的喀斯特石漠化格局模拟研究. 生态学报, 2012, 32 (3): 907-914.

[15] 蒋忠诚, 李先琨, 曾馥平. 岩溶峰丛洼地生态重建. 北京: 地质出版社, 2007.

[16] 彭晚霞, 宋同清, 曾馥平, 等. 喀斯特峰丛洼地退耕还林还草工程的植被土壤耦合协调度模型. 农业工程学报, 2011, 27 (9): 305-310.

[17] 李先琨, 吕仕洪, 蒋忠诚, 等. 喀斯特峰丛区复合农林系统优化与植被恢复试验. 自然资源学报, 2005, 20 (1): 92-98.

[18] 周游游, 时坚, 刘德深. 峰丛洼地的基岩物质组成与土地退化差异分析. 中国岩溶, 2001, 20 (1): 35-39.

[19] 吴良林, 周永章, 陈子燊, 等. 基于 GIS 与景观生态方法的喀斯特山区土地资源规模化潜力分析. 地域研究与开发, 2007, 26 (6): 112-116.

[20] 但文红, 张聪, 宋江, 等. 峰丛洼地石漠化景观演化与土地利用模式. 地理研究, 2009, 28 (6): 1615-1624.

[21] 周梦维, 王世杰, 李阳兵. 喀斯特石漠化小流域景观的空间因子分析——以贵州清镇王家寨小流域为例. 地理研究, 2007, 26 (5): 897-905.

[22] 熊康宁, 黎平, 周忠发, 等. 喀斯特石漠化的遥感: GIS 典型研究——以贵州省为例. 北京: 地质出版社, 2002.

[23] 李森, 董玉祥, 王金华. 土地石漠化概念与分级问题再探讨. 中国岩溶, 2007, 26 (4): 279-284.

[24] 王金华, 李森, 李辉霞, 等. 石漠化土地分级指征及其遥感影像特征分析——以粤北岩溶山区为例. 中国沙漠, 2007, 27 (5): 765-770.

[25] 蒋勇军, 章程, 李林立, 等. 基于 RS、GIS 的重庆黔江区石漠化现状与成因分析. 水文地质工程地质, 2007, (1): 81-85, 89.

[26] 李阳兵, 邵景安, 周国富, 等. 喀斯特山区石漠化成因的差异性定量研究——以贵州省盘县典型石漠化地区为例. 地理科学, 2007, 27 (6): 785-790.

[27] 苗建青, 谢世友, 袁道先, 等. 基于农户–生态经济模型的耕地石漠化人文成因研究——以重庆市南川区为例. 地理研究, 2012, 31 (6): 967-979.

[28] 熊康宁, 李晋, 龙明忠. 典型喀斯特石漠化治理区水土流失特征与关键问题. 地理学报, 2012, 67 (7): 878-888.

[29] 罗光杰, 李阳兵, 王世杰. 岩溶山区聚落分布格局与演变分析——以普定县后寨河地区为例. 长江流域资源与环境, 2010, 19 (7): 802-807.

[30] 李阳兵, 罗光杰, 程安云. 黔中高原面石漠化演变典型案例研究——以普定后寨河地区为例. 地理研究, 2013, 32 (5): 828-838.

[31] Bai X Y, Wang S J, Xiong K N. Assessing spatial-temporal evolution processes of karst rocky desertification land: Indications for restoration strategies. Land Degradation & Development, 2011, 24 (1): 47-56.

[32] 牛叔文, 刘正广, 郭晓东, 等. 基于村落尺度的丘陵山区人口分布特征与规律——以甘肃天水为例. 山地学报, 2006, 24 (6): 684-691.

[33] 蔡运龙, 傅泽强, 戴尔阜. 区域最小人均耕地面积与耕地资源调控. 地理学报, 2002, 57 (2): 127-134.

[34] 白晓永, 王世杰, 陈起伟, 等. 贵州土地石漠化类型时空演变过程及其评价. 地理学报, 2009, 64 (5): 609-618.

[35] 罗光杰, 李阳兵, 谭秋, 等. 岩溶山区聚落格局变化及其 LUCC 响应分析——以贵州省为例. 资源科学, 2010, 32 (11): 2130-2137.

[36] 王成超, 杨玉盛. 基于农户生计演化的山地生态恢复研究综述. 自然资源学报, 2011, 26 (2): 344-352.

|第 11 章| 基于聚落格局的岩溶山地人–
地关系耦合

乡村聚落一直是乡村地理学的研究重点,对其空间分布格局及其影响因子的分析,可揭示人类活动与景观形成和演化的机制,是探讨景观格局与人类生态过程相互关系的重要途径[1]。1990 年以前乡村聚落研究以形态、位置、景观、演变、规划 5 个方面为主;1990年以后的研究在空间结构、分布规律、特征、扩散等方面得到了加强[2]。马晓冬等探讨了江苏省乡村聚落的形态分异及地域类型[3]。周国华等认为农村聚居演变的一般过程可以划分为初期阶段、过渡阶段、发展阶段、成熟阶段 4 个阶段,在不同的发展阶段,乡村聚落体系、聚居规模、聚居形态、聚居功能、聚居文化、聚居环境等均呈现出不同的特征[4];自然环境要素逐渐被交通条件、距城镇的距离等因素取代,对耕地占用的依赖性逐渐减轻[5],人口增长、收入增加、家庭规模变化、交通条件改善、农村地区工业化成为乡村聚落演变的重要推动力[6]。近年来,村落空心化研究得到重视[7]。但总体来看,"现象—问题—对策"式的应用研究依然占主要部分,而"趋势—机制—调控"式的探索型研究相对较少,同时,小尺度人口空间分布、人类活动与人口特征的关系等均研究较少。

对石漠化严重、生态脆弱、欠发达欠开发、人地关系矛盾突出的西南岩溶地区,对岩溶山地生态退化、石漠化、土地利用变化和生态治理模式研究较多,但对岩溶山地系统最为活跃的因素——人口及其栖居地即聚落的变化研究较少,仅在聚落分布格局与规律方面作了少量的研究[8-10],研究侧重于不同地貌类型的聚落格局特征。同时,缺乏对近几十年岩溶山区人口与聚落演变过程、模式与机制的研究,以至于未能阐明岩溶地区人地关系变化过程与机制、与生态退化恢复耦合协进的机制以及优化调控,使该地区聚落空间格局重构、村镇规划等缺乏明确理论支撑。

11.1 岩溶山地聚落–人口耦合演变

由于受自然条件、社会经济发展水平和速度影响,我国西南岩溶山区聚落很长时期内发展缓慢,而随着城镇化、生态建设、乡村道路建设引起了岩溶山地农村乡村经济发展和可达性改善,在这样的背景下,岩溶山地的聚落与人口有何变化特点与规律,就值得深入研究。本节选择贵州省高原面上的典型岩溶山地,利用长时间序列的高精度航片与卫片,结合实地调查,1963~2010 年的聚落与人口耦合变化过程出发,在村级景观尺度开展聚落空间格局与人口耦合变迁的定量研究,以探讨岩溶山地人口与聚落演化的模式及其机制,揭示聚落变迁过程中的人地关系动态,并对这一地区环境恢复提出新的思考,试图为西南岩溶山区乡村规划、新农村建设、生态系统的管理和石漠化土地的治理提供依据。本节着重解决以下 3 个问题：①不同时期聚落分布格局的决定机制；②聚落与人口演化过程；③聚落与人口演化模式。

11.1.1　研究区概况

后寨河地区位于黔中高原安顺市普定县境内，处于长江流域和珠江流域的分水岭，总面积为 62.717km²，包括城关和马官两个乡镇的打油寨、陈旗堡、赵家田、下坝、白旗堡等 30 个行政村（图 11.1）①。后寨河地区三叠系碳酸盐岩广泛分布，其中西部为丘峰、溶丘林–平坝，中部为峰丛洼地，东南部为丘陵–谷地，东北部为丘陵–洼地。因此，根据研究区的地形地貌特点，把研究区进一步分为：①中部峰丛洼地区，包括后山、老寨子、三块田、王屋基南、王屋基、畜牧场、草塘、高羊、高寨；②中西部过渡区，包括陈旗、中坝、下坝、上坝、王家湾、李打拱、大水井、山脚、灰窑；③东北部缓丘区，包括赵家田、白旗、打油寨等聚落；④东南部冲沟平坝区，包括磨盘山、羊寨、余官等聚落；⑤西部低丘平坝区，包括马官、贾官堡、平山、羊角冲、新堡、云盘等聚落。

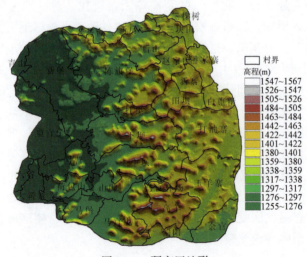

图 11.1　研究区地形

11.1.2　数据来源与研究方法

收集研究区 1963 年和 1978 年 1m 分辨率航片（购自贵州省测绘局档案馆）、2004 年 2.5m 分辨率的 SPOT 影像、2010 年 2.5m 的 ALOS 影像，以提取研究区 4 个时期的聚落空间分布变化（图 11.2）。实地入户调查研究区每一聚落斑块的历年来的人口数量、农户的

① 由于研究区是在考虑四期数据的可获取性基础上，以地貌类型区为依据划分的，故边缘有 6 个行政村界线不完整，但由于受地形影响，这些村在研究区内聚落其农业生产活动也多集中在研究区内。

生计方式演变（包括农作物种植、薪柴砍伐，主要的赶集地点等）。调查得到 1963 年的人口数据与当年测绘的 1：50 000 地形图标注的人口数据进行验证，并与研究区各乡镇历年的人口数据进行验证，以保证真实性。

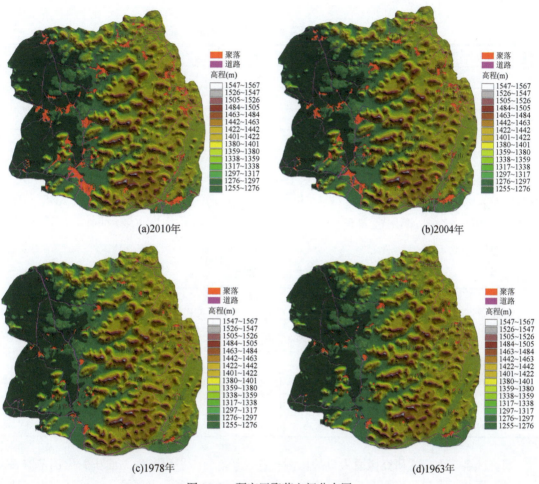

图 11.2   研究区聚落空间分布图

11.1.3   结果分析

11.1.3.1   研究区聚落与人口分布格局

在后寨河地区，聚落总的特征是围绕中部的峰丛洼地呈环状分布。聚落集中分布在西部、东北部和东南部等耕地、交通条件相对较好的部位，1963～1978 年，西部丘陵平坝区聚落占总面积的比例从 40.30% 增长到 46.3%（表 11.1）；其次是分布于丘陵坝子与峰丛洼地等地形地貌过渡的槽谷沟口，如中西部过渡区的聚落面积占总面积的比例一直在 20%

以上；由于中部的峰丛洼地区适耕土地资源少和交通不便等条件限制，聚落在这一区域分布很少，只在少数洼地形成"一洼一聚落"的分布格局，发展相对缓慢，其聚落面积在1963年、1978年、2004年和2010年分别占研究区聚落总面积的比例为10.65%、10.34%、7.13%和8.03%。

表11.1　不同地貌类型聚落面积占研究区聚落总面积的比例　　单位：%

年份	中部峰丛洼地区	中西部过渡区	西部低丘平坝区	东北部缓丘区	东南部冲沟平坝区
2010	8.03	20.03	46.3	14.81	10.83
2004	7.13	21.00	44.60	15.23	12.04
1978	10.34	21.38	43.53	13.68	11.07
1963	10.65	22.47	40.30	14.66	11.92

随研究区聚落的扩展，研究区人口从1963年的13 799人增加到2010年的37 815人，年均增长人数以西部丘陵平坝区173人/年最高，其次是中西部过渡区，为123人/年，而东北部为101人/年，东南部为63人/年，中部峰丛洼地区年均增长数最低，为52人/年（表11.2）。

表11.2　研究区各时期的人口分布

年份	总人口（人）	中部峰丛洼地区		中西部过渡区		西部低丘平坝区		东北部缓丘区		东南部冲沟平坝区	
		人口（人）	占总人口的比例（%）	人口（人）	占总人口的比例（%）	人口（人）	占总人口的比例（%）	人口（人）	占总人口的比例（%）	人口（人）	占总人口的比例（%）
2010	37 815	3 666	9.69	8 434	22.20	13 967	36.94	6 929	18.32	4 819	12.74
2004	34 053	3 036	8.92	7 301	21.44	13 159	38.64	6 883	20.21	3 674	10.79
1978	27 219	2 398	8.81	5 442	19.99	11 090	40.74	5 607	20.60	2 682	9.85
1963	13 799	1 221	8.85	2 674	19.38	5 852	42.41	2 182	15.81	1 870	13.55

研究区各区人口占研究区总人口的比例与各区聚落面积占研究区总面积的比例基本是一致的。研究区人口仍以西部丘陵平坝区、中西部过渡区为多。中部峰丛洼地区的人口比例一直没有超过研究区总人口的10%。

11.1.3.2　研究区聚落与人口演化

研究区聚落的发展具有明显的阶段性。从表11.3可看出，研究区1963～1978年，聚落的斑块数增加了5块，但聚落面积只增加了0.294hm²，说明这一阶段乡村聚落发展几乎停滞。1978～2004年，聚落面积新增125.939hm²，年均增长4.844hm²；2004～2010年，聚落面积新增64.342hm²，年均增长10.724hm²。与1963年和1978年相比，2004年和2010年聚落的发展不仅体现在总面积有较大的变化，更明显的是聚落的最大面积从1963年的7.122hm²增长到2010年的47.877hm²，聚落平均斑块面积也从1963年的1.197hm²增长到2010年的2.759hm²。2004～2010年新增聚落用地以向公路两旁集聚为主，导致公路沿线新增聚落较多，但规模往往较小[9]。研究区聚落斑块最大面积和平均斑块面积表明，在研究区 30 多年的发展过程中，尽管乡村聚落总数在不断增多，但还是形成了一些规模相对发展较快的中心村、镇。

表 11.3 研究区聚落斑块特征

年份	聚落数（个）	总面积（hm²）	最小面积（hm²）	最大面积（hm²）	平均面积（hm²）	新增聚落斑块数（个）	新增面积（hm²）	消亡斑块数（个）	消亡斑块面积（hm²）
1963	65	77.789	0.0185	7.122	1.197				
1978	70	78.083	0.0132	7.053	1.115	5	0.294	1	0.145
2004	76	204.022	0.0124	31.353	2.685	6	125.939	1	0.100
2010	96	268.364	0.022	47.877	2.759	26	64.342		

为了进一步反映聚落的演变过程，表 11.4 总结了研究区 4 个时期聚落规模大于分别相应的聚落斑块平均面积的聚落情况。各年研究区规模大于斑块平均面积的聚落斑块总面积占研究区聚落总面积的比例逐年上升，从 1963 年的 75.34%、1978 年的 73.09%、2004 年的 78.12% 增加到 2010 年的 84.83%，其相应人口的比例从 1963 年的 69.92%、1978 年的 78.26%、2004 年的 72.49% 增加到 2010 年的 80.15%。2004 年和 2010 年聚落斑块平均面积分别为 2.685hm²、2.759hm²，比 1978 年及之前增长明显，与此相应的是人口数也增长明显。因此，环绕研究区中部的峰丛洼地，到 2010 年已形成了分别以中西部、西部的马官、贾官堡—新堡—云盘、陈旗，东北部的白旗堡—打油寨，东南部的余官—磨盘山等聚落集群。这些规模和人口超过平均水平的聚落在 1963 年的规模相对较大，又因是村或镇所在地，或位于县道两侧，可达性相对较好，相对于其他聚落斑块得到了优先发展。

表 11.4 各年规模超过聚落斑块平均面积的聚落斑块特征

年份	区域	聚落斑块数（个）	聚落	聚落面积（hm²）	占各分区及研究区聚落总面积的比例（%）	聚落人口数量（人）	占各分区及研究区总人口的比例（%）
1963	中部峰丛洼地区	2	老寨、后山	4.420	53.35	693	56.76
	中西部过渡区	3	李打拱、下坝、陈旗	10.453	59.80	2 195	82.08
	西部低丘平坝区	9	马堡、荷包山、羊角冲、云盘、新堡、平山、号营、贾官堡、马官、	23.559 9	75.15	4 689	80.13
	东北部缓丘区	4	白旗、新寨、打油寨、赵家田	6.467	56.69	1 090	49.95
	东南部冲沟平坝区	2	余官北、余官	7.700	83.06	1 632	87.27
	总计	20		52.560	75.34	10299	69.92

续表

年份	区域	聚落斑块数（个）	聚落	聚落面积（hm²）	占各分区及研究区聚落总面积的比例（%）	聚落人口数量（人）	占各分区及研究区总人口的比例（%）
1978	中部峰丛洼地区	3	老寨、三块田、后山	5.664	70.18	1 558	64.97
	中西部过渡区	4	灰窑、山脚、下坝、陈旗	11.910 4	71.35	4 093	75.21
	西部低丘平坝区	8	大新寨、荷包山、平山、新堡、号营、贾官、马堡、马官	25.332	74.53	8 797	79.32
	东北部缓丘区	5	潘家寨、白旗、新寨、打油寨、赵家田	8.267	77.36	4 555	81.24
	东南部冲沟平坝区	1	余官	5.902	68.26	2 125	79.23
	总计	21		57.075	73.09	21 128	78.86
2004	中部峰丛洼地区	1	后山	6.469	44.50	1 134	37.35
	中西部过渡区	6	伍叉口南、李打拱、山脚灰大水井、伍叉口北、陈旗、下坝	36.727	85.74	6 267	85.84
	西部低丘平坝区	8	黄土坡、平山、新堡、荷包山、云盘、号营、贾官堡、马官	75.874 5	83.36	10 168	80.69
	东北部缓丘区	4	新寨、赵家田、白旗、打油寨	20.900	67.25	4 336	63.43
	东南部冲沟平坝区	2	磨盘山、余官	19.411	79.04	2 780	75.67
	总计	21		159.3815	78.12	24 685	72.49
2010	中部峰丛洼地区		高羊、三块田、后山	13.223	61.34	1 975	53.87
	中西部过渡区		中坝、山脚灰窑、李打拱、伍叉南、伍叉口北、下坝、陈旗	47.604	88.55	7 064	83.76
	西部低丘平坝区		上坝、黄土坡、平山、大新寨、荷包山、号营、贾官堡、新堡云盘、马官	114.979	92.54	11 756	84.17
	东北部缓丘区		潘家寨、赵家田、新寨+孙家寨、白旗堡笼头山、打油寨	34.158	85.97	6 089	87.87
	东南部冲沟平坝区		磨盘山、余官	21.410	73.64	3 425	71.07
	总计	26		231.374	84.83	30 309	80.15

中部峰丛洼地区 1963 年只有北部的老寨、后山聚落面积超过了研究区聚落的平均面积。普定县到安顺的县道从三块田聚落中间穿过，因此，1978 年三块田聚落规模超过了平均水平；后山聚落在初期的规模只是相对较大，到 2004 年已有两条通村公路与县公路，因此，在 2004 年其规模也超过了平均水平；2004 年后，峰丛洼地区南部的高羊聚落，作为高羊村村委会所在地，开通了与马官镇、余官村相连的乡村公路，聚落在洼地中扩展较快，规模超过了平均水平。峰丛洼地区的其他聚落，如王屋基聚落斑块在 1978 年后因农户搬迁已消亡，畜牧场聚落斑块逐渐空心化，草塘和老寨子两个聚落斑块因交通不便逐渐向临近通行条件好的槽谷、洼地衍生出新的聚落斑块而逐渐衰退。

综上所述，1963 ~ 2010 年，研究区聚落无论大小，在发展过程中，都明显地向道路条件较好的地区集中，逐渐表现出沿公路线呈线状聚集的趋势，也就是说，研究区聚落格局逐渐形成沿围绕中部峰丛洼地区的道路分布的格局，聚落越来越向交通线集中（特别是公路主干道）集中，位于中部峰丛洼地区通达性较差的部分规模较小的聚落消亡或逐渐空心化。

11.1.3.3 研究区聚落与人口演化的耦合模式

环绕研究区峰丛洼地区的西部、中西部、东北部和东南部聚落和人口形成了双双增加的正反馈耦合演化模式：在研究区的西部、中西部、东北部和东南部，一些所处地势相对平坦、交通条件较好的聚落，规模和人口都得到较大增加，超过了研究区的平均水平。在研究区的中西部，马官、新堡、云盘、贾官堡、号营等聚落逐渐相连成线、成片；东北部以白旗堡为中心，新寨、孙家寨、笼头山和打油寨等聚落已逐渐蔓延成一体；东南部以余官、磨盘山聚落为中心，两者沿线聚落也逐渐扩展，近年来有住户从周围村寨迁入该聚落。一些得到优先发展的聚落已开始形成了专业种植，如研究区东北部的打油寨、白旗堡已形成了蔬菜规模种植，这有利于当前的新农村建设。相对于改革开放以来苏南乡村聚落功能的先后 3 次转型而言[11]，这些聚落当前也正处于转型的重要时期。

在研究区中部的峰丛洼地区，聚落与人口的变化类型多样（表 11.5），有以下几种形式：①人口搬迁，聚落消亡。例如，王屋基、王屋基南，原居民 1996 年搬迁到下坝居住。②聚落基本维持原状，但人口减少。例如，畜牧场聚落在 20 世纪 50 年代从中坝、上坝、灰窑、山脚、王家湾等迁入成立畜牧场。近 10 多年来仅新建 1 栋住房，聚落规模小，呈现退化趋势 [图 11.3 (a)]。③人口逐渐流失、聚落逐渐衰败，如草塘。该聚落对外交通不便，居民文化素质低，最高学历为初中一年级，外迁意愿强烈，部分居民搬到草塘下寨定居；目前已有 8 户住房废弃 [图 11.3 (b)]。④聚落缓慢扩展，人口缓慢增加，如高寨。⑤有区域主干道通过，或可达性好，规模和人口逐步扩大，如三块田，后山。这些聚落新建住房主要集中在聚落东北部紧邻公路地带。另外，三块田聚落有 5 户从周围聚落自发迁入此地居住。⑥通了乡村公路后，沿公路衍生出新生的斑块，通过这种方式聚落规模和人口在扩大，如老寨子、高羊 [图 11.3 (c)]。

| (a)畜牧场 | (b)草塘 | (c)高羊 |

图 11.3　研究区峰丛洼地典型聚落

注：作者拍摄于 2011 年 2 月

表 11.5　中部峰丛洼地区聚落及人口演化

聚落	1963 年		1978 年		2004 年		2010 年	
	聚落面积（m²）	人口（人）	聚落面积（m²）	人口（人）	聚落面积（m²）	人口（人）	聚落面积（m²）	人口（人）
三块田	8 909.3	128	12 396.5	336	18 897.0	653	43 270.0	725
老寨子	12 125.3	152	12 123.9	301	11 880.4	289	11 882.8	278
老寨子新					1 133.8	27	23 889.0	437
后山	32 070.3	541	32 122.4	921	64 692.529 3	1 134	69 793.7	1 250
后山新							1 952.0	29
王屋基	2 464.9	24	746.5	14		0	0	0
畜牧场	4 883.7	71	3 189.95	156	3 107.7	108	2 915.4	78
畜牧场新					220.0	13	220.0	3
草塘	7 528.6	108	4 937.95	155	6 140.1	111	5 953.5	160
草塘新					3 924.81	47	4 444.6	59
高寨	4 333.8	98	5 678.9	215	19 297.9	321	21 597.1	387
高羊	10 520.6	99	9 516.9	300	16 088.3	333	29 662.6	260

11.1.4　讨论

11.1.4.1　岩溶山地人口聚落演化模式

在研究区，聚落的变化与人口的变化并不完全一致。在不断扩展的聚落斑块中，聚落的变化与人口的变化一致；在聚落没有变化甚至消亡的聚落斑块中，人口逐渐减少。根据聚落和人口的增减组合，岩溶山地现存的人口与聚落耦合演化模式理论上存在以下 6 种模式：①人口增加、聚落扩展；②人口减少、聚落扩展；③人口不变、聚落不变；④人口增加、聚落减小；⑤人口减少、聚落衰落；⑥人口外迁、聚落消亡。在后寨河地区的研究中发现，除了②和④模式外，其余模式在研究区峰丛洼地区和其他区域尽管都存在，但主要还是①和⑤模式。一方面，自然条件、交通相对较好和原来规模相对较大的聚落得到了优先发展；另一方面，地处偏僻、可达性差、规模小的聚落因人口逐渐流失而空心化、衰败。而无论大小聚落，在演变过程中，其承载的人口都明显地向邻近公路生产、生活较好的地区集中，表现出沿公路呈线状聚集。

在研究区，聚落和人口的耦合演化模式随时间不断变化（图11.4）。1963～1978年人口增加，一些聚落扩展，但一些聚落没有变化；研究区表现为聚落人口双增加的"双增"

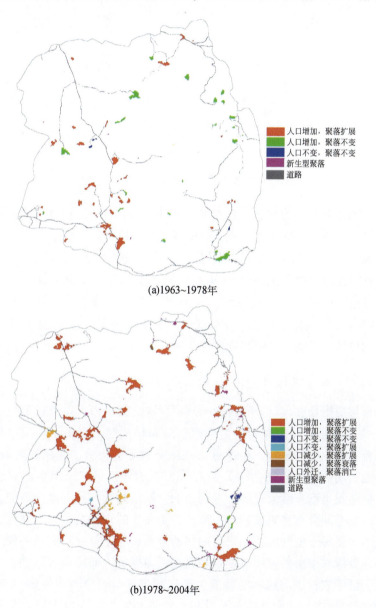

(a)1963~1978年

(b)1978~2004年

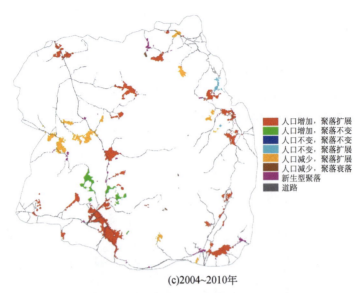

人口增加，聚落扩展
人口增加，聚落不变
人口不变，聚落不变
人口不变，聚落扩展
人口减少，聚落扩展
人口减少，聚落衰落
新生型聚落
道路

(c)2004~2010年

图11.4　聚落人口耦合演化模式的空间差异

耦合演化模式。2004 年后，聚落人口耦合演化模式呈现多样性，因住房建设增加和部分聚落空心化，研究区聚落与人口出现负耦合演化现象。此现象和中国中部、西部出现的趋势是一致的，中国中部、西部地区因省际农村人口迁徙，农村住房面积和农村常住人口比中国东部地区呈更明显的负耦合关系[12]。实际上随着全球化与城市化发展，农村人口减少成了一个不可避免的过程[13]。研究发现，在 21 世纪早期，澳大利亚简单的环境因子和在国家空间经济中的相对位置是乡村人口密度的主要决定因子[14]，并且人口减少和老龄化不利于耕地作物种植，导致了耕作制度的变化[15]。

11.1.4.2　岩溶山地聚落与人口演化机制

聚落的分布与规模是由人口分布特征和规模所决定的，而人口规模又取决于当地的土地生产力水平[16]。有学者在研究岩溶盆地聚落分布格局时，提出了盆地模型：较差的土地或荒地围绕着肥沃的中部土地，聚落分布在中部盆地的边缘，通视性影响了聚落格局，在能见度和土地利用强度之间存在相关关系[17]。在岩溶山区，土地生产力水平受自然条件制约而与其他地貌类型有巨大差异，进而影响了聚落的发展；土地生产能力的空间分布和规模也与聚落的空间分布和规模基本一致，并呈明显的正相关关系。据此，我们认为在岩溶山地，虽然可耕种土地的规模在聚落的初始分布过程中具有决定性的作用，但随着聚落的发展，耕地资源对聚落的发展的影响力已经明显减弱，而交通可达性、中心村镇的吸引力明显增强，证明农村建房选址的目的由最初的生存与安全转向便捷、经济与舒适[4]。在近 50 年的发展过程中，特别是改革开放以后，道路建设、农村人口大量外出就业以及农业产业结构的调整带动了研究区聚落的巨大变化，这在聚落的演变过程中起到了重要作用。

11.1.4.3 聚落与人口演化的生态效应

已有研究表明，聚落对石漠化的主要影响距离是4km[18]。人口、人均耕地面积和农民的人地关系概念，这三个指标能在很大程度上解释石漠化的形成。农民对人地关系的理解越科学、越先进，石漠化程度就越低。在严重石漠化地区，坡地往往过度垦殖[19]。"十二五"期间西南岩溶地区都将快速推动城镇化作为发展战略，大量农村人口城镇化必然伴随聚落空间格局重构，人地关系的状况必然发生较大变化。在研究区一些可达性差的峰丛洼地，多年来乡村聚落扩展缓慢，甚至缩减，农户有自行外迁的意愿；个别峰丛洼地因农户外迁、人口减少而土地摆荒，使石漠化土地植被有所恢复。到2004年，研究区距聚落所有距离内呈现出耕地和裸地减少、林地增加的趋势，生态环境得到明显改善[20]；研究区中部的峰丛洼地地区坡耕地退耕为林、灌、草地，土地利用方式单一，景观破碎化程度降低，生态有所恢复[21]。例如，2005年、2010年相对于1978年，距聚落600～900m、>900m距离的轻、中度石漠化有下降趋势；距聚落>900m距离的强度石漠化的比例从1963年的28.6%下降到2010年的10.6%。可以预见，随着新农村建设的开展，农村居民点空间分布格局将不断优化，会对研究区的石漠化分布产生一定影响，使退化土地逐渐得到恢复。

11.1.4.4 存在问题

区域性、主导性和制约性的时空耦合与作用过程，决定着新农村建设区域主导模式的类型及功能[22]，针对不同类型聚落可采取集聚发展、撤并发展、控制发展等基本优化措施[23]。岩溶山地当前聚落与人口出现的这种演化现象，一方面缓解了岩溶山地的土地与人口压力，有利于岩溶山地生态环境恢复；另一方面在聚落的自发演变过程中呈现，扩展的聚落或新生的聚落沿公路分布，或集聚在老聚落周围。新建住房无规划，一方面严重占用了相当的优质耕地；另一方面新建住房后旧房废弃未拆，同时因一些住房因农户外出务工长期空置，也就是说在聚落的扩展过程中，存在着不同程度的丢弃型和外出务工型空心化，这种现象在规模超过研究区平均面积的聚落中相对较多。例如，陈旗有17栋住房丢弃，下坝有21栋丢弃，老寨子有25栋丢弃，赵家田有7栋丢弃，尽管"空心村"现象不如平原地区普遍[24]，也需要当地政府加强规划和引导，优化农村居民点用地，帮助农户发展特色村域产业，使农村土地整治上升为国家保护耕地红线、保障新农村建设与统筹城乡发展的新平台和新战略[25]，进一步提升农村生产力。

11.1.5 结论

在黔中高原的广大乡村地区，除了万亩以上的大坝以外，普遍的地貌是如研究区这样的峰丛洼地、峰丛谷地与盆地的组合地貌，将研究区作为贵州省岩溶高原面的一个典型代表，通过长时间序列的影像数据和实地农户调查数据研究，得到以下结论：

（1）在研究区后寨河地区，聚落总的特征是围绕中部的峰丛洼地呈环状分布。聚落集中分布在西部、东北部和东南部等耕地、交通条件相对较好的部位。

（2）岩溶山地主要有两种人口与聚落耦合演化模式：一是，自然条件、交通相对较好和原来规模相对较大的聚落得到了优先发展；二是，地处偏僻、可达性差、规模小的聚落因人口逐渐流失而空心化、衰败。

（3）在岩溶山地，虽然可耕种土地的规模在聚落的初始分布过程中具有决定性的作用，但随着聚落的发展，耕地资源对聚落的发展的影响力已经明显减弱，而交通可达性和中心村镇的吸引力明显增强。

11.2　聚落农户生计资本与石漠化

作为西部生态脆弱、石漠化集中连片贫困区，自中华人民共和国成立以来贵州省中部高原面农户沿袭着较多依赖耕地的传统自然资源生产维持生计。改革开放以来，随着退耕还林、石漠化治理、扶贫攻坚等相关政策的大力实施，加上城镇化、工业化对农村社区的影响，农村生计正在发生改变，在不同区域农户生计存在怎样的差异？在同样的外部条件下生计会发生怎样的变化，又有哪些因素导致生计差异的产生？与石漠化存在怎样的关系？以上问题，值得进一步研究。

11.2.1　研究方法

运用参与式农村评估法（participatory rural appraisal，PRA）对后寨河地区、梭筛和陇黑地区的农户进行问卷调查。问卷调查一部分是对研究区农户基本信息的调查，包括农户家庭人口特征，农户生计分类状况（按照样本农户近五年有无从事非农活动及部分从事非农活动，初步划分为纯农型、农为主型、非农为主型和非农型）；另一部分是农户生计资产状况，包括自然资产、人力资产、物质资产、金融资产和社会资产。为了保证调查结果的准确性与真实性，在预调查的基础上于2014年12月对该地区进行入户调查。共发放问卷220份，回收217份，其中有效问卷202份，有效率达到91.8%。

引入可持续生计框架，结合研究区的农户实际情况，选取影响农户生计目标的主要因素作为衡量农户生计资产的具体指标（定量指标直接使用，定性指标赋值使用）[26]。

11.2.2　后寨河地区农户生计资产的空间差异

在区域内形成了6个生计资产水平高值集聚区，这些聚落农户生计资产水平高于平均水平。主要有西部的黄土坡、平山、贾官、三间房、荷包山、号营聚落区，中北部的陈旗、李打拱聚落区，东北部的老寨子（新）、后山聚落区，东部的新寨、白旗堡、团山、打油寨聚落区，东南部的高羊、高寨、余官聚落区。其余聚落的水平明显低于平均水平，最主要集中于中南部的山脚寨、草塘、畜牧场，此外东北部的三块田和西南部的陇脚也是生计资产水平低值区。这些生计资产高低值区与农户生计类型、地貌类型有密切的关系。

　　5 种地貌类型农户生计资产中，均是物质资产最高；除东南部冲沟平坝区，其余地区均是自然资产最低；东南部冲沟平坝区人力资产最低。农户生计总资产以西北低山河谷区最高，东南部冲沟平坝区最低。按单类资产分，自然资产最高的是西北部低山河谷区，主要分布在梭筛，这些区域以园地为主，发展桃树等经果林规模化种植；最低的是东南部冲沟平坝区，该区杨寨等地以旱地为主。人力资产东南部冲沟平坝区最低，中部峰丛洼地区最高，接近前者的两倍。物质资产最高的是西北低山河谷区，超出最低的东南部冲沟平坝区 62.1%。金融资产东南部冲沟平坝区最高，是由于该区获得贷款机会与无偿现金资助机会在研究区中最高；西部低丘平坝区最低，这与该区获得贷款机会与无偿现金资助机会少有很大关系。社会资产东北部缓丘区最高，该区域农户使用网络较多；东南部冲沟平坝区最低，该区亲戚在城里居住的较少。此外，在同一个地貌类型区，受聚落扩展、交通条件的影响，农户生计资产的差异也较大。中部峰丛洼地区北部的老寨子聚落，由于聚落的扩展，部分农户从洼地搬迁到生活条件较好沿交通干线居住，带来了物质资本和社会资本发生巨大变化，使这部分农户的生计资产明显高于原老寨子洼地的其他农户。

　　不同生计策略农户，在各类地貌类型下生计资产的差异明显。纯农型农户以西部低丘平坝区的生计资产最高；以农为主型农户，以东南部冲沟平坝区的生计资产最高；非农为主型农户，以中部峰丛洼地区生计资产最高；非农型农户，以西部低丘平坝区的生计资产最高。

11.2.3　研究区农户生计资产与其石漠化发生率的关系

　　研究区石漠化主要分布在西北至东南的峰丛洼地[27]、冲沟平坝区，中强度石漠化主要分布在东南部及西北的小部分区域。为了便于比较，以村域为单元，将各村不同石漠化强度的比例和该村农户生计平均值进行对比。结果发现，石漠化发生率高的区域存在两种生计方式类型。一种为生计方式单一且生计资产低的聚落，如玉羊寨村；另一种为生计方式多样且生计资产高的聚落，如打油寨村、余官村，这可能与聚落的规模和石漠化形成历史有关。结合近 10 年研究区不同土地利用类型的石漠化发生率的变动情况可以看出，玉羊寨村缓坡耕地的强度石漠化比例、陡坡耕地的中度石漠化比例、灌木林、高覆盖草地、裸岩裸土的中度和强度石漠化比例都有所增长，而打油寨、余官村仅高覆盖草地的强度石漠化比例、低覆盖草地、裸岩裸土的中度和强度石漠化比例增长。例如，玉羊寨村 2005年陡坡耕地石漠化占到其村中度石漠化的 11.80%，2015 年该值上升为 22.17%；打油寨村 2005 年陡坡耕地石漠化占到其村中度石漠化的 70.78%[27]，2015 年该值下降为42.99%。这表明虽然同为石漠化程度发生的严重村域，农户生计策略的多样性更有利于降低坡耕地石漠化程度，更有利于提高农户的生计资产。研究还发现，随着石漠化程度的加深，这些区域农户获得无偿资助的物质资产也增多，这与国家正在实施的生态补偿、石漠化集中连片特困地区精准扶贫政策的资助相关。在轻、中度石漠化地区，农户牲畜资产也较高，牲畜资产与石漠化发生率之间的关系，下一步可以作为重点进行更细致的研究。

　　图 11.5 反映了生计资产与石漠化比例的对应情况。总体来看，生计资产与石漠化发

生比例呈负相关性，其中又以自然资本与石漠化的负相关性最为明显。对于人力资本、物质资本，与中度石漠化发生比例的负相关性较明显；金融资本与轻度石漠化发生比例的负相关性较明显；社会资本与石漠化发生比例不存在明显关系；生计总资产与轻中度石漠化发生比例存在一定的负相关性。对于强度石漠化，除与自然资本表现出较明显的负相关性外，与其他生计资本的负相关性不明显，甚至表现出正相关性，可能与强度石漠化土地退化严重，需要较长时间才能有明显的恢复效果有关。

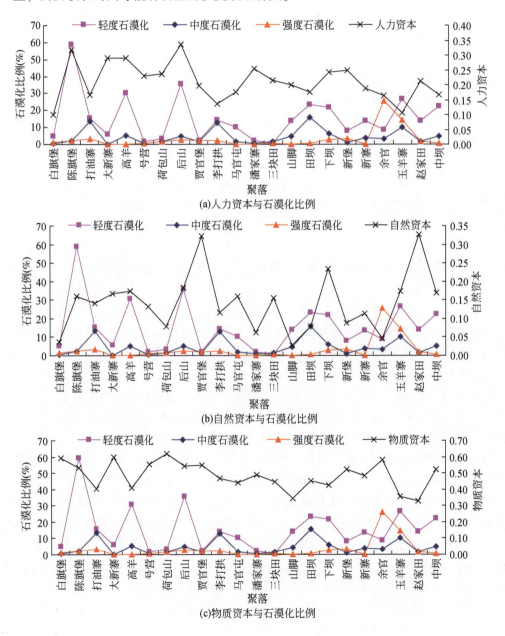

(a)人力资本与石漠化比例

(b)自然资本与石漠化比例

(c)物质资本与石漠化比例

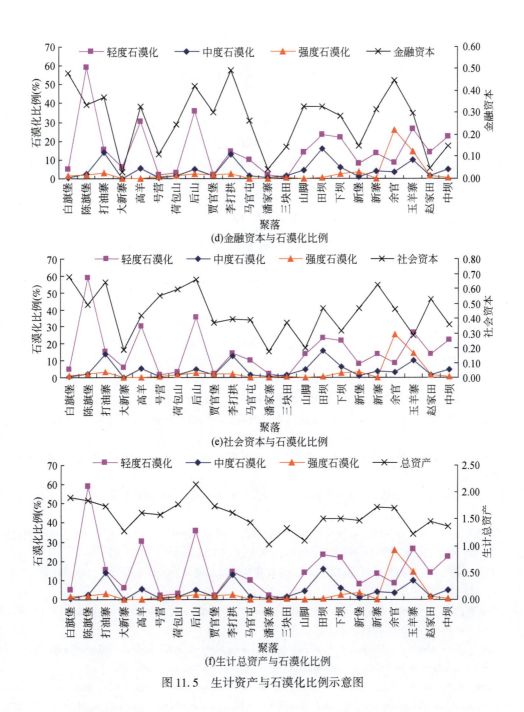

图 11.5　生计资产与石漠化比例示意图

11.2.4　结论

（1）同为石漠化程度发生严重的村域，农户生计策略的多样性更有利于降低坡耕地石漠化程度，更有利于提高农户的生计资产。

（2）自然资本与石漠化的负相关性最为明显。

11.3 本 章 小 结

本章选择贵州省高原面上的典型岩溶山地，通过长时间序列的影像数据和实地农户调查数据研究，揭示了岩溶山地聚落与人口的多样耦合变化类型，发现耕地资源对聚落的发展的影响力已经明显减弱，而交通可达性、中心村镇的吸引力明显增强。阐明了聚落农户生计类型与石漠化存在一定关系，且自然资本与石漠化的负相关性最为明显。

参 考 文 献

[1] 角媛梅，肖笃宁，马明国. 绿洲景观中居民地空间分布特征及其影响因子分析. 生态学报，2003，23（10）：2092-2100.

[2] 周心琴，张小林. 1990 年以来中国乡村地理学研究进展. 人文地理，2005，85（5）：8-12.

[3] 马晓冬，李全林，沈一. 江苏省乡村聚落的形态分异及地域类型. 地理学报，2012，67（4）：516-525.

[4] 周国华，贺艳华，唐承丽，等. 中国农村聚居演变的驱动机制及态势分析. 地理学报，2011，66（4）：515-524.

[5] 王跃，陈亚莉. 苏州城郊村镇分布特征. 地理学报，2005，60（2）：229-236.

[6] 冯文勇，陈新莓. 晋中平原地区农村聚落扩展分析. 人文地理，2003，18（6）：93-96.

[7] 程连生，冯文勇，蒋立宏. 太原盆地东南部农村聚落空心化机理分析. 地理学报，2001，56（4）：437-446.

[8] 周国富. 喀斯特峰丛洼地系统土地利用与人口聚落分布——以贵州为例. 中国岩溶，1995，15（2）：194-198.

[9] 罗光杰，李阳兵，王世杰. 岩溶山区聚落分布格局与演变分析——以普定县后寨河地区为例. 长江流域资源与环境，2010，19（7）：802-807.

[10] 周晓芳，周永章. 贵州典型喀斯特地貌区农村聚落空间分布研究——以清镇红枫区、毕节鸭池区和关岭-贞丰花江区为例. 中国岩溶，2011，30（1）：78-85.

[11] 王勇，李广斌. 苏南乡村聚落功能三次转型及其空间形态重构——以苏州为例. 城市规划，2011，35（7）：54-60.

[12] Song W, Liu M L. Assessment of decoupling between rural settlement area and rural population in China. Land Use Policy, 2014, 39: 331-341.

[13] Markey S, Halseth G, Manson D. Challenging the inevitability of rural decline: Advancing the policy of place in northern British Columbia. Journal of Rural Studies, 2008, 24: 409-421.

[14] Argent N M, Smailes P J, Griffin T. Tracing the density impulse in rural settlement systems: A quantitative analysis of the factors underlying rural population density across South-Eastern Australia, 1981 – 2001. Population Environment, 2005, 27: 151-190.

[15] Pôças I, Cunha M, Pereira L S. Remote sensing based indicators of changes in a mountain rural landscape of Northeast Portugal. Applied Geography, 2011, 31: 871-880.

[16] Yuan D X. Rock desertification in the subtropical karst of South China. Zeitschrift für Geomorphologie Neue Folge, 1997, 108: 81-90.

[17] Sevenant M, Antrop M. Settlement models, land use and visibility in rural landscapes: Two case studies in Greece. Landscape and Urban Planning, 2007, 80: 362-374.

[18] Jiang Y J, Li L L, Groves C. Relationships between rocky desertification and spatial pattern of land use in typical karst area, Southwest China. Environmental Earth Sciences, 2009, 59: 881-890.

[19] Wu X Q, Liu H M, Huang X L, et al. Human driving forces: analysis of rocky desertification in karst region in Guanling County, Guizhou Province. Chinese Geographical Science, 2011, 21 (5): 600-660.

[20] 罗光杰, 李阳兵, 谭秋, 等. 岩溶山区聚落格局与演变及其 LUCC 响应分析——以贵州省为例. 资源科学, 2010, 33 (11): 2130-2137.

[21] 罗光杰, 李阳兵, 王世杰, 等. 岩溶山区景观多样性变化的生态学意义对比——以贵州四个典型地区为例. 生态学报, 2011, 31 (14): 3882-3889.

[22] 刘彦随. 中国东部沿海地区乡村转型发展与新农村建设. 地理学报, 2007, 62 (6): 563-570.

[23] 刘颂, 郭菲菲. 基于景观格局分析的乡村居民点布局优化研究. 东北农业大学学报, 2010, 41 (11): 42-46.

[24] 龙花楼, 李裕瑞, 刘彦随. 中国空心化村庄演化特征及其动力机制. 地理学报, 2009, 64 (10): 1203-1213.

[25] 刘彦随, 刘玉, 翟荣新. 中国农村空心化的地理学研究与整治实践. 地理学报, 2009, 64 (10): 1193-1202.

[26] 何仁伟. 山区聚落农户可持续生计发展水平及空间差异分析——以四川省凉山州为例. 中国科学院大学学报, 2014, 31 (2): 221-230.

[27] 李阳兵, 罗光杰, 程安云, 等. 黔中高原面石漠化演变典型案例研究——以普定后寨河地区为例. 地理研究, 2013, 32 (5): 828-838.

第12章 岩溶山地乡村聚落空间整合与重构——基于聚落演变

聚落是人类为了生产和生活的需要而集聚定居的各种形式的居住场所，也可称之为居民点。乡村聚落变化是一个受自然资源条件、区位可达性及社会经济基础条件综合影响的区位择优过程，应根据不同区域驱动因子的不同发展态势，探寻不同的农村居民点优化模式。研究农村居民点用地的区位及其布局优化途径，促使农村居民点用地向集约化发展，对于缓解人地矛盾、解决建设用地供给短缺、增加耕地面积、促进社会主义新农村建设，具有重要的现实意义[1]。从优化模式看，曹象明和周若祁提出应以城镇发展为核心，以逐步形成适合于地域特征的"枝状"村镇空间结构体系[2]；惠怡安等认为，应对分散的村镇适当迁并，使黄土丘陵沟壑区乡村聚落规模达到2000人以上[3]，发挥城镇的集聚效益，逐步形成黄土高原沟壑区"大分散–小聚合"的村镇体系格局，解决环境人口超载问题[4]；文博等将宜兴市的农村居民点用地划分为优先整治型、限制扩展型、适度建设型和重点发展型[5]；朱雪欣等从农村居民点用地整理的空间布局角度提出，将农村居民点划分为城镇转化型、城乡联合型、发展型、限制发展型和迁弃型5种整理类型[6]。从研究方法上看，也很多样，如运用聚落生态位来反映聚落在聚落群中的地位、功能及作用[7,8]；运用引力模型和潜能模型来模拟农村居民点用地空间结构中相关要素之间的强弱联系[9]；利用加权Voronoi图划分各中心村的空间影响范围[10,11]以及测算增长极点与发展轴的空间综合作用[12]和研究被迁移的农村居民点斑块的迁移方向[13]。目前的研究发现中心村集聚效应与交通通达性、地形、生态保护等影响着农村居民点用地的适宜性水平[14]，在合理城镇化实现水平下，应重点考虑对生态格局影响较小的农居点整理方案[15]。但目前的聚落格局优化研究主要考虑了居民点的现状布局及各居民点之间的相互影响作用，而关于聚落演变过程和结果对聚落格局优化的作用关注不够。

岩溶山地聚落在长期的发展过程中，呈现多样化演变过程[16]，在聚落的自发演变过程中，自然、交通条件相对较好和原来规模相对较大的聚落发展较快，偏僻之处、可达性差的小聚落因人口逐渐流失而空心化、衰败，位于生产生活条件差的峰丛洼地区的聚落甚至消亡。在这种情况下，急需开展岩溶山地聚落体系空间结构整合研究，为西南岩溶山地乡村土地利用规划和整理、生态系统建设和石漠化土地整治提供参考。目前的研究对岩溶山地聚落分布特点有所认识[17-19]，但对其机理解释不够，对岩溶山地乡村聚落格局优化和空间整合的研究更是薄弱。本章基于高精度遥感影像和实地调查，从岩溶山地乡村聚落自身的变迁过程和结果出发，充分考虑聚落和人口的耦合变化，并结合区位条件评价等社会经济因素，探讨根据聚落演变过程和结果进行岩溶山地聚落体系空间整合的方法，并以普定后寨河地区进行案例研究，为岩溶山地乡村聚落体系空间结构优化提供参考。

12.1 乡村聚落空间重构的理论基础

12.1.1 重构的必要性

2000 年以来，随着西部大开发战略的实施和我国工业化与城镇化的快速发展，西部欠发达地区农村人口向城镇转移的速度和规模不断增大，农村居民点因人口大量流出而出现明显的空壳化趋势。一方面，农村基础设施和公共服务设施因使用人口减少而达不到经济门槛，运营和建设成本大大提高，一些设施甚至因此而不能运营，给农村居民生活造成严重影响；另一方面，在农业户籍人口和乡村常住人口快速减少的"双减少"过程中，农村居民点用地并未适时随之退出以供优化配置，表现为农村人均居民点用地仍在增长，农村居民点土地利用粗放、利用效率下降，成为协调农村人地关系的难点和重点[20]。可见，传统的农村居民点体系格局已不适应农村经济社会发展的需要，急需调整重构[21]。

农村居民点重构有助于促进耕地资源的保护以及建设用地资源的有效配置，对于改善农村生产生活生态条件、促进城乡统筹发展和新农村建设也具有十分积极的作用[22]。山区由于受地形、资源和经济条件等因素的制约，农村居民点用地粗放、零散、布局混乱现象严重[23]。对山区农村居民点用地现状及其整理时序的研究可以为山区农村居民点整理工作的开展和决策提供科学依据与重要参考。

农村居民点的驱动力可以归为经济、社会、制度和环境四种类型[24]。在农村发展步入转型升级的新阶段，结合当地实际，在村尺度上进行多因素的综合考虑，深入开展农村居民点用地整理分区研究，是农村居民点整理规划和决策的重要前提[25]。

近年来，北京、嘉兴、成都、重庆、天津等地的农村居民点整理或重构模式得到广泛关注，可归纳为城镇化引领型和村庄整合型两种典型模式[22]。如何遵循农民建房规律，尊重农民意愿，按照节约型用地和差异化重构的要求，并辅以规范性引导，科学重构农村居民点，是中国当前乃至未来 10 ~ 20 年的重要现实命题。无论选择哪种农村居民点重构模式，都应该以农民为核心，真正实行公众参与，切实保护农民权益，实现政府引导和农户意愿的有机统一[26]。

12.1.2 重构思路

乡村聚落的演变体现在数量、规模和空间格局演变三个方面且是一个统一的演变过程[27]。这个过程受地形、水源、土地资源等自然条件和人口增长、产业结构、制度文化以及城镇化等人文社会因素的综合作用。自然条件是乡村聚落形成和发展的基础[28]，乡村聚落空间格局变化与自然条件有关，但在时间与空间的微观层面上区位条件和社会经济因素的影响更大[29]。随着农村经济社会发展方式的转变与发展水平的提高，以及农户择业的多样性，交通干道沿线、公共服务中心等地成为农民建房选址的首选，聚落也逐步向交通设施与公共服务设施周边扩展和转移，农村聚居区位选择将逐步由资源依附型向设施依附型转化[30]。也就是说，综合区位条件的好坏成为选择和优化居民点布局的主要依据。因此，农村居民点必然聚集在区位条件好的地区，而区位条件较差的地区必然是今后农村居民点整理的重点区域[31]。

综合以上分析，我们认为，乡村聚落演变的实质是一个由其自然条件、区位可达性及社会经济基础条件综合影响的区位择优过程[32]，揭示乡村聚落空间结构的演变趋势、驱动机制及其可能产生的各种问题，准确把握其内在的演化规律，对当前农村居民点的整理工作有着重要影响[33]。农村居民点重构模式与当地的社会经济条件、农户建房的周期、重构意愿及目标等实际情况密切相关，应综合农户的自身状况及其对整治的需求与偏好，考虑主客观状况的匹配程度，进行农村居民点整治模式甄别，为制定以人为本的农村居民点整治策略提供参考[34]。农户意愿是居民点重构自下而上的内在动力，政府政策是居民点重构自上而下的外部引力。从新农村建设"县域—乡镇—村"三个层面空间体系的功能载体上看，应运用不同整治模式，以村镇体系建设规划为前提，重点建设就地城镇化型村庄，控制村级自助式发展型村庄，引导欠发达落后消亡型村庄搬迁整合，积极发展城镇中心辐射型村庄，构建合理有序的现代化县域村庄网络[27]。

基于上述理论分析，我们认为，在自然条件限制相对较强、社会经济相对不发达的西南岩溶山地地区，近几十年来乡村聚落的演变过程和结果体现了聚落对自然环境与社会经济的适应及相互影响，是聚落格局优化的基础，通过农村居民点整治对其进行有效修正或引导，根据社会经济发展阶段的区域差异以及居民点功能转换的需要，优化居民点空间布局、选择适宜的农村居民点整理模式等，有助于合理配置自然、经济和社会资源，协调居民点与外部环境的联系，从而达到节约耕地，改善农村生产、生活环境和恢复生态的目的。本章在揭示研究区1963年以来4个时期的聚落规模等级和人口变化的基础上，进行研究区聚落格局优化与聚落整合类型的分析。

12.2 重构实例

12.2.1 研究区概况

研究区概况见11.1.1节。根据研究区的地形地貌特点，适当兼顾村界，把研究区进一步分为：①中部峰丛洼地区，主要地貌类型为峰丛洼地、谷地；②中西部过渡区，主要地貌类型为谷地、缓丘和平坝；③东北部缓丘区，主要地貌类型为缓丘和峰丛浅洼地，聚落包括赵家田、白旗、打油寨等；④东南部冲沟平坝区，主要地貌类型为冲沟、平坝和缓丘；⑤西部低丘平坝区，主要地貌类型为坝子、孤峰（图12.1）。

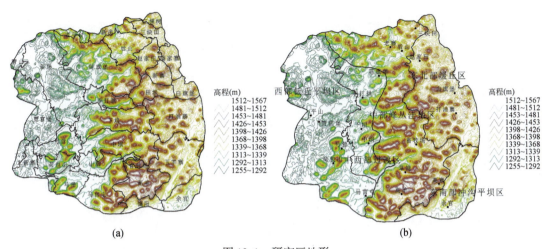

图 12.1　研究区地形

12.2.2　研究方法

12.2.2.1　数据来源

　　主要采用 1963 年 0.7m 分辨率航片、1982 年 0.5m 分辨率航片、2004 年 2.5m 分辨率 SPOT 合成影像、2010 年 2.5m 分辨率 ALOS 合成影像作为基础数据。首先根据精校正后的 1∶10 000 地形图用 ERDAS 对其进行校正和监督分类，然后用 ArcGIS 软件提取聚落土地覆被类型矢量数据层并进行图斑修正，分别于 2007 年 10 月和 2011 年 2 月进行了两次野外抽样检查与调查访问，图斑的解译正确率达 95%。

　　由于现有统计资料缺乏小尺度（村域及以下）人口统计数据，研究区聚落人口数据主要通过实地调查访问获取。本研究通过两次对研究区进行实地调查，获取了 4 个时期部分聚落人口数（表 12.1）。其中，1963 年 33 个获取人口数据的聚落中，有 19 个当时规模较大的聚落是通过 1958 年 1∶50 000 地形图上标注的人口数，结合普定县 1958~1963 年农业人口自然增长率[35]，计算得到的 1963 年人口数，共 9278 人。调查得到的 1963 年人口数据与当年测绘的 1∶50 000 地形图上在各聚落标注的人口数据进行了验证，并与研究区各乡镇、村历年的人口数据进行验证，以保证真实性。

表 12.1　四个时期研究区聚落人口调查获取情况

指标	1963 年	1982 年	2004 年	2010 年
总聚落数（个）	63	67	74	97
获得数据的聚落个数（个）	33	18	21	27
调查人口数（人）	10 424	6 549	16 245	22 465

12.2.2.2 聚落等级划分

本研究结合罗光杰等的研究成果[36]，考虑聚落空间规模的等级效应，以研究区 1963 年聚落斑块平均面积为统一标准来划分聚落等级，将研究区各时期聚落按空间分布规模（占地面积）划分为大型、较大型、一般型和小型 4 个等级。具体划分如下。

$$\begin{cases} 大型: A_i \geq 2\bar{A} \\ 较大型: \bar{A} \leq A_i < 2\bar{A} \\ 一般型: \dfrac{1}{2}\bar{A} \leq A_i < 1\bar{A} \\ 小型: A_i < \dfrac{1}{2}\bar{A} \end{cases} \tag{12.1}$$

式中，A_i 为第 i 个聚落斑块的面积；$\bar{A}$ 为各年聚落斑块平均面积。

12.2.2.3 优化原则与方法

从扩大中心村、缩并自然村、迁弃和改造空心村的目的出发，对研究区聚落进行整合和空间重构，着重考虑以下原则：结合聚落的规模等级演变；结合人口与聚落耦合演变模式的空间差异；结合聚落的村界，适当兼顾村级行政界限。具体评价时分两步：

（1）根据研究区不同空间聚落规模等级发展变迁和人口密度空间分布差异性，确定研究区聚落格局优化整治分区（表 12.2），把研究区划分为乡村聚落发展高适宜区、中适宜区、低适宜区和不适宜区。

表 12.2　研究区乡村聚落发展适宜性评价

适宜性	聚落规模等级演变	人口密度（2010 年）
高适宜区	在聚落的演化过程中，各时期以大聚落等级为主	高
中适宜区	在聚落的演化过程中，各时期以较大聚落等级为主	中
低适宜区	在聚落的演化过程中，各时期以一般聚落等级为主	低
不适宜区	在聚落的演化过程中，各时期以小聚落等级为主	极低

（2）研究区聚落和人口存在人口增聚落扩展、人口减聚落扩展、人口聚落不变、人口增聚落减小、人口减聚落衰落、人口外迁同时聚落消亡六种耦合演化模式[37]。因此，主要考虑研究区各聚落斑块同期聚落规模等级和聚落人口演化模式，在综合考虑各聚落斑块的行政等级、道路等级和产业结构的基础上，把研究区聚落斑块的类型划分为重点村镇型、优先发展型、有条件扩展型、限制扩展型和迁弃型（表 12.3）。

表 12.3　研究区聚落整治类型评价

整治类型	同期聚落规模等级	聚落人口演化模式
重点村镇型	同期横向比较 4 个时期聚落等级为大	县乡公路通过，或可达性好，规模和人口明显扩大

整治类型	同期聚落规模等级	聚落人口演化模式
优先发展型	近期聚落等级为大	沿公路衍生出新生型的斑块，通过这种方式聚落规模和人口在扩大
有条件扩展型	近期为较大聚落等级	聚落缓慢扩展，人口缓慢增加
限制扩展型	4个时期聚落等级均为一般	聚落基本维持原状，但人口减少
迁弃型	近期为小聚落等级	聚落逐渐衰败，人口逐渐流失

12.2.3 结果分析

12.2.3.1 研究区聚落演变过程中的聚落等级变化

以1963年为基准，比较各时期聚落斑块等级的变化（图12.2）。1963年规模大的聚落有陈旗、贾官堡、下坝、号营、马官和余官等，主要分布在研究区西部和中西部。相对于1963年的聚落，1978年规模大的聚落在研究区西部增加了平山、新堡、荷包山和马堡4处，东部打油寨聚落等级由较大型上升为大型。2004年西部、中西部和东北部规模大的聚落大量增加，并衍生出一些新聚落，中部峰丛洼地区后山、高寨聚落等级扩大，东南部磨盘山聚落等级扩大。2010年，西部、中西部、东北部和东南部的大部分聚落相对于1963年的聚落斑块平均面积都已成长为大型聚落，中部峰丛洼地区的大型聚落也发展为三块田、后山、高羊和高寨4处。总体而言，研究区西部和研究区东部的大型、较大型等级的聚落逐渐增多，相对于1963年的聚落规模，研究区的聚落有了较大发展。

在此基础上，将1978年、2004年和2010年的聚落规模分别与同一时期的聚落进行横向比较（图12.2），可以发现，1978年的大型聚落分布在研究区的西部、中西部和东南部，中部和东北部仅有相对较大型的聚落。2004年西部、中西部的大型聚落和较大型聚落发展较快，中部和东北部各形成1处大型聚落，东南部余官聚落斑块规模明显增加，由1978年的$5.92hm^2$扩展为$16.65hm^2$，但东南部仅形成此大型聚落。2010年，研究区大型聚落和较大型聚落主要分布在西部、中西部过渡区与东北部。从上述演变来看，研究区西部、中西部过渡区和东北部聚落发展较快，其次是东南部，中部峰丛洼地区聚落发展慢，且存在衰败的趋势。

研究区聚落发展的历年比较和同一时期空间横向比较的结果有所差异，但都显示出同样的聚落分布演变规律，即从空间分布看，大型聚落和较大型聚落主要分布在中部峰丛洼地区东、西两侧的耕地条件与交通条件较好的区域，如后寨河地区的陈旗、马官、余官和打油寨一带，这些地区以缓丘、平坝为主要地貌类型，水源条件好、耕地资源多而优。

12.2.3.2 研究区人口分布与演变

根据各聚落斑块不同时期人口数，利用ArcMap软件生成研究区不同时期人口密度图。

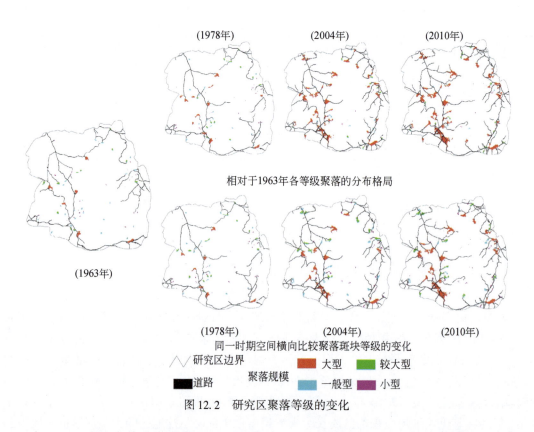

图 12.2　研究区聚落等级的变化

1963 年，人口密度高值分布在研究区东南部的余官、西南部的马官及西部的贾官和下坝一带，东北部的打油寨、白旗堡人口密度相对低；1978 年人口密度高值中心集中在西南部的马官、东北的打油寨，其次是贾官、陈旗；2004 年以西南部的马官人口密度最高，其次是打油寨和余官一带，陈旗和贾官堡的人口密度也相对增加；2010 年人口密度高值集中在马官和余官，打油寨一带形成另一个高值中心，西部的人口密度较研究区的其他几个区域明显较高（图 12.3）。中部峰丛洼地区的人口密度一直较低，集中在该区的北部，1978 年后该区中部聚落消亡，人口密度降低，仍存的聚落出现严重的空心化。

1963～2010 年研究区人口密度总体增长。人口密度高值中心对应的往往是大聚落等级，而聚落并不密集。新生的聚落分布在人口密度高值中心的附近，可以看成是大等级聚落向外扩展、衍生的结果。

12.2.3.3　研究区聚落格局优化与聚落整合类型

1）聚落格局优化整治分区

根据研究区 1963 年以来不同区域聚落规模等级、人口密度的演变和空间分布，把研究区分为乡村聚落发展高适宜区、中适宜区、低适宜区和不适宜区。

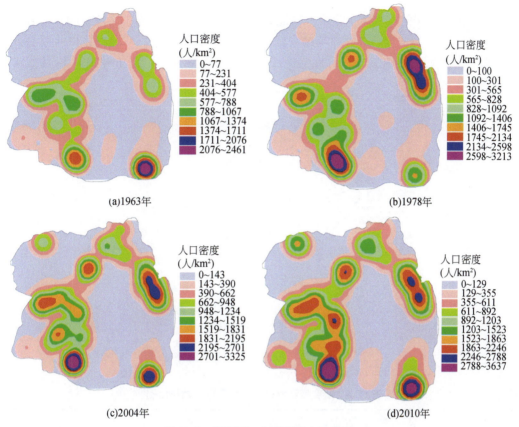

图 12.3　研究区 4 个时期的人口密度

（1）高适宜区：包括西部低丘平坝区、中西部过渡区。此区聚落正在向半工半农业和非农业领域转型，且农户收入以非农收入与农业收入相结合为主。农村基础设施相对完善，目前正以发展观光农业、设施农业和高附加值农业为主。该区域应加强农村居民点功能区划，挖潜废弃和闲置用地效率；立足产业基础，加快特色产业和支柱性产业发展，发展特色村镇以促进城乡发展。

（2）中适宜区：包括东北部缓丘区、东南部冲沟平坝区。此区应着力推行新农村建设，革新农村居民点结构布局，加强农村公共服务设施建设；整治聚落空心化与一户多宅，退宅还田还林；集中建设规模连片的优质农区，发展特色种植业。

（3）低适宜区：包括中部峰丛洼地区北部。此区目前以纯农业为主，应规划农村居民点边界，限制无序扩展；完善基础服务设施，改造村内道路，改善农户生活条件和居住环境，适度发展多样化农业，引导农户生计逐步转型。

（4）不适宜区：包括中部峰丛洼地区的中部和南部，此区目前以纯农业为主，土地资源有限，交通不便，处于聚落衰退和人口流失的过程中，不适宜作为聚落发展的重点区域，宜以生态涵养建设为主。

2）聚落整理类型

不同类型农村居民点应体现出优势功能分异[38]，形成布局合理、高效集约、生活便捷的居民点利用局面[39]。因此，在聚落格局优化整治分区的基础上，对研究区聚落整治分区中的各聚落点，按照表 12.3 的评价标准进行聚落整治类型综合评价（图 12.4 和表 12.4），结果如下。

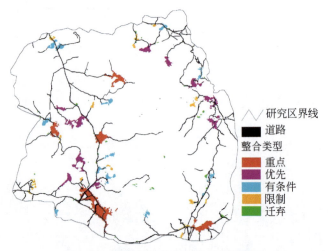

图 12.4　研究区聚落整治类型空间分布

表 12.4　研究区不同整治类型聚落的数量比例

整治类型	聚落个数	占聚落总个数的比例（%）	面积（m²）	占聚落总面积的比例（%）
重点村镇型	5	5.16	1 064 778.13	39.58
优先发展型	10	10.31	816 406.71	30.34
有条件扩展型	14	14.43	446 770.78	16.61
限制扩展型	16	16.49	246 504.04	9.16
迁弃型	52	53.61	116 080.84	4.31

（1）研究区重点村镇型（中心积聚型）聚落有西部的贾官、西南部的马官、中西部的陈旗和下坝及东南部的余官。5 个重点村镇型聚落面积约占研究区 2010 年聚落总面积的 39.58%，共同的特点是聚落大、人口多，自 1963 年以来是当地的中心村镇，道路基础设施较完善，可达性较好。此类聚落要重点发展非农生产功能和生活功能。

（2）研究区优先发展型（优化型）聚落共 10 个，其中东北部 4 个、西部 4 个、中西部 1 个、峰丛洼地区北部 1 个。这类聚落的共同特点是自然条件相对较好，近年来规模增加快，占研究区 2010 年聚落总面积的 30.34%。此类聚落要逐步发展非农生产功能和生活功能。

（3）有条件扩展型聚落共 14 个，约占研究区 2010 年聚落总面积的 16.61%。这类聚落综合条件比较差，或是 20 世纪 80 年代后新形成的聚落，对这类聚落，应根据其人口积聚能力，确定合理的规模，不能任由其无序扩展。此类聚落以农业生产功能为主。

（4）限制扩展型聚落共 16 个，约占研究区 2010 年聚落总面积的 9.16%。这类聚落分布在大型聚落和较大型聚落的外围，大部分聚落存在时间比较长，但因环境、交通、区位等比较差，发展缓慢，存在一定程度的空心化，如老寨子、田坝、高寨等；有部分是农户自发从前者迁出，或是从大型聚落迁出，沿道路积聚形成。此类聚落以农业生产功能和生态功能为主。

（5）迁弃型聚落共 52 个，约占研究区 2010 年聚落总面积的 4.31%。此类型又可划分为三部分：一部分位于研究区中部峰丛洼地区，如畜牧场、草塘，聚落条件最差，处于严重衰败之中，人口不断流失；另一部分位于东北部和东南部的团山、磨盘山等，聚落可达性差，因地形等原因，无法扩展，不断有农户迁往大型聚落，存在一定程度的空心化；还有一部分位于西部和中西部，多是农户沿县道、村道自发建房形成。对此类聚落，应统筹规划，加以整合。此类聚落以生态功能为主。

12.2.4　讨论

聚落的扩展、新生、衰败和消亡，是对聚落所处的自然条件和社会经济条件的一种真实反映，反映了各聚落的交通、区位、人口迁移、地形地貌和土地资源的差异，也在一定程度上反映了农户的意愿。研究区近 40 年的聚落变迁呈现出多样性的趋势，自发形成了一些规模较大的聚落，是研究区人地相互作用过程中的响应与反馈，也是研究区人地关系多样化的一种表现。基于这种思路，本节根据聚落规模等级变迁、聚落人口耦合演变来探讨聚落空间重构与整合，并进一步划分出聚落整治分区和聚落整理类型，更符合实际情况，也更有针对性，同时也符合当前农村居民点重构的"城镇化引领型"和"村庄整合型"典型模式[40]。本节主要根据聚落变迁，参考各较大聚落的经济发展程度、专业生产方式来选择中心村镇，对各聚落斑块进行了类型划分，对新生的聚落斑块、逐渐衰败的聚落斑块，进行了空间重构。本节在对聚落进行格局优化时，是把整个研究区作为一个整体，打破了村级行政界线，实际上，政府部门想要规划整治某一行政村的居民点空间分布格局时，决不能单独只改变某一个行政村的空间格局，应成片整治[41]。本节为岩溶山地聚落的空间格局优化与整合提供了一种方法和案例研究。

12.2.5　结论

（1）本节选择黔中高原的典型岩溶山地，基于高精度遥感影像和实地调查数据，探讨了岩溶山地的聚落和人口变迁，提出了基于岩溶山地聚落人口变迁的聚落空间重构与整合方法。

（2）研究区大型聚落和较大型聚落主要分布在耕地条件与交通条件较好的中部峰丛洼地区东、西两侧，人口密度高值中心对应的往往是大聚落等级，而聚落并不密集。

（3）从空间上，研究区可分为乡村聚落发展高适宜区、中适宜区、低适宜区和不适宜区。

（4）根据研究区的聚落规模等级变迁特征，研究区聚落可划分为重点村镇型、优先发展型、有条件扩展型、限制扩展型和迁弃型五类。5 个重点村镇型聚落面积约占研究区 2010 年聚落总面积的 39.58%，52 个迁弃型聚落面积约占研究区 2010 年聚落总面积的 4.31%。

12.3　本章小结

本章基于高精度遥感影像和实地调查数据，选择黔中高原的典型岩溶山地普定县后寨河流域，探讨了 1963～2010 年岩溶山地的聚落和人口变迁，建立了基于聚落规模等级发展变迁和人口密度空间分布的乡村聚落发展适宜性与聚落整治类型评价方法。研究区大型聚落和较大型聚落主要分布在耕地条件与交通条件较好的中部峰丛洼地区东、西两侧，人口密度高值中心对应的往往是大聚落等级。研究区聚落可划分为重点村镇型、优先发展型、有条件扩展型、限制扩展型和迁弃型五类。

参 考 文 献

[1] 费铮，谈俊忠. 基于 GIS 的安徽省滁州市南谯区农村居民点区位分析与空间布局优化研究. 江西农业学报，2012，24 (7)：187-190.

[2] 曹象明，周若祁. 黄土高塬沟壑区小流域村镇体系空间分布特征及引导策略——以陕西省淳化县为例. 人文地理，2008，23 (5)：53-56.

[3] 惠怡安，张阳生，徐明，等. 试论农村聚落的功能与适宜规模——以延安安塞县南沟流域为例. 人文杂志，2010，25 (3)：182-187.

[4] 惠怡安，徐明. 陕北丘陵沟壑区生态修复与农村聚落耦合发展初探. 水土保持通报，2010，30 (2)：83-86.

[5] 文博，刘友兆，夏敏. 基于景观安全格局的农村居民点用地布局优化. 农业工程学报，2014，30 (8)：181-191.

[6] 朱雪欣，王红梅，袁秀杰，等. 基于 GIS 的农村居民点区位评价与空间格局优化. 农业工程学报，2010，26 (6)：326-333.

[7] 马旭，王青，丁明涛，等. 岷江上游山区聚落生态位及其模型. 生态与农村环境学报，2012，28 (5)：574-578.

[8] 曲衍波，张凤荣，姜广辉，等. 基于生态位的农村居民点用地适宜性评价与分区调控. 农业工程学报，2010，26 (11)：290-296.

[9] 杨立，郝晋珉，王绍磊，等. 基于空间相互作用的农村居民点用地空间结构优化. 农业工程学报，2011，27 (10)：308-315.

[10] 邹亚锋，刘耀林，孔雪松，等. 加权 Voronoi 图在农村居民点布局优化中的应用研究. 武汉大学学报（信息科学版），2012，37 (5)：560-563.

[11] 邹利林，王占岐，王建英. 山区农村居民点空间布局与优化. 中国土地科学，2012，12 (9)：71-77.

[12] 孔雪松，金璐璐，郄昱，等. 基于点轴理论的农村居民点布局优化. 农业工程学报，2014，

30（8）：192-200.

[13] 冯电军，沈陈华．基于扩展断裂点模型的农村居民点整理布局优化．农业工程学报，2014，30（8）：201-209.

[14] 孔雪松，刘耀林，邓宣凯，等．村镇农村居民点用地适宜性评价与整治分区规划．农业工程学报，2012，28（18）：215-222.

[15] 周华，陆春锋，昌亭，等．基于人口流动模型与生态连通性的农居点整理模式优选．农业工程学报，2014，30（15）：281-288.

[16] 罗光杰，李阳兵，王世杰．岩溶山区聚落分布格局与演变分析——以普定县后寨河地区为例．长江流域资源与环境，2010，19（7）：802-807.

[17] 周晓芳，周永章．贵州典型喀斯特地貌区农村聚落空间分布研究——以清镇红枫区、毕节鸭池区和关岭—贞丰花江区为例．中国岩溶，2011，30（1）：78-85.

[18] 朱文孝，苏维词，李坡．贵州喀斯特山区乡村分布特征及其地域类型划分．贵州科学，1999，17（2）：120-126.

[19] 赵星．贵州喀斯特聚落文化类型及其特征研究．中国岩溶，2010，29（4）：457-462.

[20] 李裕瑞，刘彦随，龙花楼，等．中国农村人口与农村居民点用地的时空变化．自然资源学报，2010，25（10）：1629-1638.

[21] 赵思敏，刘科伟．欠发达地区农村居民点体系重构模式研究——以咸阳市为例．经济地理，2013，33（8）：121-127.

[22] 刘建生，郧文聚，赵小敏，等．农村居民点重构典型模式对比研究——基于浙江省吴兴区的案例．中国土地科学，2013，（27）2：46-53.

[23] 王传胜，朱珊珊，孙贵艳，等．西部山区坡地村落空间演进与农户生计改变．自然资源学报，2012，27（7）：1089-1100.

[24] 张娟锋，任超群，刘洪玉．基于四维驱动力的农村居民点整理模式分析——以北京市通州区为例．地理研究，2012，31（10）：1815-1824.

[25] 杨俊，王占岐，邹利林，等．基于村尺度的山区农村居民点用地现状及其整理时序研究．经济地理，2013，33（5）：150-157.

[26] 双文元，郝晋珉，艾东，等．基于区位势理论的农村居民点用地整治分区与模式．农业工程学报，2013，29（10）：251-261.

[27] 郭晓东，牛叔文，李永华，等．陇中黄土丘陵区乡村聚落时空演变的模拟分析——以甘肃省秦安县为例．山地学报，2009，27（3）：293-299.

[28] 郭晓东，张启媛，马利邦．山地–丘陵过渡区乡村聚落空间分布特征及其影响因素分析．经济地理，2012，32（10）：114-120.

[29] 海贝贝，李小建，许家伟．巩义市农村居民点空间格局演变及其影响因素．地理研究，2013，32（12）：2257-2269.

[30] Zhou G H, He Y H, Tang C L, et al. Dynamic mechanism and present situation of rural settlement evolution in China. Journal of Geography Science, 2013, 23（3）：513-524.

[31] 谢保鹏，朱道林，陈英，等．基于区位条件分析的农村居民点整理模式选择．农业工程学报，2014，30（1）：219-227.

[32] 姜广辉，张凤荣，陈军伟，等．基于 Logistic 回归模型的北京山区农村居民点变化驱动力分析．农业工程学报，2007，23（5）：81-87.

[33] 姜广辉，张凤荣，秦静，等．北京山区农村居民点分布变化及其与环境的关系．农业工程学报，

2006, 22 (11): 85-92.

[34] 曲衍波, 姜广辉, 张凤荣, 等. 基于农户意愿的农村居民点整治模式. 农业工程学报, 2012, 28 (23): 232-242.

[35] 郑建, 罗光杰, 李阳兵, 等. 基于聚落演变的岩溶山区小尺度人口数推算方法——以普定后寨河地区为例. 热带地理, 2013, 33 (2): 141-146.

[36] 罗光杰, 李阳兵, 王世杰. 岩溶山区聚落格局演变等级效应及其与交通条件的关系——以贵州省后寨河、王家寨、茂兰地区为例. 中国岩溶, 2011, 30 (3): 320-326.

[37] 李阳兵, 罗光杰, 邵景安, 等. 岩溶山地聚落人口空间分布与演化模式. 地理学报, 2012, 67 (12): 1646-1654.

[38] 张佰林, 张凤荣, 高阳, 等. 农村居民点多功能识别与空间分异特征. 农业工程学报, 2014, 30 (12): 216-224.

[39] 李鑫, 甘志伍, 欧名豪, 等. 农村居民点整理潜力测算与布局优化研究——以江苏省江都市为例. 地理科学, 2013, 33 (2): 150-156.

[40] 刘建生, 郧文聚, 赵小敏, 等. 农村居民点重构典型模式对比研究——基于浙江省吴兴区的案例. 中国土地科学, 2013, 27 (2): 46-53.

[41] 李贺颖, 王艳慧. 贫困县村级居民点空间分布离散度与农村居民纯收入关联格局分析. 地理研究, 2014, 33 (9): 1617-1628.

|第13章| 结论与研究展望

13.1 研究结论

本书充分吸收、借鉴地理科学、土地科学、生态学等相关学科的理论、方法和研究成果,构建"分布格局—演变—人地耦合效应—调控"的研究路线,以基于高精度影像的长时间序列的贵州省岩溶山地乡村聚落演变为研究对象,探讨峰丛洼地区等特定的小地貌、土地资源空间组合格局下,岩溶山地聚落分布与变迁特征的一般规律和特殊性,揭示驱动岩溶山地乡村聚落与人口变迁的外在影响因素和内在动力,揭示峰丛洼地区村级聚落演变及其生态响应的复杂性与多样性特点,剖析聚落演变与生态响应相互之间的互馈机理,构建基于聚落演变过程的岩溶山地聚落空间优化模式。研究得到了以下几点结论:

(1) 岩溶山地乡村聚落格局受地貌类型的影响。在典型的连片峰丛洼地,聚落往往分布在洼地中心,形成"一洼一聚落"的分布格局,在典型的四周平坝环绕型峰丛洼地群、开口型峰丛洼地等地貌区,聚落往往分布在与周边地形过渡的部位,环绕中部峰丛洼地分布,且 1963~2015 年这一空间格局不断强化。

其聚落类型的差异实际上是岩溶山地自然环境和社会环境差异的反映。以普定县后寨河地区、茂兰自然保护区、花江峡谷区和王家寨地区为例,其分别属于四周平坝环绕型峰丛洼地群、连续分布的封闭型峰丛洼地、峰丛洼地-谷地-槽谷组合型、岩溶峰丛洼地-峡谷型和开口型峰丛洼地,与此对应,乡村聚落也分别是耕地丰富型无退化开放性村落、耕地丰富型无退化可达性较差村落、耕地一般型生态中度退化半开放性村落和耕地缺乏型石漠化型退化半开放村落。

(2) 岩溶山地乡村聚落的演变可分为新生型、消亡型、扩展型、扩展-合并型、未变化型。近 50 年来,岩溶山地不同地貌组合类型中乡村聚落向交通条件好、对外通达度高的公路沿线聚集,呈线状分布趋势,有资源基础的地区形成了以旅游业为主的新型生态旅游型聚落。道路可达性对聚落演变的影响逐渐大于耕地资源的影响;聚落演化表现出低地指向、交通指向、经济和中心地指向。

(3) 根据研究区聚落房屋建筑年份、建筑材料现状、楼层数、农户的使用程度,结合聚落规模的变化,把研究区的聚落演化类型划分为逐渐废弃型、异地建新型、自然衰落型、内部调整型、基本不变型和扩展型。1963~2015 年研究区聚落景观经历了以新旧混杂型、以老旧为主型、以新旧混杂型和以新为主型为主这样一个演化过程,同一聚落的内部构成往往变得更加复杂。

1978 年后,受当时的社会经济背景影响,研究区乡村聚落呈波动式变化。改革开放至

20世纪80年代中期，研究区出现第一波住房建设，90年代中后期，出现第二波住房建设，但聚落的这两波住房建设都是以原地修建为主，聚落扩展不明显。2010年后，研究区发生了明显的第三波住房建设，大部分聚落有明显的向外扩展。

（4）岩溶山地农户的住房需求已从拥有住房发展为改善老房子、建设大房子；但各研究区地形地貌、土地资源条件、道路可达性及社会经济基础条件存在差异，两者综合作用形成了喀斯特山区聚落演变的共同性和差异性特征。岩溶山区乡村聚落变化的一般规律和特殊性有：①研究区聚落特征和演变的阶段性地域差异十分明显，聚落演变有生态环境指向、沿道路集聚和内部改造3种模式；②聚落格局演变存在集聚与均匀分布两种趋势；③聚落面积增长热点和聚落斑块增长热点的耦合关系存在区域差异；④喀斯特山区聚落演变既存在一些共同性的特征，又有各自的差异性。

（5）结合基于微观空间单元的景观多样性分布图发现，岩溶山地景观多样性变化的空间差异性很大，景观多样性与乡村聚落的关系受岩溶山地景观基质影响。1963年，岩溶山区以农耕活动为主，土地利用方式单一导致土地覆被类型单一，各地区因自然条件与开发程度的差异使多样性程度与聚落分布的相关性较低。随着社会不断进步，人类活动方式增多，导致土地覆被类型多样化。

聚落分布是决定峰丛洼地陡坡耕地比例高低的重要因素，峰丛洼地面积和<6°（平坝旱地、缓坡旱地）土地面积的比例对土地利用多样性起着重要作用。

（6）从耕地资源、聚落人口和相应的生态响应角度来探讨石漠化的发生发展，提出峰丛洼地区石漠化发生过程情景假设，揭示了土地承载力较低情形、土地承载力中等情形和土地承载力较高情形等不同情景下石漠化的发生过程。认为土地发生石漠化的原因实质是人口压力超过了土地承载力问题，土地承载力低下是发生石漠化的根本原因。各研究区石漠化的坡度分布差异规律，在一定程度上说明了喀斯特山地石漠化斑块空间分布格局的人为成因为主和多样化特点。

（7）岩溶山地人口与聚落主要有两种人口与聚落耦合演化模式：一种是，自然条件、交通相对较好和原来规模相对较大的聚落得到了优先发展；另一种是，偏僻之地、可达性差、规模小的聚落因人口逐渐流失而空心化、衰败。聚落变迁呈现出多样性的趋势，是岩溶山地人地关系多样化的一种表现。

岩溶山地现存聚落演变的共同特征之一表现为聚落自峰丛洼地的迁出，尽管其主导原因可能存在差异，但总体来说，一方面反映了当地农户在追求更好的生存和居住环境；另一方面，客观上减轻了人口承载力小的峰丛洼地区的土地压力，间接反映了岩溶山区石漠化正在发生的转型，对峰丛洼地区的石漠化土地治理和生态恢复有着积极的意义。

（8）岩溶山地农户生计方式单一，过度垦殖导致较多坡耕地的存在仍是土地石漠化的驱动因素；岩溶山地聚落农户生计资本类型与石漠化存在一定关系，且自然资本与石漠化的负相关性最为明显。

（9）根据聚落规模等级变迁、聚落人口耦合演变来探讨聚落空间重构与整合，建立了基于聚落规模等级发展变迁和人口密度空间分布的乡村聚落发展适宜性与聚落整治类型评价方法。参考各较大聚落的经济发展程度、专业生产方式来选择中心村镇，对各聚落斑块进行了类型划分，对新生的聚落斑块、逐渐衰败的聚落斑块进行了空间重构。

13.2 主要创新点与研究不足

本书从西南岩溶峰丛洼地乡村聚落变迁及其生态效应角度来理解岩溶山地的人地关系耦合效应及其变迁演变，思考新农村建设和石漠化土地的恢复治理，其选题、研究思路与研究视角独特，属于原创性研究。本书根据小地貌类型、土地资源的组合格局差异来研究不同岩溶地貌类型中的乡村聚落演变，揭示峰丛洼地区聚落分布变迁的特殊性和普遍性规律，初步建立了岩溶山地聚落人口适应社会、经济、生态条件变迁的演变途径。

在本书的研究和写作过程中，也发现了一些问题，需要进一步深入研究。例如，本书更多地把乡村聚落看成是一个个斑块，突出了斑块的空间行为特征，但对乡村聚落斑块内部的变化和功能演变则研究不足；同时，关于农户自身诉求和国家相关政策对乡村聚落演变的影响的研究也存在不足。另外，本书仅对贵州省岩溶山地乡村聚落演变、驱动机制及其生态效应进行了较为全面的研究，缺乏更大范围的比较研究，对岩溶山地乡村聚落未来的演变方向也未进行探讨。

13.3 展　　望

有以下几个方面仍需进行进一步研究：①从农户尺度研究乡村聚落演变和人口流动、生计多样性的关系；②岩溶石漠化地区乡村聚落演变与生态产业的耦合关系；③“生产–生活–生态”空间视角下岩溶乡村聚落内部结构和功能的转型研究；④工业化、城镇化背景下岩溶山地特色乡村聚落、新型乡村聚落的形成机制；⑤基于区域差异性和不同尺度的乡村聚落研究，提炼乡村聚落用地演变模式。